Comment conjuguer un verbe ?

2

En fonction de son su

- selon la **personne** du sujet
  je chante, tu chantes
- selon son **nombre**
  il chante, elles chantent
- parfois aussi selon son **genre**
  Chloé et Mona sont allées à la piscine.

En fonction du **mode** et du **temps** choisis

On utilise :

- l'**indicatif**, pour situer un fait dans le temps (passé, présent ou futur)
  je chantais, je chante, je chanterai
- le **subjonctif**, si le fait est simplement envisagé
  Je crains qu'il pleuve.

Pour certains verbes, en fonction de la **voix** choisie

- voix **active**
  Le président reçoit les ministres.
- voix **passive**
  Les ministres sont reçus par le président.

Bescherelle

La conjugaison
pour tous

Édition entièrement revue
sous la direction scientifique de Nicolas Laurent
Avec la collaboration de Bénédicte Delaunay
et de Delphine Livet

Conception graphique : Massimo Miola
Mise en page : Julie Fabioux
Cartes mentales : Katy Lhaïk
Édition : Gwendoline Rousseau
Correction : Danièle Bouilly

Hatier s'engage pour l'environnement en réduisant l'empreinte carbone de ses livres. Celle de cet exemplaire est de :
600 g éq. CO_2
Rendez-vous sur www.hatier-durable.fr

© Hatier - Paris 2019 ISBN : 978-2-401-05235-2 ISSN : 0990 3771

Achevé d'imprimer par Pollina à Luçon - France
Dépôt légal : 05235-2/05 - Avril 2023 - 13721

Présentation

L'ouvrage comprend quatre parties complémentaires.

LES TABLEAUX DE CONJUGAISON (numérotés de 1 à 105)

À chacun des verbes modèles correspond un tableau clairement structuré. Reportez-vous, pour plus de détails, au descriptif situé pages 8 et 9.
Les tableaux des verbes ***être, avoir, aimer, être aimé, s'aimer*** ont été placés en tête car, à eux cinq, ils permettent de produire sans difficulté particulière les formes verbales les plus courantes.
La Réforme de l'orthographe propose, pour certaines formes, des variantes. Elles sont systématiquement données sous la mention N. ORTH. dans les remarques qui figurent au bas des tableaux.

DES CARTES MENTALES (numérotées de 1 à 16)

Cette nouvelle partie explique, de manière visuelle, au moyen de 16 cartes mentales, les règles essentielles de conjugaison et d'accord.

LES RÈGLES DE CONJUGAISON ET D'ACCORD (numérotées de 1 à 100)

Cette partie se subdivise en six chapitres. Elle permet de donner des méthodes de raisonnement pour orthographier les terminaisons verbales.

LE RÉPERTOIRE DES VERBES

Chacun des verbes énumérés à l'infinitif et classés par ordre alphabétique est précédé d'un numéro qui renvoie à l'un des 105 tableaux modèles, permettant de résoudre immédiatement un problème de conjugaison. Reportez-vous, pour plus de détails, au descriptif situé pages 186 et 187.
Le répertoire des verbes de cette édition recense tous les verbes de la langue française contemporaine, d'un usage courant ou recherché : soit 8 200 verbes. Sont également pris en compte des verbes spécifiques à la Belgique, à la Suisse, au Canada, à l'Afrique francophone.

Sommaire

LES TABLEAUX DE CONJUGAISON

Les 5 tableaux clés

Tous les autres tableaux modèles

LA CONJUGAISON EN CARTES MENTALES

TOUTES LES RÈGLES DE CONJUGAISON ET D'ACCORD

Qu'est-ce qu'un verbe ?

Les catégories associées au verbe

Classer les verbes

Conjuguer un verbe

Accorder le verbe avec le sujet

Accorder le participe passé

LE RÉPERTOIRE DES VERBES

Les 8 200 verbes de la langue française contemporaine, avec leurs caractéristiques et un renvoi au tableau modèle de conjugaison

LES TABLEAUX DE CONJUGAISON

COMMENT LIRE ET UTILISER LES TABLEAUX DE CONJUGAISON ?

1 La caractérisation du verbe

Chaque verbe est caractérisé au moins par le groupe auquel il appartient.
Une mention supplémentaire du type « verbes en *-éger* » permet, le cas échéant, de préciser le modèle de conjugaison à l'intérieur du groupe.

2 Les verbes voisins

Quand ils existent, figurent – en haut de la page à droite – les (principaux) verbes qui se conjuguent sur le même modèle.

3 Modes et temps

Les formes de la conjugaison d'un verbe sont bien sûr classées par **modes** (bandeaux orange) et par **temps** (mentions soulignées en capitales).
Le mode **gérondif** ne figure pas dans les tableaux, sa formation étant parfaitement régulière : ***en*** + **participe présent** → 73.

4 Temps simples et temps composés

À l'intérieur de chaque mode, les formes des temps **simples** apparaissent dans la première colonne ; celles des temps **composés** sont en regard, dans la seconde colonne.

5 De la couleur pour mémoriser

Sont indiquées en **rose** :
– la première personne du singulier (ou la deuxième à l'impératif) ;
– les variations notables de radical.
Sont indiquées en **bleu** :
– les difficultés orthographiques particulières.

6 *Que*

Cette présentation rappelle que, sans être un élément de morphologie verbale, ***que*** permet de distinguer les formes, souvent semblables, du subjonctif et de l'indicatif.

7 Le participe passé

Pour le participe passé sont citées **deux formes** : la forme simple (ici, ***protégé***) et la forme composée (***ayant protégé***) suivies – si la forme peut varier – des marques de genre et de nombre. Pour résoudre les problèmes d'accord, voir ***Les règles de conjugaison et d'accord***.

8 Les remarques

Des remarques apparaissent dans un encadré au bas de la page à droite. Y sont résumées les caractéristiques de la conjugaison présentée dans le tableau.

1 2

19 protéger

1er groupe | verbes en **-éger**

abréger • agréger • alléger • assiéger • désagréger • piéger • siéger...

3

INDICATIF

• PRÉSENT	• PASSÉ COMPOSÉ
je protège	j'ai protégé
tu protèges	tu as protégé
il/elle protège	il/elle a protégé
nous protégeons	nous avons protégé
vous protégez	vous avez protégé
ils/elles protègent	ils/elles ont protégé

• IMPARFAIT	• PLUS-QUE-PARFAIT
je protégeais	j'avais protégé
tu protégeais	tu avais protégé
il/elle protégeait	il/elle avait protégé
nous protégions	nous avions protégé
vous protégiez	vous aviez protégé
ils/elles protégeaient	ils/elles avaient protégé

5

• PASSÉ SIMPLE	• PASSÉ ANTÉRIEUR
je protégeai	j'eus protégé
tu protégeas	tu eus protégé
il/elle protégea	il/elle eut protégé
nous protégeâmes	nous eûmes protégé
vous protégeâtes	vous eûtes protégé
ils/elles protégèrent	ils/elles eurent protégé

• FUTUR SIMPLE	• FUTUR ANTÉRIEUR
je protégerai	j'aurai protégé
tu protégeras	tu auras protégé
il/elle protégera	il/elle aura protégé
nous protégerons	nous aurons protégé
vous protégerez	vous aurez protégé
ils/elles protégeront	ils/elles auront protégé

• CONDITIONNEL PRÉSENT	• CONDITIONNEL PASSÉ
je protégerais	j'aurais protégé
tu protégerais	tu aurais protégé
il/elle protégerait	il/elle aurait protégé
nous protégerions	nous aurions protégé
vous protégeriez	vous auriez protégé
ils/elles protégeraient	ils/elles auraient protégé

SUBJONCTIF

4

• PRÉSENT	• PASSÉ
que je protège	que j'aie protégé
que tu protèges	que tu aies protégé
qu'il/elle protège	qu'il/elle ait protégé
que nous protégions	que nous ayons protégé
que vous protégiez	que vous ayez protégé
qu'ils/elles protègent	qu'ils/elles aient protégé

6

• IMPARFAIT	• PLUS-QUE-PARFAIT
que je protégeasse	que j'eusse protégé
que tu protégeasses	que tu eusses protégé
qu'il/elle protégeât	qu'il/elle eût protégé
que nous protégeassions	que nous eussions protégé
que vous protégeassiez	que vous eussiez protégé
qu'ils/elles protégeassent	qu'ils/elles eussent protégé

IMPÉRATIF

• PRÉSENT	• PASSÉ
protège	aie protégé
protégeons	ayons protégé
protégez	ayez protégé

INFINITIF

• PRÉSENT	• PASSÉ
protéger	avoir protégé

PARTICIPE

7

• PRÉSENT	• PASSÉ
protégeant	protégé(e, s, es)
	ayant protégé

Notez bien !

• Les verbes en **-éger** présentent une double variation du radical :
– celle des verbes en **-é_er** du type *céder* : on écrit *nous protégeons, nous protégerons*, mais *je protège* → tableau **15** ;
– celle des verbes en **-ger** du type *manger* : on écrit *nous protégeons* → tableau **14**.

N. ORTH. La réforme de l'orthographe autorise, au futur simple et au conditionnel présent, *nous protègerons, nous protègerions*.

28

8

1 être

INDICATIF

• PRÉSENT

je suis
tu es
il/elle est
nous sommes
vous êtes
ils/elles sont

• PASSÉ COMPOSÉ

j'ai été
tu as été
il/elle a été
nous avons été
vous avez été
ils/elles ont été

• IMPARFAIT

j'étais
tu étais
il/elle était
nous étions
vous étiez
ils/elles étaient

• PLUS-QUE-PARFAIT

j'avais été
tu avais été
il/elle avait été
nous avions été
vous aviez été
ils/elles avaient été

• PASSÉ SIMPLE

je fus
tu fus
il/elle fut
nous fûmes
vous fûtes
ils/elles furent

• PASSÉ ANTÉRIEUR

j'eus été
tu eus été
il/elle eut été
nous eûmes été
vous eûtes été
ils/elles eurent été

• FUTUR SIMPLE

je serai
tu seras
il/elle sera
nous serons
vous serez
ils/elles seront

• FUTUR ANTÉRIEUR

j'aurai été
tu auras été
il/elle aura été
nous aurons été
vous aurez été
ils/elles auront été

• CONDITIONNEL PRÉSENT

je serais
tu serais
il/elle serait
nous serions
vous seriez
ils/elles seraient

• CONDITIONNEL PASSÉ

j'aurais été
tu aurais été
il/elle aurait été
nous aurions été
vous auriez été
ils/elles auraient été

SUBJONCTIF

• PRÉSENT

que je sois
que tu sois
qu'il/elle soit
que nous soyons
que vous soyez
qu'ils/elles soient

• PASSÉ

que j'aie été
que tu aies été
qu'il/elle ait été
que nous ayons été
que vous ayez été
qu'ils/elles aient été

• IMPARFAIT

que je fusse
que tu fusses
qu'il/elle fût
que nous fussions
que vous fussiez
qu'ils/elles fussent

• PLUS-QUE-PARFAIT

que j'eusse été
que tu eusses été
qu'il/elle eût été
que nous eussions été
que vous eussiez été
qu'ils/elles eussent été

IMPÉRATIF

• PRÉSENT

sois
soyons
soyez

• PASSÉ

aie été
ayons été
ayez été

INFINITIF

• PRÉSENT

être

• PASSÉ

avoir été

PARTICIPE

• PRÉSENT

étant

• PASSÉ

été
ayant été

Notez bien !

- *Être* peut être utilisé comme auxiliaire aux temps composés : 1. de quelques verbes intransitifs : *nous sommes arrivés* ; 2. de certains verbes qui admettent les deux auxiliaires : *il est descendu* ; 3. des verbes à la forme pronominale : *ils se sont aimés*.
Il sert aussi d'auxiliaire aux temps de la voix passive : *il est aimé, il a été aimé*.
- Le participe *été* est toujours invariable.

2 avoir

INDICATIF

• PRÉSENT

j'ai
tu as
il/elle a
nous avons
vous avez
ils/elles ont

• PASSÉ COMPOSÉ

j'ai eu
tu as eu
il/elle a eu
nous avons eu
vous avez eu
ils/elles ont eu

• IMPARFAIT

j'avais
tu avais
il/elle avait
nous avions
vous aviez
ils/elles avaient

• PLUS-QUE-PARFAIT

j'avais eu
tu avais eu
il/elle avait eu
nous avions eu
vous aviez eu
ils/elles avaient eu

• PASSÉ SIMPLE

j'eus
tu eus
il/elle eut
nous eûmes
vous eûtes
ils/elles eurent

• PASSÉ ANTÉRIEUR

j'eus eu
tu eus eu
il/elle eut eu
nous eûmes eu
vous eûtes eu
ils/elles eurent eu

• FUTUR SIMPLE

j'aurai
tu auras
il/elle aura
nous aurons
vous aurez
ils/elles auront

• FUTUR ANTÉRIEUR

j'aurai eu
tu auras eu
il/elle aura eu
nous aurons eu
vous aurez eu
ils/elles auront eu

• CONDITIONNEL PRÉSENT

j'aurais
tu aurais
il/elle aurait
nous aurions
vous auriez
ils/elles auraient

• CONDITIONNEL PASSÉ

j'aurais eu
tu aurais eu
il/elle aurait eu
nous aurions eu
vous auriez eu
ils/elles auraient eu

SUBJONCTIF

• PRÉSENT

que j'aie
que tu aies
qu'il/elle ait
que nous ayons
que vous ayez
qu'ils/elles aient

• PASSÉ

que j'aie eu
que tu aies eu
qu'il/elle ait eu
que nous ayons eu
que vous ayez eu
qu'ils/elles aient eu

• IMPARFAIT

que j'eusse
que tu eusses
qu'il/elle eût
que nous eussions
que vous eussiez
qu'ils/elles eussent

• PLUS-QUE-PARFAIT

que j'eusse eu
que tu eusses eu
qu'il/elle eût eu
que nous eussions eu
que vous eussiez eu
qu'ils/elles eussent eu

IMPÉRATIF

• PRÉSENT

aie
ayons
ayez

• PASSÉ

aie eu
ayons eu
ayez eu

INFINITIF

• PRÉSENT

avoir

• PASSÉ

avoir eu

PARTICIPE

• PRÉSENT

ayant

• PASSÉ

eu(e, s, es)
ayant eu

Notez bien !

● *Avoir* peut être utilisé comme auxiliaire aux temps composés : 1. des verbes transitifs : *j'ai aimé, j'avais aimé* ;
2. de plusieurs verbes intransitifs (dont *être*) : *il a atterri, il avait atterri* ;
3. de certains verbes qui admettent les deux auxiliaires.

● Le participe passé *eu* s'accorde en suivant les règles d'accord habituelles → 93. Il peut donc s'écrire *eu, eue, eus* ou *eues*.

3 aimer

1er groupe | verbes en **-er**

INDICATIF

• PRÉSENT

j'aime
tu aimes
il/elle aime
nous aimons
vous aimez
ils/elles aiment

• PASSÉ COMPOSÉ

j'ai aimé
tu as aimé
il/elle a aimé
nous avons aimé
vous avez aimé
ils/elles ont aimé

• IMPARFAIT

j'aimais
tu aimais
il/elle aimait
nous aimions
vous aimiez
ils/elles aimaient

• PLUS-QUE-PARFAIT

j'avais aimé
tu avais aimé
il/elle avait aimé
nous avions aimé
vous aviez aimé
ils/elles avaient aimé

• PASSÉ SIMPLE

j'aimai
tu aimas
il/elle aima
nous aimâmes
vous aimâtes
ils/elles aimèrent

• PASSÉ ANTÉRIEUR

j'eus aimé
tu eus aimé
il/elle eut aimé
nous eûmes aimé
vous eûtes aimé
ils/elles eurent aimé

• FUTUR SIMPLE

j'aimerai
tu aimeras
il/elle aimera
nous aimerons
vous aimerez
ils/elles aimeront

• FUTUR ANTÉRIEUR

j'aurai aimé
tu auras aimé
il/elle aura aimé
nous aurons aimé
vous aurez aimé
ils/elles auront aimé

• CONDITIONNEL PRÉSENT

j'aimerais
tu aimerais
il/elle aimerait
nous aimerions
vous aimeriez
ils/elles aimeraient

• CONDITIONNEL PASSÉ

j'aurais aimé
tu aurais aimé
il/elle aurait aimé
nous aurions aimé
vous auriez aimé
ils/elles auraient aimé

SUBJONCTIF

• PRÉSENT

que j'aime
que tu aimes
qu'il/elle aime
que nous aimions
que vous aimiez
qu'ils/elles aiment

• PASSÉ

que j'aie aimé
que tu aies aimé
qu'il/elle ait aimé
que nous ayons aimé
que vous ayez aimé
qu'ils/elles aient aimé

• IMPARFAIT

que j'aimasse
que tu aimasses
qu'il/elle aimât
que nous aimassions
que vous aimassiez
qu'ils/elles aimassent

• PLUS-QUE-PARFAIT

que j'eusse aimé
que tu eusses aimé
qu'il/elle eût aimé
que nous eussions aimé
que vous eussiez aimé
qu'ils/elles eussent aimé

IMPÉRATIF

• PRÉSENT

aime
aimons
aimez

• PASSÉ

aie aimé
ayons aimé
ayez aimé

INFINITIF

• PRÉSENT

aimer

• PASSÉ

avoir aimé

PARTICIPE

• PRÉSENT

aimant

• PASSÉ

aimé(e, s, es)
ayant aimé

Notez bien !

- Les verbes du 1er groupe représentent la majorité des verbes de la langue française. Ils se conjuguent tous sur le modèle d'*aimer*.
Pour certains cependant, il faut tenir compte d'une légère variation du radical ou d'une difficulté orthographique → tableaux **6** à **29**.
- *Aller* est un verbe irrégulier du 3e groupe → tableau **32**.

4 être aimé

la voix passive

INDICATIF

• PRÉSENT	• PASSÉ COMPOSÉ
je suis aimé(e)	j'ai été aimé(e)
tu es aimé(e)	tu as été aimé(e)
il/elle est aimé(e)	il/elle a été aimé(e)
nous sommes aimé(e)s	nous avons été aimé(e)s
vous êtes aimé(e)s	vous avez été aimé(e)s
ils/elles sont aimé(e)s	ils/elles ont été aimé(e)s

• IMPARFAIT	• PLUS-QUE-PARFAIT
j'étais aimé(e)	j'avais été aimé(e)
tu étais aimé(e)	tu avais été aimé(e)
il/elle était aimé(e)	il/elle avait été aimé(e)
nous étions aimé(e)s	nous avions été aimé(e)s
vous étiez aimé(e)s	vous aviez été aimé(e)s
ils/elles étaient aimé(e)s	ils/elles avaient été aimé(e)s

• PASSÉ SIMPLE	• PASSÉ ANTÉRIEUR
je fus aimé(e)	j'eus été aimé(e)
tu fus aimé(e)	tu eus été aimé(e)
il/elle fut aimé(e)	il/elle eut été aimé(e)
nous fûmes aimé(e)s	nous eûmes été aimé(e)s
vous fûtes aimé(e)s	vous eûtes été aimé(e)s
ils/elles furent aimé(e)s	ils/elles eurent été aimé(e)s

• FUTUR SIMPLE	• FUTUR ANTÉRIEUR
je serai aimé(e)	j'aurai été aimé(e)
tu seras aimé(e)	tu auras été aimé(e)
il/elle sera aimé(e)	il/elle aura été aimé(e)
nous serons aimé(e)s	nous aurons été aimé(e)s
vous serez aimé(e)s	vous aurez été aimé(e)s
ils/elles seront aimé(e)s	ils/elles auront été aimé(e)s

• CONDITIONNEL PRÉSENT	• CONDITIONNEL PASSÉ
je serais aimé(e)	j'aurais été aimé(e)
tu serais aimé(e)	tu aurais été aimé(e)
il/elle serait aimé(e)	il/elle aurait été aimé(e)
nous serions aimé(e)s	nous aurions été aimé(e)s
vous seriez aimé(e)s	vous auriez été aimé(e)s
ils/elles seraient aimé(e)s	ils/elles auraient été aimé(e)s

SUBJONCTIF

• PRÉSENT	• PASSÉ
que je sois aimé(e)	que j'aie été aimé(e)
que tu sois aimé(e)	que tu aies été aimé(e)
qu'il/elle soit aimé(e)	qu'il/elle ait été aimé(e)
que nous soyons aimé(e)s	que nous ayons été aimé(e)s
que vous soyez aimé(e)s	que vous ayez été aimé(e)s
qu'ils/elles soient aimé(e)s	qu'ils/elles aient été aimé(e)s

• IMPARFAIT	• PLUS-QUE-PARFAIT
que je fusse aimé(e)	que j'eusse été aimé(e)
que tu fusses aimé(e)	que tu eusses été aimé(e)
qu'il/elle fût aimé(e)	qu'il/elle eût été aimé(e)
que nous fussions aimé(e)s	que nous eussions été aimé(e)s
que vous fussiez aimé(e)s	que vous eussiez été aimé(e)s
qu'ils/elles fussent aimé(e)s	qu'ils/elles eussent été aimé(e)s

IMPÉRATIF

• PRÉSENT	• PASSÉ
sois aimé(e)	.
soyons aimé(e)s	.
soyez aimé(e)s	.

INFINITIF

• PRÉSENT	• PASSÉ
être aimé(e, s, es)	avoir été aimé(e, s, es)

PARTICIPE

• PRÉSENT	• PASSÉ
étant aimé(e, s, es)	ayant été aimé(e, s, es)

Notez bien !

- Seuls les verbes transitifs directs peuvent être mis au passif. Pour les cas particuliers → 26.
- Le verbe à la voix passive est constitué de l'auxiliaire *être* suivi du participe passé : *je serai aimé*, *j'ai été aimé*.
- Le participe passé du verbe s'accorde avec le sujet → 92 : *elle était aimée*, *elles seront aimées*, *elle doit être aimée*.

5 s'aimer

la forme pronominale

INDICATIF

• PRÉSENT
je m'aime
tu t'aimes
il/elle s'aime
nous nous aimons
vous vous aimez
ils/elles s'aiment

• PASSÉ COMPOSÉ
je me suis aimé(e)
tu t'es aimé(e)
il/elle s'est aimé(e)
n. nous sommes aimé(e)s
v. vous êtes aimé(e)s
ils/elles se sont aimé(e)s

• IMPARFAIT
je m'aimais
tu t'aimais
il/elle s'aimait
nous nous aimions
vous vous aimiez
ils/elles s'aimaient

• PLUS-QUE-PARFAIT
je m'étais aimé(e)
tu t'étais aimé(e)
il/elle s'était aimé(e)
n. nous étions aimé(e)s
v. vous étiez aimé(e)s
ils/elles s'étaient aimé(e)s

• PASSÉ SIMPLE
je m'aimai
tu t'aimas
il/elle s'aima
nous nous aimâmes
vous vous aimâtes
ils/elles s'aimèrent

• PASSÉ ANTÉRIEUR
je me fus aimé(e)
tu te fus aimé(e)
il/elle se fut aimé(e)
n. nous fûmes aimé(e)s
v. vous fûtes aimé(e)s
ils/elles se furent aimé(e)s

• FUTUR SIMPLE
je m'aimerai
tu t'aimeras
il/elle s'aimera
nous nous aimerons
vous vous aimerez
ils/elles s'aimeront

• FUTUR ANTÉRIEUR
je me serai aimé(e)
tu te seras aimé(e)
il/elle se sera aimé(e)
n. nous serons aimé(e)s
v. vous serez aimé(e)s
ils/elles se seront aimé(e)s

• CONDITIONNEL PRÉSENT
je m'aimerais
tu t'aimerais
il/elle s'aimerait
nous nous aimerions
vous vous aimeriez
ils/elles s'aimeraient

• CONDITIONNEL PASSÉ
je me serais aimé(e)
tu te serais aimé(e)
il/elle se serait aimé(e)
n. nous serions aimé(e)s
v. vous seriez aimé(e)s
ils/elles se seraient aimé(e)s

SUBJONCTIF

• PRÉSENT
que je m'aime
que tu t'aimes
qu'il/elle s'aime
que n. nous aimions
que v. vous aimiez
qu'ils/elles s'aiment

• PASSÉ
que je me sois aimé(e)
que tu te sois aimé(e)
qu'il/elle se soit aimé(e)
que n. nous soyons aimé(e)s
que v. vous soyez aimé(e)s
qu'ils/elles se soient aimé(e)s

• IMPARFAIT
que je m'aimasse
que tu t'aimasses
qu'il/elle s'aimât
que n. nous aimassions
que v. vous aimassiez
qu'ils/elles s'aimassent

• PLUS-QUE-PARFAIT
que je me fusse aimé(e)
que tu te fusses aimé(e)
qu'il/elle se fût aimé(e)
que n. nous fussions aimé(e)s
que v. vous fussiez aimé(e)s
qu'ils/elles se fussent aimé(e)s

IMPÉRATIF

• PRÉSENT
aime-toi
aimons-nous
aimez-vous

• PASSÉ
.
.
.

INFINITIF

• PRÉSENT
s'aimer

• PASSÉ
s'être aimé(e, s, es)

PARTICIPE

• PRÉSENT
s'aimant

• PASSÉ
s'étant aimé(e, s, es)

Notez bien !

- Les verbes à la forme pronominale se caractérisent par la présence d'un pronom personnel réfléchi : *me, te, se*...
- Dans le répertoire ne sont indiqués que les verbes essentiellement pronominaux (**Esp**). Ceux qui peuvent se construire à la forme pronominale sont signalés par la lettre **P**.
- Pour les règles d'accord du participe passé des verbes à la forme pronominale → 94-96.

6 jouer

1er groupe | verbes en **-ouer**

avouer • clouer • dénouer • échouer • louer • secouer...

INDICATIF

• PRÉSENT

je joue
tu joues
il/elle joue
nous jouons
vous jouez
ils/elles jouent

• PASSÉ COMPOSÉ

j'ai joué
tu as joué
il/elle a joué
nous avons joué
vous avez joué
ils/elles ont joué

• IMPARFAIT

je jouais
tu jouais
il/elle jouait
nous jouions
vous jouiez
ils/elles jouaient

• PLUS-QUE-PARFAIT

j'avais joué
tu avais joué
il/elle avait joué
nous avions joué
vous aviez joué
ils/elles avaient joué

• PASSÉ SIMPLE

je jouai
tu jouas
il/elle joua
nous jouâmes
vous jouâtes
ils/elles jouèrent

• PASSÉ ANTÉRIEUR

j'eus joué
tu eus joué
il/elle eut joué
nous eûmes joué
vous eûtes joué
ils/elles eurent joué

• FUTUR SIMPLE

je jouerai
tu joueras
il/elle jouera
nous jouerons
vous jouerez
ils/elles joueront

• FUTUR ANTÉRIEUR

j'aurai joué
tu auras joué
il/elle aura joué
nous aurons joué
vous aurez joué
ils/elles auront joué

• CONDITIONNEL PRÉSENT

je jouerais
tu jouerais
il/elle jouerait
nous jouerions
vous joueriez
ils/elles joueraient

• CONDITIONNEL PASSÉ

j'aurais joué
tu aurais joué
il/elle aurait joué
nous aurions joué
vous auriez joué
ils/elles auraient joué

SUBJONCTIF

• PRÉSENT

que je joue
que tu joues
qu'il/elle joue
que nous jouions
que vous jouiez
qu'ils/elles jouent

• PASSÉ

que j'aie joué
que tu aies joué
qu'il/elle ait joué
que nous ayons joué
que vous ayez joué
qu'ils/elles aient joué

• IMPARFAIT

que je jouasse
que tu jouasses
qu'il/elle jouât
que nous jouassions
que vous jouassiez
qu'ils/elles jouassent

• PLUS-QUE-PARFAIT

que j'eusse joué
que tu eusses joué
qu'il/elle eût joué
que nous eussions joué
que vous eussiez joué
qu'ils/elles eussent joué

IMPÉRATIF

• PRÉSENT

joue
jouons
jouez

• PASSÉ

aie joué
ayons joué
ayez joué

INFINITIF

• PRÉSENT

jouer

• PASSÉ

avoir joué

PARTICIPE

• PRÉSENT

jouant

• PASSÉ

joué(e, s, es)
ayant joué

Notez bien !

Au futur simple et au conditionnel présent, on ne prononce pas le **e** qui précède la terminaison. Il ne faut pas l'oublier à l'écrit : *je jouerai, je jouerais*.

7 saluer

1er groupe | verbes en **-uer**

continuer • diminuer • distribuer • effectuer • habituer • polluer • situer • tuer...

INDICATIF

• PRÉSENT

je salue
tu salues
il/elle salue
nous saluons
vous saluez
ils/elles saluent

• PASSÉ COMPOSÉ

j'ai salué
tu as salué
il/elle a salué
nous avons salué
vous avez salué
ils/elles ont salué

• IMPARFAIT

je saluais
tu saluais
il/elle saluait
nous saluions
vous saluiez
ils/elles saluaient

• PLUS-QUE-PARFAIT

j'avais salué
tu avais salué
il/elle avait salué
nous avions salué
vous aviez salué
ils/elles avaient salué

• PASSÉ SIMPLE

je saluai
tu saluas
il/elle salua
nous saluâmes
vous saluâtes
ils/elles saluèrent

• PASSÉ ANTÉRIEUR

j'eus salué
tu eus salué
il/elle eut salué
nous eûmes salué
vous eûtes salué
ils/elles eurent salué

• FUTUR SIMPLE

je saluerai
tu salueras
il/elle saluera
nous saluerons
vous saluerez
ils/elles salueront

• FUTUR ANTÉRIEUR

j'aurai salué
tu auras salué
il/elle aura salué
nous aurons salué
vous aurez salué
ils/elles auront salué

• CONDITIONNEL PRÉSENT

je saluerais
tu saluerais
il/elle saluerait
nous saluerions
vous salueriez
ils/elles salueraient

• CONDITIONNEL PASSÉ

j'aurais salué
tu aurais salué
il/elle aurait salué
nous aurions salué
vous auriez salué
ils/elles auraient salué

SUBJONCTIF

• PRÉSENT

que je salue
que tu salues
qu'il/elle salue
que nous saluions
que vous saluiez
qu'ils/elles saluent

• PASSÉ

que j'aie salué
que tu aies salué
qu'il/elle ait salué
que nous ayons salué
que vous ayez salué
qu'ils/elles aient salué

• IMPARFAIT

que je saluasse
que tu saluasses
qu'il/elle saluât
que nous saluassions
que vous saluassiez
qu'ils/elles saluassent

• PLUS-QUE-PARFAIT

que j'eusse salué
que tu eusses salué
qu'il/elle eût salué
que nous eussions salué
que vous eussiez salué
qu'ils/elles eussent salué

IMPÉRATIF

• PRÉSENT

salue
saluons
saluez

• PASSÉ

aie salué
ayons salué
ayez salué

INFINITIF

• PRÉSENT

saluer

• PASSÉ

avoir salué

PARTICIPE

• PRÉSENT

saluant

• PASSÉ

salué(e, s, es)
ayant salué

Notez bien !

Au futur simple et au conditionnel présent, on ne prononce pas le **e** qui précède la terminaison. Il ne faut pas l'oublier à l'écrit : *je saluerai, je saluerais* → tableau **6**.

8 étudier

1er groupe | verbes en -ier

copier • crier • envier • marier • oublier • remercier • skier • trier...

INDICATIF

• PRÉSENT
j'étudie
tu étudies
il/elle étudie
nous étudions
vous étudiez
ils/elles étudient

• PASSÉ COMPOSÉ
j'ai étudié
tu as étudié
il/elle a étudié
nous avons étudié
vous avez étudié
ils/elles ont étudié

• IMPARFAIT
j'étudiais
tu étudiais
il/elle étudiait
nous étudiions
vous étudiiez
ils/elles étudiaient

• PLUS-QUE-PARFAIT
j'avais étudié
tu avais étudié
il/elle avait étudié
nous avions étudié
vous aviez étudié
ils/elles avaient étudié

• PASSÉ SIMPLE
j'étudiai
tu étudias
il/elle étudia
nous étudiâmes
vous étudiâtes
ils/elles étudièrent

• PASSÉ ANTÉRIEUR
j'eus étudié
tu eus étudié
il/elle eut étudié
nous eûmes étudié
vous eûtes étudié
ils/elles eurent étudié

• FUTUR SIMPLE
j'étudierai
tu étudieras
il/elle étudiera
nous étudierons
vous étudierez
ils/elles étudieront

• FUTUR ANTÉRIEUR
j'aurai étudié
tu auras étudié
il/elle aura étudié
nous aurons étudié
vous aurez étudié
ils/elles auront étudié

• CONDITIONNEL PRÉSENT
j'étudierais
tu étudierais
il/elle étudierait
nous étudierions
vous étudieriez
ils/elles étudieraient

• CONDITIONNEL PASSÉ
j'aurais étudié
tu aurais étudié
il/elle aurait étudié
nous aurions étudié
vous auriez étudié
ils/elles auraient étudié

SUBJONCTIF

• PRÉSENT
que j'étudie
que tu étudies
qu'il/elle étudie
que nous étudiions
que vous étudiiez
qu'ils/elles étudient

• PASSÉ
que j'aie étudié
que tu aies étudié
qu'il/elle ait étudié
que nous ayons étudié
que vous ayez étudié
qu'ils/elles aient étudié

• IMPARFAIT
que j'étudiasse
que tu étudiasses
qu'il/elle étudiât
que nous étudiassions
que vous étudiassiez
qu'ils/elles étudiassent

• PLUS-QUE-PARFAIT
que j'eusse étudié
que tu eusses étudié
qu'il/elle eût étudié
que nous eussions étudié
que vous eussiez étudié
qu'ils/elles eussent étudié

IMPÉRATIF

• PRÉSENT
étudie
étudions
étudiez

• PASSÉ
aie étudié
ayons étudié
ayez étudié

INFINITIF

• PRÉSENT
étudier

• PASSÉ
avoir étudié

PARTICIPE

• PRÉSENT
étudiant

• PASSÉ
étudié(e, s, es)
ayant étudié

Notez bien !

• Au futur simple et au conditionnel présent, on ne prononce pas le **e** qui précède la terminaison. Il ne faut pas l'oublier à l'écrit → tableaux 6 et 7.

• Aux 1re et 2e personnes du pluriel de l'indicatif imparfait et du subjonctif présent, notez les deux **i** qui se suivent, le **i** final du radical et le **i** initial de la terminaison : *nous étudi/ions, que vous étudi/iez.*

9 briller

1er groupe | verbes en **-iller**

conseiller • gaspiller • habiller • mouiller • réveiller • surveiller • travailler...

INDICATIF

• PRÉSENT

je brille
tu brilles
il/elle brille
nous brillons
vous brillez
ils/elles brillent

• PASSÉ COMPOSÉ

j'ai brillé
tu as brillé
il/elle a brillé
nous avons brillé
vous avez brillé
ils/elles ont brillé

• IMPARFAIT

je brillais
tu brillais
il/elle brillait
nous brillions
vous brilliez
ils/elles brillaient

• PLUS-QUE-PARFAIT

j'avais brillé
tu avais brillé
il/elle avait brillé
nous avions brillé
vous aviez brillé
ils/elles avaient brillé

• PASSÉ SIMPLE

je brillai
tu brillas
il/elle brilla
nous brillâmes
vous brillâtes
ils/elles brillèrent

• PASSÉ ANTÉRIEUR

j'eus brillé
tu eus brillé
il/elle eut brillé
nous eûmes brillé
vous eûtes brillé
ils/elles eurent brillé

• FUTUR SIMPLE

je brillerai
tu brilleras
il/elle brillera
nous brillerons
vous brillerez
ils/elles brilleront

• FUTUR ANTÉRIEUR

j'aurai brillé
tu auras brillé
il/elle aura brillé
nous aurons brillé
vous aurez brillé
ils/elles auront brillé

• CONDITIONNEL PRÉSENT

je brillerais
tu brillerais
il/elle brillerait
nous brillerions
vous brilleriez
ils/elles brilleraient

• CONDITIONNEL PASSÉ

j'aurais brillé
tu aurais brillé
il/elle aurait brillé
nous aurions brillé
vous auriez brillé
ils/elles auraient brillé

SUBJONCTIF

• PRÉSENT

que je brille
que tu brilles
qu'il/elle brille
que nous brillions
que vous brilliez
qu'ils/elles brillent

• PASSÉ

que j'aie brillé
que tu aies brillé
qu'il/elle ait brillé
que nous ayons brillé
que vous ayez brillé
qu'ils/elles aient brillé

• IMPARFAIT

que je brillasse
que tu brillasses
qu'il/elle brillât
que nous brillassions
que vous brillassiez
qu'ils/elles brillassent

• PLUS-QUE-PARFAIT

que j'eusse brillé
que tu eusses brillé
qu'il/elle eût brillé
que nous eussions brillé
que vous eussiez brillé
qu'ils/elles eussent brillé

IMPÉRATIF

• PRÉSENT

brille
brillons
brillez

• PASSÉ

aie brillé
ayons brillé
ayez brillé

INFINITIF

• PRÉSENT

briller

• PASSÉ

avoir brillé

PARTICIPE

• PRÉSENT

brillant

• PASSÉ

brillé
ayant brillé

Notez bien !

Aux 1re et 2e personnes du pluriel de l'indicatif imparfait et du subjonctif présent, on ne prononce pas toujours le **i** de la terminaison, en raison de la consonne mouillée (**ll**) qui termine le radical. Il ne faut pas l'oublier à l'écrit : *nous brill/ions, que vous brill/iez.*

10 gagner

1er groupe | verbes en **-gner**

aligner • baigner • désigner • éloigner • peigner • signer • soigner • souligner...

INDICATIF

• PRÉSENT

je gagne
tu gagnes
il/elle gagne
nous gagnons
vous gagnez
ils/elles gagnent

• PASSÉ COMPOSÉ

j'ai gagné
tu as gagné
il/elle a gagné
nous avons gagné
vous avez gagné
ils/elles ont gagné

• IMPARFAIT

je gagnais
tu gagnais
il/elle gagnait
nous gagnions
vous gagniez
ils/elles gagnaient

• PLUS-QUE-PARFAIT

j'avais gagné
tu avais gagné
il/elle avait gagné
nous avions gagné
vous aviez gagné
ils/elles avaient gagné

• PASSÉ SIMPLE

je gagnai
tu gagnas
il/elle gagna
nous gagnâmes
vous gagnâtes
ils/elles gagnèrent

• PASSÉ ANTÉRIEUR

j'eus gagné
tu eus gagné
il/elle eut gagné
nous eûmes gagné
vous eûtes gagné
ils/elles eurent gagné

• FUTUR SIMPLE

je gagnerai
tu gagneras
il/elle gagnera
nous gagnerons
vous gagnerez
ils/elles gagneront

• FUTUR ANTÉRIEUR

j'aurai gagné
tu auras gagné
il/elle aura gagné
nous aurons gagné
vous aurez gagné
ils/elles auront gagné

• CONDITIONNEL PRÉSENT

je gagnerais
tu gagnerais
il/elle gagnerait
nous gagnerions
vous gagneriez
ils/elles gagneraient

• CONDITIONNEL PASSÉ

j'aurais gagné
tu aurais gagné
il/elle aurait gagné
nous aurions gagné
vous auriez gagné
ils/elles auraient gagné

SUBJONCTIF

• PRÉSENT

que je gagne
que tu gagnes
qu'il/elle gagne
que nous gagnions
que vous gagniez
qu'ils/elles gagnent

• PASSÉ

que j'aie gagné
que tu aies gagné
qu'il/elle ait gagné
que nous ayons gagné
que vous ayez gagné
qu'ils/elles aient gagné

• IMPARFAIT

que je gagnasse
que tu gagnasses
qu'il/elle gagnât
que nous gagnassions
que vous gagnassiez
qu'ils/elles gagnassent

• PLUS-QUE-PARFAIT

que j'eusse gagné
que tu eusses gagné
qu'il/elle eût gagné
que nous eussions gagné
que vous eussiez gagné
qu'ils/elles eussent gagné

IMPÉRATIF

• PRÉSENT

gagne
gagnons
gagnez

• PASSÉ

aie gagné
ayons gagné
ayez gagné

INFINITIF

• PRÉSENT

gagner

• PASSÉ

avoir gagné

PARTICIPE

• PRÉSENT

gagnant

• PASSÉ

gagné(e, s, es)
ayant gagné

Notez bien !

Aux 1re et 2e personnes du pluriel de l'indicatif imparfait et du subjonctif présent, on ne prononce pas toujours le **i** de la terminaison, en raison de la consonne mouillée (**gn**) qui termine le radical. Il ne faut pas l'oublier à l'écrit : *nous gagn/ions, que vous gagn/iez*

→ tableau **9**.

11 créer

1er groupe | verbes en **-éer**

agréer • maugréer • procréer • suppléer • toréer…

INDICATIF

• PRÉSENT
je crée
tu crées
il/elle crée
nous créons
vous créez
ils/elles créent

• PASSÉ COMPOSÉ
j'ai créé
tu as créé
il/elle a créé
nous avons créé
vous avez créé
ils/elles ont créé

• IMPARFAIT
je créais
tu créais
il/elle créait
nous créions
vous créiez
ils/elles créaient

• PLUS-QUE-PARFAIT
j'avais créé
tu avais créé
il/elle avait créé
nous avions créé
vous aviez créé
ils/elles avaient créé

• PASSÉ SIMPLE
je créai
tu créas
il/elle créa
nous créâmes
vous créâtes
ils/elles créèrent

• PASSÉ ANTÉRIEUR
j'eus créé
tu eus créé
il/elle eut créé
nous eûmes créé
vous eûtes créé
ils/elles eurent créé

• FUTUR SIMPLE
je créerai
tu créeras
il/elle créera
nous créerons
vous créerez
ils/elles créeront

• FUTUR ANTÉRIEUR
j'aurai créé
tu auras créé
il/elle aura créé
nous aurons créé
vous aurez créé
ils/elles auront créé

• CONDITIONNEL PRÉSENT
je créerais
tu créerais
il/elle créerait
nous créerions
vous créeriez
ils/elles créeraient

• CONDITIONNEL PASSÉ
j'aurais créé
tu aurais créé
il/elle aurait créé
nous aurions créé
vous auriez créé
ils/elles auraient créé

SUBJONCTIF

• PRÉSENT
que je crée
que tu crées
qu'il/elle crée
que nous créions
que vous créiez
qu'ils/elles créent

• PASSÉ
que j'aie créé
que tu aies créé
qu'il/elle ait créé
que nous ayons créé
que vous ayez créé
qu'ils/elles aient créé

• IMPARFAIT
que je créasse
que tu créasses
qu'il/elle créât
que nous créassions
que vous créassiez
qu'ils/elles créassent

• PLUS-QUE-PARFAIT
que j'eusse créé
que tu eusses créé
qu'il/elle eût créé
que nous eussions créé
que vous eussiez créé
qu'ils/elles eussent créé

IMPÉRATIF

• PRÉSENT
crée
créons
créez

• PASSÉ
aie créé
ayons créé
ayez créé

INFINITIF

• PRÉSENT
créer

• PASSÉ
avoir créé

PARTICIPE

• PRÉSENT
créant

• PASSÉ
créé(e, s, es)
ayant créé

Notez bien !

• Les verbes du type *créer* présentent de nombreuses formes dans lesquelles deux ou trois **e** se suivent. Cela s'explique par la rencontre du **é** final du radical et du (des) **e** de la terminaison : *je cré/e, vous cré/ez, ils cré/èrent, j'ai cré/é, elle a été cré/ée…*

• Au futur simple et au conditionnel présent, on ne prononce pas le **e** qui précède la terminaison. Il ne faut pas l'oublier à l'écrit → tableau **6**.

12 naviguer

1er groupe | verbes en **-guer** et **-quer**

blaguer • conjuguer • distinguer • fatiguer...
attaquer • expliquer • manquer • remarquer...

INDICATIF

• PRÉSENT

je navigue
tu navigues
il/elle navigue
nous naviguons
vous naviguez
ils/elles naviguent

• PASSÉ COMPOSÉ

j'ai navigué
tu as navigué
il/elle a navigué
nous avons navigué
vous avez navigué
ils/elles ont navigué

• IMPARFAIT

je naviguais
tu naviguais
il/elle naviguait
nous naviguions
vous naviguiez
ils/elles naviguaient

• PLUS-QUE-PARFAIT

j'avais navigué
tu avais navigué
il/elle avait navigué
nous avions navigué
vous aviez navigué
ils/elles avaient navigué

• PASSÉ SIMPLE

je naviguai
tu naviguas
il/elle navigua
nous naviguâmes
vous naviguâtes
ils/elles naviguèrent

• PASSÉ ANTÉRIEUR

j'eus navigué
tu eus navigué
il/elle eut navigué
nous eûmes navigué
vous eûtes navigué
ils/elles eurent navigué

• FUTUR SIMPLE

je naviguerai
tu navigueras
il/elle naviguera
nous naviguerons
vous naviguerez
ils/elles navigueront

• FUTUR ANTÉRIEUR

j'aurai navigué
tu auras navigué
il/elle aura navigué
nous aurons navigué
vous aurez navigué
ils/elles auront navigué

• CONDITIONNEL PRÉSENT

je naviguerais
tu naviguerais
il/elle naviguerait
nous naviguerions
vous navigueriez
ils/elles navigueraient

• CONDITIONNEL PASSÉ

j'aurais navigué
tu aurais navigué
il/elle aurait navigué
nous aurions navigué
vous auriez navigué
ils/elles auraient navigué

SUBJONCTIF

• PRÉSENT

que je navigue
que tu navigues
qu'il/elle navigue
que nous naviguions
que vous naviguiez
qu'ils/elles naviguent

• PASSÉ

que j'aie navigué
que tu aies navigué
qu'il/elle ait navigué
que nous ayons navigué
que vous ayez navigué
qu'ils/elles aient navigué

• IMPARFAIT

que je naviguasse
que tu naviguasses
qu'il/elle naviguât
que nous naviguassions
que vous naviguassiez
qu'ils/elles naviguassent

• PLUS-QUE-PARFAIT

que j'eusse navigué
que tu eusses navigué
qu'il/elle eût navigué
que nous eussions navigué
que vous eussiez navigué
qu'ils/elles eussent navigué

IMPÉRATIF

• PRÉSENT

navigue
naviguons
naviguez

• PASSÉ

aie navigué
ayons navigué
ayez navigué

INFINITIF

• PRÉSENT

naviguer

• PASSÉ

avoir navigué

PARTICIPE

• PRÉSENT

naviguant

• PASSÉ

navigué
ayant navigué

Notez bien !

• Les verbes en **-guer** et en **-quer** conservent toujours le **u** à tous les temps et à tous les modes : *je navigu/e, nous navigu/ons.*
• Pour certains verbes, le participe présent est en **-guant/-quant** et l'adjectif verbal en **-gant/-cant** :
Elle chantait, fatiguant ses voisins.
La visite fut fatigante.
Il a refusé, provoquant le scandale ;
une tenue provocante → 72.

13 placer

1er groupe | verbes en **-cer**

annoncer • avancer • balancer • commencer • effacer • financer • lancer • tracer...

INDICATIF

• PRÉSENT

je place
tu places
il/elle place
nous plaçons
vous placez
ils/elles placent

• PASSÉ COMPOSÉ

j'ai placé
tu as placé
il/elle a placé
nous avons placé
vous avez placé
ils/elles ont placé

• IMPARFAIT

je plaçais
tu plaçais
il/elle plaçait
nous placions
vous placiez
ils/elles plaçaient

• PLUS-QUE-PARFAIT

j'avais placé
tu avais placé
il/elle avait placé
nous avions placé
vous aviez placé
ils/elles avaient placé

• PASSÉ SIMPLE

je plaçai
tu plaças
il/elle plaça
nous plaçâmes
vous plaçâtes
ils/elles placèrent

• PASSÉ ANTÉRIEUR

j'eus placé
tu eus placé
il/elle eut placé
nous eûmes placé
vous eûtes placé
ils/elles eurent placé

• FUTUR SIMPLE

je placerai
tu placeras
il/elle placera
nous placerons
vous placerez
ils/elles placeront

• FUTUR ANTÉRIEUR

j'aurai placé
tu auras placé
il/elle aura placé
nous aurons placé
vous aurez placé
ils/elles auront placé

• CONDITIONNEL PRÉSENT

je placerais
tu placerais
il/elle placerait
nous placerions
vous placeriez
ils/elles placeraient

• CONDITIONNEL PASSÉ

j'aurais placé
tu aurais placé
il/elle aurait placé
nous aurions placé
vous auriez placé
ils/elles auraient placé

SUBJONCTIF

• PRÉSENT

que je place
que tu places
qu'il/elle place
que nous placions
que vous placiez
qu'ils/elles placent

• PASSÉ

que j'aie placé
que tu aies placé
qu'il/elle ait placé
que nous ayons placé
que vous ayez placé
qu'ils/elles aient placé

• IMPARFAIT

que je plaçasse
que tu plaçasses
qu'il/elle plaçât
que nous plaçassions
que vous plaçassiez
qu'ils/elles plaçassent

• PLUS-QUE-PARFAIT

que j'eusse placé
que tu eusses placé
qu'il/elle eût placé
que nous eussions placé
que vous eussiez placé
qu'ils/elles eussent placé

IMPÉRATIF

• PRÉSENT

place
plaçons
placez

• PASSÉ

aie placé
ayons placé
ayez placé

INFINITIF

• PRÉSENT

placer

• PASSÉ

avoir placé

PARTICIPE

• PRÉSENT

plaçant

• PASSÉ

placé(e, s, es)
ayant placé

Notez bien !

Les verbes en **-cer** prennent une cédille sous le **c** quand la terminaison commence par **a** ou **o**, afin de conserver la même prononciation en [s] à toutes les formes. On écrit *je place*, mais *nous plaçons*.

14 manger

1er groupe | verbes en **-ger**

arranger • bouger • changer • corriger • encourager • juger • loger • nager • voyager...

INDICATIF

• PRÉSENT

je mange
tu manges
il/elle mange
nous mangeons
vous mangez
ils/elles mangent

• PASSÉ COMPOSÉ

j'ai mangé
tu as mangé
il/elle a mangé
nous avons mangé
vous avez mangé
ils/elles ont mangé

• IMPARFAIT

je mangeais
tu mangeais
il/elle mangeait
nous mangions
vous mangiez
ils/elles mangeaient

• PLUS-QUE-PARFAIT

j'avais mangé
tu avais mangé
il/elle avait mangé
nous avions mangé
vous aviez mangé
ils/elles avaient mangé

• PASSÉ SIMPLE

je mangeai
tu mangeas
il/elle mangea
nous mangeâmes
vous mangeâtes
ils/elles mangèrent

• PASSÉ ANTÉRIEUR

j'eus mangé
tu eus mangé
il/elle eut mangé
nous eûmes mangé
vous eûtes mangé
ils/elles eurent mangé

• FUTUR SIMPLE

je mangerai
tu mangeras
il/elle mangera
nous mangerons
vous mangerez
ils/elles mangeront

• FUTUR ANTÉRIEUR

j'aurai mangé
tu auras mangé
il/elle aura mangé
nous aurons mangé
vous aurez mangé
ils/elles auront mangé

• CONDITIONNEL PRÉSENT

je mangerais
tu mangerais
il/elle mangerait
nous mangerions
vous mangeriez
ils/elles mangeraient

• CONDITIONNEL PASSÉ

j'aurais mangé
tu aurais mangé
il/elle aurait mange
nous aurions mangé
vous auriez mangé
ils/elles auraient mangé

SUBJONCTIF

• PRÉSENT

que je mange
que tu manges
qu'il/elle mange
que nous mangions
que vous mangiez
qu'ils/elles mangent

• PASSÉ

que j'aie mangé
que tu aies mangé
qu'il/elle ait mangé
que nous ayons mangé
que vous ayez mangé
qu'ils/elles aient mangé

• IMPARFAIT

que je mangeasse
que tu mangeasses
qu'il/elle mangeât
que nous mangeassions
que vous mangeassiez
qu'ils/elles mangeassent

• PLUS-QUE-PARFAIT

que j'eusse mangé
que tu eusses mangé
qu'il/elle eût mangé
que nous eussions mangé
que vous eussiez mangé
qu'ils/elles eussent mangé

IMPÉRATIF

• PRÉSENT

mange
mangeons
mangez

• PASSÉ

aie mangé
ayons mangé
ayez mangé

INFINITIF

• PRÉSENT

manger

• PASSÉ

avoir mangé

PARTICIPE

• PRÉSENT

mangeant

• PASSÉ

mangé(e, s, es)
ayant mangé

Notez bien !

• Les verbes en **-ger** prennent un **e** après le **g** quand la terminaison commence par **a** ou **o**, afin de conserver la même prononciation en [ʒ] à toutes les formes : *je mange, nous mangeons.*

• Certains verbes en **-ger** ont un participe présent en **-geant** et un adjectif verbal en **-gent**. C'est le cas de *converger, diverger, émerger, négliger. Négligeant le danger, il se lança à sa poursuite.*
Mais : *Elle est négligente* → 72.

1er groupe

LES TABLEAUX

15 céder

1er groupe | verbes en **-é_er**

aérer • compléter • digérer • espérer • inquiéter • libérer • posséder • régler...

INDICATIF

• PRÉSENT

je cède
tu cèdes
il/elle cède
nous cédons
vous cédez
ils/elles cèdent

• PASSÉ COMPOSÉ

j'ai cédé
tu as cédé
il/elle a cédé
nous avons cédé
vous avez cédé
ils/elles ont cédé

• IMPARFAIT

je cédais
tu cédais
il/elle cédait
nous cédions
vous cédiez
ils/elles cédaient

• PLUS-QUE-PARFAIT

j'avais cédé
tu avais cédé
il/elle avait cédé
nous avions cédé
vous aviez cédé
ils/elles avaient cédé

• PASSÉ SIMPLE

je cédai
tu cédas
il/elle céda
nous cédâmes
vous cédâtes
ils/elles cédèrent

• PASSÉ ANTÉRIEUR

j'eus cédé
tu eus cédé
il/elle eut cédé
nous eûmes cédé
vous eûtes cédé
ils/elles eurent cédé

• FUTUR SIMPLE

je céderai
tu céderas
il/elle cédera
nous céderons
vous céderez
ils/elles céderont

• FUTUR ANTÉRIEUR

j'aurai cédé
tu auras cédé
il/elle aura cédé
nous aurons cédé
vous aurez cédé
ils/elles auront cédé

• CONDITIONNEL PRÉSENT

je céderais
tu céderais
il/elle céderait
nous céderions
vous céderiez
ils/elles céderaient

• CONDITIONNEL PASSÉ

j'aurais cédé
tu aurais cédé
il/elle aurait cédé
nous aurions cédé
vous auriez cédé
ils/elles auraient cédé

SUBJONCTIF

• PRÉSENT

que je cède
que tu cèdes
qu'il/elle cède
que nous cédions
que vous cédiez
qu'ils/elles cèdent

• PASSÉ

que j'aie cédé
que tu aies cédé
qu'il/elle ait cédé
que nous ayons cédé
que vous ayez cédé
qu'ils/elles aient cédé

• IMPARFAIT

que je cédasse
que tu cédasses
qu'il/elle cédât
que nous cédassions
que vous cédassiez
qu'ils/elles cédassent

• PLUS-QUE-PARFAIT

que j'eusse cédé
que tu eusses cédé
qu'il/elle eût cédé
que nous eussions cédé
que vous eussiez cédé
qu'ils/elles eussent cédé

IMPÉRATIF

• PRÉSENT

cède
cédons
cédez

• PASSÉ

aie cédé
ayons cédé
ayez cédé

INFINITIF

• PRÉSENT

céder

• PASSÉ

avoir cédé

PARTICIPE

• PRÉSENT

cédant

• PASSÉ

cédé(e, s, es)
ayant cédé

Notez bien !

• Le **é** [e] du radical devient **è** [ɛ] devant une syllabe muette (c'est-à-dire une syllabe ne comportant pas d'autre voyelle qu'un **e** muet) finale. On écrit *nous cédons*, mais *je cède*.

• Au futur simple et au conditionnel présent, l'accent reste aigu : *je céderai*.

N. ORTH. Au futur simple et au conditionnel présent, on prononce le **é** du radical comme un **è** ouvert [ɛ]. La réforme de 1990 autorise : *je cèderai(s)*.

16 régner

1er groupe | verbes en **-égner**

impréger

INDICATIF

• PRÉSENT
je règne
tu règnes
il/elle règne
nous régnons
vous régnez
ils/elles règnent

• PASSÉ COMPOSÉ
j'ai régné
tu as régné
il/elle a régné
nous avons régné
vous avez régné
ils/elles ont régné

• IMPARFAIT
je régnais
tu régnais
il/elle régnait
nous régnions
vous régniez
ils/elles régnaient

• PLUS-QUE-PARFAIT
j'avais régné
tu avais régné
il/elle avait régné
nous avions régné
vous aviez régné
ils/elles avaient régné

• PASSÉ SIMPLE
je régnai
tu régnas
il/elle régna
nous régnâmes
vous régnâtes
ils/elles régnèrent

• PASSÉ ANTÉRIEUR
j'eus régné
tu eus régné
il/elle eut régné
nous eûmes régné
vous eûtes régné
ils/elles eurent régné

• FUTUR SIMPLE
je régnerai
tu régneras
il/elle régnera
nous régnerons
vous régnerez
ils/elles régneront

• FUTUR ANTÉRIEUR
j'aurai régné
tu auras régné
il/elle aura régné
nous aurons régné
vous aurez régné
ils/elles auront régné

• CONDITIONNEL PRÉSENT
je régnerais
tu régnerais
il/elle régnerait
nous régnerions
vous régneriez
ils/elles régneraient

• CONDITIONNEL PASSÉ
j'aurais régné
tu aurais régné
il/elle aurait régné
nous aurions régné
vous auriez régné
ils/elles auraient régné

SUBJONCTIF

• PRÉSENT
que je règne
que tu règnes
qu'il/elle règne
que nous régnions
que vous régniez
qu'ils/elles règnent

• PASSÉ
que j'aie régné
que tu aies régné
qu'il/elle ait régné
que nous ayons régné
que vous ayez régné
qu'ils/elles aient régné

• IMPARFAIT
que je régnasse
que tu régnasses
qu'il/elle régnât
que nous régnassions
que vous régnassiez
qu'ils/elles régnassent

• PLUS-QUE-PARFAIT
que j'eusse régné
que tu eusses régné
qu'il/elle eût régné
que nous eussions régné
que vous eussiez régné
qu'ils/elles eussent régné

IMPÉRATIF

• PRÉSENT
règne
régnons
régnez

• PASSÉ
aie régné
ayons régné
ayez régné

INFINITIF

• PRÉSENT
régner

• PASSÉ
avoir régné

PARTICIPE

• PRÉSENT
régnant

• PASSÉ
régné
ayant régné

Notez bien !

• Pour les verbes en **-égner**, il faut faire attention :
– à la variation du radical propre aux verbes en **-é_er** : on écrit *nous régnons, nous régnerons*, mais *je règne* (**N. ORTH.** *nous règnerons, nous règnerions*) → tableau **15** ;
– au **i** de certaines terminaisons, que l'on n'entend pas toujours après la consonne mouillée **gn** ; à l'imparfait, par exemple, on écrit *nous régn/ions, vous régn/iez* → tableau **10**.

17 léguer

1er groupe | verbes en **-éguer** et **-équer**

déléguer • reléguer... disséquer • hypothéquer...

INDICATIF

• PRÉSENT

je lègue
tu lègues
il/elle lègue
nous léguons
vous léguez
ils/elles lèguent

• PASSÉ COMPOSÉ

j'ai légué
tu as légué
il/elle a légué
nous avons légué
vous avez légué
ils/elles ont légué

• IMPARFAIT

je léguais
tu léguais
il/elle léguait
nous léguions
vous léguiez
ils/elles léguaient

• PLUS-QUE-PARFAIT

j'avais légué
tu avais légué
il/elle avait légué
nous avions légué
vous aviez légué
ils/elles avaient légué

• PASSÉ SIMPLE

je léguai
tu léguas
il/elle légua
nous léguâmes
vous léguâtes
ils/elles léguèrent

• PASSÉ ANTÉRIEUR

j'eus légué
tu eus légué
il/elle eut légué
nous eûmes légué
vous eûtes légué
ils/elles eurent légué

• FUTUR SIMPLE

je léguerai
tu légueras
il/elle léguera
nous léguerons
vous léguerez
ils/elles légueront

• FUTUR ANTÉRIEUR

j'aurai légué
tu auras légué
il/elle aura légué
nous aurons légué
vous aurez légué
ils/elles auront légué

• CONDITIONNEL PRÉSENT

je léguerais
tu léguerais
il/elle léguerait
nous léguerions
vous légueriez
ils/elles légueraient

• CONDITIONNEL PASSÉ

j'aurais légué
tu aurais légué
il/elle aurait légué
nous aurions légué
vous auriez légué
ils/elles auraient légué

SUBJONCTIF

• PRÉSENT

que je lègue
que tu lègues
qu'il/elle lègue
que nous léguions
que vous léguiez
qu'ils/elles lèguent

• PASSÉ

que j'aie légué
que tu aies légué
qu'il/elle ait légué
que nous ayons légué
que vous ayez légué
qu'ils/elles aient légué

• IMPARFAIT

que je léguasse
que tu léguasses
qu'il/elle léguât
que nous léguassions
que vous léguassiez
qu'ils/elles léguassent

• PLUS-QUE-PARFAIT

que j'eusse légué
que tu eusses légué
qu'il/elle eût légué
que nous eussions légué
que vous eussiez légué
qu'ils/elles eussent légué

IMPÉRATIF

• PRÉSENT

lègue
léguons
léguez

• PASSÉ

aie légué
ayons légué
ayez légué

INFINITIF

• PRÉSENT

léguer

• PASSÉ

avoir légué

PARTICIPE

• PRÉSENT

léguant

• PASSÉ

légué(e, s, es)
ayant légué

Notez bien !

Pour les verbes en **-éguer** et en **-équer**, il faut faire attention :
– à la variation du radical propre aux verbes en **-é_er** : on écrit *nous léguons, nous léguerons*, mais *je lègue* → tableau **15** ;
– à maintenir le **u** qui termine le radical quelle que soit la voyelle qui le suit. On écrit *je lègu/e* et *nous légu/ons* → tableau **12**.

N. ORTH. La réforme de l'orthographe autorise, au futur simple et au conditionnel présent, *nous lèguer(i)ons*.

18 rapiécer

1er groupe | verbe en **-écer**

INDICATIF

• PRÉSENT	• PASSÉ COMPOSÉ
je rapièce	j'ai rapiécé
tu rapièces	tu as rapiécé
il/elle rapièce	il/elle a rapiécé
nous rapiéçons	nous avons rapiécé
vous rapiécez	vous avez rapiécé
ils/elles rapiècent	ils/elles ont rapiécé

• IMPARFAIT	• PLUS-QUE-PARFAIT
je rapiéçais	j'avais rapiécé
tu rapiéçais	tu avais rapiécé
il/elle rapiéçait	il/elle avait rapiécé
nous rapiécions	nous avions rapiécé
vous rapiéciez	vous aviez rapiécé
ils/elles rapiéçaient	ils/elles avaient rapiécé

• PASSÉ SIMPLE	• PASSÉ ANTÉRIEUR
je rapiéçai	j'eus rapiécé
tu rapiéças	tu eus rapiécé
il/elle rapiéça	il/elle eut rapiécé
nous rapiéçâmes	nous eûmes rapiécé
vous rapiéçâtes	vous eûtes rapiécé
ils/elles rapiécèrent	ils/elles eurent rapiécé

• FUTUR SIMPLE	• FUTUR ANTÉRIEUR
je rapiécerai	j'aurai rapiécé
tu rapiéceras	tu auras rapiécé
il/elle rapiécera	il/elle aura rapiécé
nous rapiécerons	nous aurons rapiécé
vous rapiécerez	vous aurez rapiécé
ils/elles rapiéceront	ils/elles auront rapiécé

• CONDITIONNEL PRÉSENT	• CONDITIONNEL PASSÉ
je rapiécerais	j'aurais rapiécé
tu rapiécerais	tu aurais rapiécé
il/elle rapiécerait	il/elle aurait rapiécé
nous rapiécerions	nous aurions rapiécé
vous rapiéceriez	vous auriez rapiécé
ils/elles rapiéceraient	ils/elles auraient rapiécé

SUBJONCTIF

• PRÉSENT	• PASSÉ
que je rapièce	que j'aie rapiécé
que tu rapièces	que tu aies rapiécé
qu'il/elle rapièce	qu'il/elle ait rapiécé
que nous rapiécions	que nous ayons rapiécé
que vous rapiéciez	que vous ayez rapiécé
qu'ils/elles rapiècent	qu'ils/elles aient rapiécé

• IMPARFAIT	• PLUS-QUE-PARFAIT
que je rapiéçasse	que j'eusse rapiécé
que tu rapiéçasses	que tu eusses rapiécé
qu'il/elle rapiéçât	qu'il/elle eût rapiécé
que nous rapiéçassions	que nous eussions rapiécé
que vous rapiéçassiez	que vous eussiez rapiécé
qu'ils/elles rapiéçassent	qu'ils/elles eussent rapiécé

IMPÉRATIF

• PRÉSENT	• PASSÉ
rapièce	aie rapiécé
rapiéçons	ayons rapiécé
rapiécez	ayez rapiécé

INFINITIF

• PRÉSENT	• PASSÉ
rapiécer	avoir rapiécé

PARTICIPE

• PRÉSENT	• PASSÉ
rapiéçant	rapiécé(e, s, es)
	ayant rapiécé

• Le verbe *rapiécer* présente une double variation du radical :
– celle des verbes en **-é_er** du type *céder* : on écrit *nous rapiéçons, nous rapiécerons,* mais *je rapièce* → tableau **15** ;
– celle des verbes en **-cer** du type *placer* : on écrit *nous rapiéçons* → tableau **13**.

N. ORTH. La réforme de l'orthographe autorise, au futur simple et au conditionnel présent, *nous rapiècerons, nous rapiècerions.*

19 protéger

1er groupe | verbes en **-éger**

abréger • agréger • alléger • assiéger • désagréger • piéger • siéger...

INDICATIF

• PRÉSENT

je protège
tu protèges
il/elle protège
nous protégeons
vous protégez
ils/elles protègent

• PASSÉ COMPOSÉ

j'ai protégé
tu as protégé
il/elle a protégé
nous avons protégé
vous avez protégé
ils/elles ont protégé

• IMPARFAIT

je protégeais
tu protégeais
il/elle protégeait
nous protégions
vous protégiez
ils/elles protégeaient

• PLUS-QUE-PARFAIT

j'avais protégé
tu avais protégé
il/elle avait protégé
nous avions protégé
vous aviez protégé
ils/elles avaient protégé

• PASSÉ SIMPLE

je protégeai
tu protégeas
il/elle protégea
nous protégeâmes
vous protégeâtes
ils/elles protégèrent

• PASSÉ ANTÉRIEUR

j'eus protégé
tu eus protégé
il/elle eut protégé
nous eûmes protégé
vous eûtes protégé
ils/elles eurent protégé

• FUTUR SIMPLE

je protégerai
tu protégeras
il/elle protégera
nous protégerons
vous protégerez
ils/elles protégeront

• FUTUR ANTÉRIEUR

j'aurai protégé
tu auras protégé
il/elle aura protégé
nous aurons protégé
vous aurez protégé
ils/elles auront protégé

• CONDITIONNEL PRÉSENT

je protégerais
tu protégerais
il/elle protégerait
nous protégerions
vous protégeriez
ils/elles protégeraient

• CONDITIONNEL PASSÉ

j'aurais protégé
tu aurais protégé
il/elle aurait protégé
nous aurions protégé
vous auriez protégé
ils/elles auraient protégé

SUBJONCTIF

• PRÉSENT

que je protège
que tu protèges
qu'il/elle protège
que nous protégions
que vous protégiez
qu'ils/elles protègent

• PASSÉ

que j'aie protégé
que tu aies protégé
qu'il/elle ait protégé
que nous ayons protégé
que vous ayez protégé
qu'ils/elles aient protégé

• IMPARFAIT

que je protégeasse
que tu protégeasses
qu'il/elle protégeât
que nous protégeassions
que vous protégeassiez
qu'ils/elles protégeassent

• PLUS-QUE-PARFAIT

que j'eusse protégé
que tu eusses protégé
qu'il/elle eût protégé
que nous eussions protégé
que vous eussiez protégé
qu'ils/elles eussent protégé

IMPÉRATIF

• PRÉSENT

protège
protégeons
protégez

• PASSÉ

aie protégé
ayons protégé
ayez protégé

INFINITIF

• PRÉSENT

protéger

• PASSÉ

avoir protégé

PARTICIPE

• PRÉSENT

protégeant

• PASSÉ

protégé(e, s, es)
ayant protégé

Notez bien !

• Les verbes en **-éger** présentent une double variation du radical :
– celle des verbes en **-é_er** du type *céder* : on écrit *nous protégeons, nous protégerons*, mais *je protège* → tableau **15** ;
– celle des verbes en **-ger** du type *manger* : on écrit *nous protégeons* → tableau **14**.

N. ORTH. La réforme de l'orthographe autorise, au futur simple et au conditionnel présent, *nous protègerons, nous protègerions.*

20 lever

1er groupe | verbes en **-ecer, -emer, -ener, -eper, -erer, -eser, -ever, -evrer**

achever • amener • crever • dépecer • élever • peser • promener • semer...

INDICATIF

• PRÉSENT
je lève
tu lèves
il/elle lève
nous levons
vous levez
ils/elles lèvent

• PASSÉ COMPOSÉ
j'ai levé
tu as levé
il/elle a levé
nous avons levé
vous avez levé
ils/elles ont levé

• IMPARFAIT
je levais
tu levais
il/elle levait
nous levions
vous leviez
ils/elles levaient

• PLUS-QUE-PARFAIT
j'avais levé
tu avais levé
il/elle avait levé
nous avions levé
vous aviez levé
ils/elles avaient levé

• PASSÉ SIMPLE
je levai
tu levas
il/elle leva
nous levâmes
vous levâtes
ils/elles levèrent

• PASSÉ ANTÉRIEUR
j'eus levé
tu eus levé
il/elle eut levé
nous eûmes levé
vous eûtes levé
ils/elles eurent levé

• FUTUR SIMPLE
je lèverai
tu lèveras
il/elle lèvera
nous lèverons
vous lèverez
ils/elles lèveront

• FUTUR ANTÉRIEUR
j'aurai levé
tu auras levé
il/elle aura levé
nous aurons levé
vous aurez levé
ils/elles auront levé

• CONDITIONNEL PRÉSENT
je lèverais
tu lèverais
il/elle lèverait
nous lèverions
vous lèveriez
ils/elles lèveraient

• CONDITIONNEL PASSÉ
j'aurais levé
tu aurais levé
il/elle aurait levé
nous aurions levé
vous auriez levé
ils/elles auraient levé

SUBJONCTIF

• PRÉSENT
que je lève
que tu lèves
qu'il/elle lève
que nous levions
que vous leviez
qu'ils/elles lèvent

• PASSÉ
que j'aie levé
que tu aies levé
qu'il/elle ait levé
que nous ayons levé
que vous ayez levé
qu'ils/elles aient levé

• IMPARFAIT
que je levasse
que tu levasses
qu'il/elle levât
que nous levassions
que vous levassiez
qu'ils/elles levassent

• PLUS-QUE-PARFAIT
que j'eusse levé
que tu eusses levé
qu'il/elle eût levé
que nous eussions levé
que vous eussiez levé
qu'ils/elles eussent levé

IMPÉRATIF

• PRÉSENT
lève
levons
levez

• PASSÉ
aie levé
ayons levé
ayez levé

INFINITIF

• PRÉSENT
lever

• PASSÉ
avoir levé

PARTICIPE

• PRÉSENT
levant

• PASSÉ
levé(e, s, es)
ayant levé

Notez bien !

• Pour les verbes en **-e_er** (autres que les verbes en **-eler** et en **-eter**), le **e** du radical se transforme en **è** lorsqu'il est suivi d'une syllabe muette, c'est-à-dire d'une syllabe ne comportant pas d'autre voyelle qu'un **e** muet. On écrit *nous levons*, *vous leviez*, mais *je lève*, *il lèvera*.

• Les verbes en **-ecer** suivent par ailleurs la variation de radical de tous les verbes en **-cer**. On écrit *nous dépeçons* → tableau **13**.

21 peler

1er groupe | verbes en **-eler** qui transforment **e** en **è**

congeler • geler • harceler • modeler...

INDICATIF

• PRÉSENT

je pèle
tu pèles
il/elle pèle
nous pelons
vous pelez
ils/elles pèlent

• PASSÉ COMPOSÉ

j'ai pelé
tu as pelé
il/elle a pelé
nous avons pelé
vous avez pelé
ils/elles ont pelé

• IMPARFAIT

je pelais
tu pelais
il/elle pelait
nous pelions
vous peliez
ils/elles pelaient

• PLUS-QUE-PARFAIT

j'avais pelé
tu avais pelé
il/elle avait pelé
nous avions pelé
vous aviez pelé
ils/elles avaient pelé

• PASSÉ SIMPLE

je pelai
tu pelas
il/elle pela
nous pelâmes
vous pelâtes
ils/elles pelèrent

• PASSÉ ANTÉRIEUR

j'eus pelé
tu eus pelé
il/elle eut pelé
nous eûmes pelé
vous eûtes pelé
ils/elles eurent pelé

• FUTUR SIMPLE

je pèlerai
tu pèleras
il/elle pèlera
nous pèlerons
vous pèlerez
ils/elles pèleront

• FUTUR ANTÉRIEUR

j'aurai pelé
tu auras pelé
il/elle aura pelé
nous aurons pelé
vous aurez pelé
ils/elles auront pelé

• CONDITIONNEL PRÉSENT

je pèlerais
tu pèlerais
il/elle pèlerait
nous pèlerions
vous pèleriez
ils/elles pèleraient

• CONDITIONNEL PASSÉ

j'aurais pelé
tu aurais pelé
il/elle aurait pelé
nous aurions pelé
vous auriez pelé
ils/elles auraient pelé

SUBJONCTIF

• PRÉSENT

que je pèle
que tu pèles
qu'il/elle pèle
que nous pelions
que vous peliez
qu'ils/elles pèlent

• PASSÉ

que j'aie pelé
que tu aies pelé
qu'il/elle ait pelé
que nous ayons pelé
que vous ayez pelé
qu'ils/elles aient pelé

• IMPARFAIT

que je pelasse
que tu pelasses
qu'il/elle pelât
que nous pelassions
que vous pelassiez
qu'ils/elles pelassent

• PLUS-QUE-PARFAIT

que j'eusse pelé
que tu eusses pelé
qu'il/elle eût pelé
que nous eussions pelé
que vous eussiez pelé
qu'ils/elles eussent pelé

IMPÉRATIF

• PRÉSENT

pèle
pelons
pelez

• PASSÉ

aie pelé
ayons pelé
ayez pelé

INFINITIF

• PRÉSENT

peler

• PASSÉ

avoir pelé

PARTICIPE

• PRÉSENT

pelant

• PASSÉ

pelé(e, s, es)
ayant pelé

Notez bien !

• Lorsque le **e** du radical des verbes en **-eler** est suivi d'une syllabe muette (→ tableau **20**), il se prononce [ɛ]. Pour certains verbes, ce son [ɛ] s'écrit **è** : *nous pelons*, mais *je pèle*.

• *Celer*, *geler* et leurs dérivés, ainsi que *ciseler, démanteler, écarteler, s'encasteler, harceler, marteler, modeler* suivent cette règle.

22 appeler

1er groupe | verbes en **-eler** qui doublent le **l**

épeler • étinceler • morceler • rappeler • renouveler • ruisseler...

INDICATIF

• PRÉSENT

j'appelle
tu appelles
il/elle appelle
nous appelons
vous appelez
ils/elles appellent

• PASSÉ COMPOSÉ

j'ai appelé
tu as appelé
il/elle a appelé
nous avons appelé
vous avez appelé
ils/elles ont appelé

• IMPARFAIT

j'appelais
tu appelais
il/elle appelait
nous appelions
vous appeliez
ils/elles appelaient

• PLUS-QUE-PARFAIT

j'avais appelé
tu avais appelé
il/elle avait appelé
nous avions appelé
vous aviez appelé
ils/elles avaient appelé

• PASSÉ SIMPLE

j'appelai
tu appelas
il/elle appela
nous appelâmes
vous appelâtes
ils/elles appelèrent

• PASSÉ ANTÉRIEUR

j'eus appelé
tu eus appelé
il/elle eut appelé
nous eûmes appelé
vous eûtes appelé
ils/elles eurent appelé

• FUTUR SIMPLE

j'appellerai
tu appelleras
il/elle appellera
nous appellerons
vous appellerez
ils/elles appelleront

• FUTUR ANTÉRIEUR

j'aurai appelé
tu auras appelé
il/elle aura appelé
nous aurons appelé
vous aurez appelé
ils/elles auront appelé

• CONDITIONNEL PRÉSENT

j'appellerais
tu appellerais
il/elle appellerait
nous appellerions
vous appelleriez
ils/elles appelleraient

• CONDITIONNEL PASSÉ

j'aurais appelé
tu aurais appelé
il/elle aurait appelé
nous aurions appelé
vous auriez appelé
ils/elles auraient appelé

SUBJONCTIF

• PRÉSENT

que j'appelle
que tu appelles
qu'il/elle appelle
que nous appelions
que vous appeliez
qu'ils/elles appellent

• PASSÉ

que j'aie appelé
que tu aies appelé
qu'il/elle ait appelé
que nous ayons appelé
que vous ayez appelé
qu'ils/elles aient appelé

• IMPARFAIT

que j'appelasse
que tu appelasses
qu'il/elle appelât
que nous appelassions
que vous appelassiez
qu'ils/elles appelassent

• PLUS-QUE-PARFAIT

que j'eusse appelé
que tu eusses appelé
qu'il/elle eût appelé
que nous eussions appelé
que vous eussiez appelé
qu'ils/elles eussent appelé

IMPÉRATIF

• PRÉSENT

appelle
appelons
appelez

• PASSÉ

aie appelé
ayons appelé
ayez appelé

INFINITIF

• PRÉSENT

appeler

• PASSÉ

avoir appelé

PARTICIPE

• PRÉSENT

appelant

• PASSÉ

appelé(e, s, es)
ayant appelé

Notez bien !

• Lorque le **e** du radical des verbes en **-eler** est suivi d'une syllabe muette (→ tableau **20**), il se prononce [ɛ]. Pour de nombreux verbes, ce son [ɛ] est obtenu en doublant le **l** : *nous appelons*, mais *j'appelle*, *il appellera*.

N. ORTH. La réforme de 1990 autorise à conjuguer tous les verbes en **-eler** sur *peler* (→ tableau **21**), à l'exception d'*appeler* et de *rappeler*, qui doivent doubler le l.

23 interpeller

1er groupe

INDICATIF

• PRÉSENT

j'interpelle
tu interpelles
il/elle interpelle
nous interpellons
vous interpellez
ils/elles interpellent

• PASSÉ COMPOSÉ

j'ai interpellé
tu as interpellé
il/elle a interpellé
nous avons interpellé
vous avez interpellé
ils/elles ont interpellé

• IMPARFAIT

j'interpellais
tu interpellais
il/elle interpellait
nous interpellions
vous interpelliez
ils/elles interpellaient

• PLUS-QUE-PARFAIT

j'avais interpellé
tu avais interpellé
il/elle avait interpellé
nous avions interpellé
vous aviez interpellé
ils/elles avaient interpellé

• PASSÉ SIMPLE

j'interpellai
tu interpellas
il/elle interpella
nous interpellâmes
vous interpellâtes
ils/elles interpellèrent

• PASSÉ ANTÉRIEUR

j'eus interpellé
tu eus interpellé
il/elle eut interpellé
nous eûmes interpellé
vous eûtes interpellé
ils/elles eurent interpellé

• FUTUR SIMPLE

j'interpellerai
tu interpelleras
il/elle interpellera
nous interpellerons
vous interpellerez
ils/elles interpelleront

• FUTUR ANTÉRIEUR

j'aurai interpellé
tu auras interpellé
il/elle aura interpellé
nous aurons interpellé
vous aurez interpellé
ils/elles auront interpellé

• CONDITIONNEL PRÉSENT

j'interpellerais
tu interpellerais
il/elle interpellerait
nous interpellerions
vous interpelleriez
ils/elles interpelleraient

• CONDITIONNEL PASSÉ

j'aurais interpellé
tu aurais interpellé
il/elle aurait interpellé
nous aurions interpellé
vous auriez interpellé
ils/elles auraient interpellé

SUBJONCTIF

• PRÉSENT

que j'interpelle
que tu interpelles
qu'il/elle interpelle
que nous interpellions
que vous interpelliez
qu'ils/elles interpellent

• PASSÉ

que j'aie interpellé
que tu aies interpellé
qu'il/elle ait interpellé
que nous ayons interpellé
que vous ayez interpellé
qu'ils/elles aient interpellé

• IMPARFAIT

que j'interpellasse
que tu interpellasses
qu'il/elle interpellât
que nous interpellassions
que vous interpellassiez
qu'ils/elles interpellassent

• PLUS-QUE-PARFAIT

que j'eusse interpellé
que tu eusses interpellé
qu'il/elle eût interpellé
que nous eussions interpellé
que vous eussiez interpellé
qu'ils/elles eussent interpellé

IMPÉRATIF

• PRÉSENT

interpelle
interpellons
interpellez

• PASSÉ

aie interpellé
ayons interpellé
ayez interpellé

INFINITIF

• PRÉSENT

interpeller

• PASSÉ

avoir interpellé

PARTICIPE

• PRÉSENT

interpellant

• PASSÉ

interpellé(e, s, es)
ayant interpellé

Notez bien !

• Le radical du verbe *interpeller* conserve ses deux **l** à toutes les formes.
On écrit *j'interpelle, nous interpellons*.
Mais on prononce : *nous interpellons* avec un **e** sourd [ə] ; *j'interpelle* avec un **è** ouvert [ɛ].

N. ORTH. La réforme de 1990 autorise à écrire *interpeler* avec un seul **l** et à le conjuguer sur le modèle d'*appeler* → tableau **22** : *j'interpelle*, mais *nous interpelons, j'interpelais*.

24 acheter

fureter • haleter • racheter...

1er groupe | verbes en **-eter** qui transforment **e** en **è**

INDICATIF

• PRÉSENT
j'achète
tu achètes
il/elle achète
nous achetons
vous achetez
ils/elles achètent

• PASSÉ COMPOSÉ
j'ai acheté
tu as acheté
il/elle a acheté
nous avons acheté
vous avez acheté
ils/elles ont acheté

• IMPARFAIT
j'achetais
tu achetais
il/elle achetait
nous achetions
vous achetiez
ils/elles achetaient

• PLUS-QUE-PARFAIT
j'avais acheté
tu avais acheté
il/elle avait acheté
nous avions acheté
vous aviez acheté
ils/elles avaient acheté

• PASSÉ SIMPLE
j'achetai
tu achetas
il/elle acheta
nous achetâmes
vous achetâtes
ils/elles achetèrent

• PASSÉ ANTÉRIEUR
j'eus acheté
tu eus acheté
il/elle eut acheté
nous eûmes acheté
vous eûtes acheté
ils/elles eurent acheté

• FUTUR SIMPLE
j'achèterai
tu achèteras
il/elle achètera
nous achèterons
vous achèterez
ils/elles achèteront

• FUTUR ANTÉRIEUR
j'aurai acheté
tu auras acheté
il/elle aura acheté
nous aurons acheté
vous aurez acheté
ils/elles auront acheté

• CONDITIONNEL PRÉSENT
j'achèterais
tu achèterais
il/elle achèterait
nous achèterions
vous achèteriez
ils/elles achèteraient

• CONDITIONNEL PASSÉ
j'aurais acheté
tu aurais acheté
il/elle aurait acheté
nous aurions acheté
vous auriez acheté
ils/elles auraient acheté

SUBJONCTIF

• PRÉSENT
que j'achète
que tu achètes
qu'il/elle achète
que nous achetions
que vous achetiez
qu'ils/elles achètent

• PASSÉ
que j'aie acheté
que tu aies acheté
qu'il/elle ait acheté
que nous ayons acheté
que vous ayez acheté
qu'ils/elles aient acheté

• IMPARFAIT
que j'achetasse
que tu achetasses
qu'il/elle achetât
que nous achetassions
que vous achetassiez
qu'ils/elles achetassent

• PLUS-QUE-PARFAIT
que j'eusse acheté
que tu eusses acheté
qu'il/elle eût acheté
que nous eussions acheté
que vous eussiez acheté
qu'ils/elles eussent acheté

IMPÉRATIF

• PRÉSENT
achète
achetons
achetez

• PASSÉ
aie acheté
ayons acheté
ayez acheté

INFINITIF

• PRÉSENT
acheter

• PASSÉ
avoir acheté

PARTICIPE

• PRÉSENT
achetant

• PASSÉ
acheté(e, s, es)
ayant acheté

Notez bien !

• Lorsque le **e** du radical des verbes en **-eter** est suivi d'une syllabe muette (→ tableau **20**), il se prononce [ɛ]. Pour certains de ces verbes, ce son [ɛ] s'écrit **è** : *nous achetons*, mais *j'achète*.
• *Acheter, préacheter, racheter, bégueter, corseter, crocheter, fileter, fureter, haleter* suivent cette règle.

25 jeter

breveter • déchiqueter • feuilleter • projeter • rejeter...

1er groupe | verbes en **-eter** qui doublent le **t**

INDICATIF

• PRÉSENT

je jette
tu jettes
il/elle jette
nous jetons
vous jetez
ils/elles jettent

• PASSÉ COMPOSÉ

j'ai jeté
tu as jeté
il/elle a jeté
nous avons jeté
vous avez jeté
ils/elles ont jeté

• IMPARFAIT

je jetais
tu jetais
il/elle jetait
nous jetions
vous jetiez
ils/elles jetaient

• PLUS-QUE-PARFAIT

j'avais jeté
tu avais jeté
il/elle avait jeté
nous avions jeté
vous aviez jeté
ils/elles avaient jeté

• PASSÉ SIMPLE

je jetai
tu jetas
il/elle jeta
nous jetâmes
vous jetâtes
ils/elles jetèrent

• PASSÉ ANTÉRIEUR

j'eus jeté
tu eus jeté
il/elle eut jeté
nous eûmes jeté
vous eûtes jeté
ils/elles eurent jeté

• FUTUR SIMPLE

je jetterai
tu jetteras
il/elle jettera
nous jetterons
vous jetterez
ils/elles jetteront

• FUTUR ANTÉRIEUR

j'aurai jeté
tu auras jeté
il/elle aura jeté
nous aurons jeté
vous aurez jeté
ils/elles auront jeté

• CONDITIONNEL PRÉSENT

je jetterais
tu jetterais
il/elle jetterait
nous jetterions
vous jetteriez
ils/elles jetteraient

• CONDITIONNEL PASSÉ

j'aurais jeté
tu aurais jeté
il/elle aurait jeté
nous aurions jeté
vous auriez jeté
ils/elles auraient jeté

SUBJONCTIF

• PRÉSENT

que je jette
que tu jettes
qu'il/elle jette
que nous jetions
que vous jetiez
qu'ils/elles jettent

• PASSÉ

que j'aie jeté
que tu aies jeté
qu'il/elle ait jeté
que nous ayons jeté
que vous ayez jeté
qu'ils/elles aient jeté

• IMPARFAIT

que je jetasse
que tu jetasses
qu'il/elle jetât
que nous jetassions
que vous jetassiez
qu'ils/elles jetassent

• PLUS-QUE-PARFAIT

que j'eusse jeté
que tu eusses jeté
qu'il/elle eût jeté
que nous eussions jeté
que vous eussiez jeté
qu'ils/elles eussent jeté

IMPÉRATIF

• PRÉSENT

jette
jetons
jetez

• PASSÉ

aie jeté
ayons jeté
ayez jeté

INFINITIF

• PRÉSENT

jeter

• PASSÉ

avoir jeté

PARTICIPE

• PRÉSENT

jetant

• PASSÉ

jeté(e, s, es)
ayant jeté

Notez bien !

• Lorsque le **e** du radical des verbes en **-eter** est suivi d'une syllabe muette (→ tableau **20**), il se prononce [ɛ]. Pour de nombreux verbes, ce son [ɛ] est obtenu en doublant le **t** : *nous jetons*, mais *je jette*, *il jettera*.

N. ORTH. La réforme de 1990 autorise à conjuguer tous les verbes en **-eter** sur *acheter* (→ tableau **24**), à l'exception de *jeter* et ses dérivés, qui doivent doubler le **t**.

payer

1er groupe | verbes en **-ayer** et **-eyer**

balayer • effrayer • essayer • rayer...
grasseyer • volleyer...

INDICATIF

• PRÉSENT	• PASSÉ COMPOSÉ
je paie/paye	j'ai payé
tu paies/payes	tu as payé
il/elle paie/paye	il/elle a payé
nous payons	nous avons payé
vous payez	vous avez payé
ils/elles paient/payent	ils/elles ont payé

• IMPARFAIT	• PLUS-QUE-PARFAIT
je payais	j'avais payé
tu payais	tu avais payé
il/elle payait	il/elle avait payé
nous payions	nous avions payé
vous payiez	vous aviez payé
ils/elles payaient	ils/elles avaient payé

• PASSÉ SIMPLE	• PASSÉ ANTÉRIEUR
je payai	j'eus payé
tu payas	tu eus payé
il/elle paya	il/elle eut payé
nous payâmes	nous eûmes payé
vous payâtes	vous eûtes payé
ils/elles payèrent	ils/elles eurent payé

• FUTUR SIMPLE	• FUTUR ANTÉRIEUR
je paierai/payerai	j'aurai payé
tu paieras/payeras	tu auras payé
il/elle paiera/payera	il/elle aura payé
n. paierons/payerons	nous aurons payé
vous paierez/payerez	vous aurez payé
ils paieront/payeront	ils/elles auront payé

• CONDITIONNEL PRÉSENT	• CONDITIONNEL PASSÉ
je paierais/payerais	j'aurais payé
tu paierais/payerais	tu aurais payé
il/elle paierait/payerait	il/elle aurait payé
nous paierions/payerions	nous aurions payé
vous paieriez/payeriez	vous auriez payé
ils paieraient/payeraient	ils/elles auraient payé

SUBJONCTIF

• PRÉSENT	• PASSÉ
que je paie/paye	que j'aie payé
que tu paies/payes	que tu aies payé
qu'il/elle paie/paye	qu'il/elle ait payé
que nous payions	que nous ayons payé
que vous payiez	que vous ayez payé
qu'ils/elles paient/payent	qu'ils/elles aient payé

• IMPARFAIT	• PLUS-QUE-PARFAIT
que je payasse	que j'eusse payé
que tu payasses	que tu eusses payé
qu'il/elle payât	qu'il/elle eût payé
que nous payassions	que nous eussions payé
que vous payassiez	que vous eussiez payé
qu'ils/elles payassent	qu'ils/elles eussent payé

IMPÉRATIF

• PRÉSENT	• PASSÉ
paie/paye	aie payé
payons	ayons payé
payez	ayez payé

INFINITIF

• PRÉSENT	• PASSÉ
payer	avoir payé

PARTICIPE

• PRÉSENT	• PASSÉ
payant	payé(e, s, es)
	ayant payé

Notez bien !

- Les verbes en **-ayer** peuvent remplacer le **y** par un **i** devant un **e** muet *(je paie, je paierai)* ou conserver le **y** *(je paye, nous payons)*.
- Les rares verbes en **-eyer** conservent le **y** à toutes les formes.
- Aux 1re et 2e personnes du pluriel de l'indicatif imparfait et du subjonctif présent, on n'entend pas toujours le **i** de la terminaison. Il ne faut pas l'oublier à l'écrit : *nous pay/ions, que vous pay/iez.*

27 essuyer

appuyer • ennuyer...

1er groupe | verbes en **-uyer**

INDICATIF

• PRÉSENT	• PASSÉ COMPOSÉ
j'essuie	j'ai essuyé
tu essuies	tu as essuyé
il/elle essuie	il/elle a essuyé
nous essuyons	nous avons essuyé
vous essuyez	vous avez essuyé
ils/elles essuient	ils/elles ont essuyé

• IMPARFAIT	• PLUS-QUE-PARFAIT
j'essuyais	j'avais essuyé
tu essuyais	tu avais essuyé
il/elle essuyait	il/elle avait essuyé
nous essuyions	nous avions essuyé
vous essuyiez	vous aviez essuyé
ils/elles essuyaient	ils/elles avaient essuyé

• PASSÉ SIMPLE	• PASSÉ ANTÉRIEUR
j'essuyai	j'eus essuyé
tu essuyas	tu eus essuyé
il/elle essuya	il/elle eut essuyé
nous essuyâmes	nous eûmes essuyé
vous essuyâtes	vous eûtes essuyé
ils/elles essuyèrent	ils/elles eurent essuyé

• FUTUR SIMPLE	• FUTUR ANTÉRIEUR
j'essuierai	j'aurai essuyé
tu essuieras	tu auras essuyé
il/elle essuiera	il/elle aura essuyé
nous essuierons	nous aurons essuyé
vous essuierez	vous aurez essuyé
ils/elles essuieront	ils/elles auront essuyé

• CONDITIONNEL PRÉSENT	• CONDITIONNEL PASSÉ
j'essuierais	j'aurais essuyé
tu essuierais	tu aurais essuyé
il/elle essuierait	il/elle aurait essuyé
nous essuierions	nous aurions essuyé
vous essuieriez	vous auriez essuyé
ils/elles essuieraient	ils/elles auraient essuyé

SUBJONCTIF

• PRÉSENT	• PASSÉ
que j'essuie	que j'aie essuyé
que tu essuies	que tu aies essuyé
qu'il/elle essuie	qu'il/elle ait essuyé
que nous essuyions	que nous ayons essuyé
que vous essuyiez	que vous ayez essuyé
qu'ils/elles essuient	qu'ils/elles aient essuyé

• IMPARFAIT	• PLUS-QUE-PARFAIT
que j'essuyasse	que j'eusse essuyé
que tu essuyasses	que tu eusses essuyé
qu'il/elle essuyât	qu'il/elle eût essuyé
que nous essuyassions	que nous eussions essuyé
que vous essuyassiez	que vous eussiez essuyé
qu'ils/elles essuyassent	qu'ils/elles eussent essuyé

IMPÉRATIF

• PRÉSENT	• PASSÉ
essuie	aie essuyé
essuyons	ayons essuyé
essuyez	ayez essuyé

INFINITIF

• PRÉSENT	• PASSÉ
essuyer	avoir essuyé

PARTICIPE

• PRÉSENT	• PASSÉ
essuyant	essuyé(e, s, es) ayant essuyé

Notez bien !

- Les verbes en **-uyer** remplacent le **y** par un **i** devant un **e** muet : *nous essuyons*, mais *j'essuie*, *j'essuierai*.
- Aux 1re et 2e personnes du pluriel de l'indicatif imparfait et du subjonctif présent, on n'entend pas toujours le **i** de la terminaison. Il ne faut pas l'oublier à l'écrit : *nous essuy/ions*, *que vous essuy/iez*.

28 employer

1er groupe | verbes en **-oyer**

aboyer • déployer • nettoyer • noyer • tutoyer...

INDICATIF

• PRÉSENT
j'emploie
tu emploies
il/elle emploie
nous employons
vous employez
ils/elles emploient

• PASSÉ COMPOSÉ
j'ai employé
tu as employé
il/elle a employé
nous avons employé
vous avez employé
ils/elles ont employé

• IMPARFAIT
j'employais
tu employais
il/elle employait
nous employions
vous employiez
ils/elles employaient

• PLUS-QUE-PARFAIT
j'avais employé
tu avais employé
il/elle avait employé
nous avions employé
vous aviez employé
ils/elles avaient employé

• PASSÉ SIMPLE
j'employai
tu employas
il/elle employa
nous employâmes
vous employâtes
ils/elles employèrent

• PASSÉ ANTÉRIEUR
j'eus employé
tu eus employé
il/elle eut employé
nous eûmes employé
vous eûtes employé
ils/elles eurent employé

• FUTUR SIMPLE
j'emploierai
tu emploieras
il/elle emploiera
nous emploierons
vous emploierez
ils/elles emploieront

• FUTUR ANTÉRIEUR
j'aurai employé
tu auras employé
il/elle aura employé
nous aurons employé
vous aurez employé
ils/elles auront employé

• CONDITIONNEL PRÉSENT
j'emploierais
tu emploierais
il/elle emploierait
nous emploierions
vous emploieriez
ils/elles emploieraient

• CONDITIONNEL PASSÉ
j'aurais employé
tu aurais employé
il/elle aurait employé
nous aurions employé
vous auriez employé
ils/elles auraient employé

SUBJONCTIF

• PRÉSENT
que j'emploie
que tu emploies
qu'il/elle emploie
que nous employions
que vous employiez
qu'ils/elles emploient

• PASSÉ
que j'aie employé
que tu aies employé
qu'il/elle ait employé
que nous ayons employé
que vous ayez employé
qu'ils/elles aient employé

• IMPARFAIT
que j'employasse
que tu employasses
qu'il/elle employât
que nous employassions
que vous employassiez
qu'ils/elles employassent

• PLUS-QUE-PARFAIT
que j'eusse employé
que tu eusses employé
qu'il/elle eût employé
que nous eussions employé
que vous eussiez employé
qu'ils/elles eussent employé

IMPÉRATIF

• PRÉSENT
emploie
employons
employez

• PASSÉ
aie employé
ayons employé
ayez employé

INFINITIF

• PRÉSENT
employer

• PASSÉ
avoir employé

PARTICIPE

• PRÉSENT
employant

• PASSÉ
employé(e, s, es)
ayant employé

Notez bien !

- Tous les verbes en **-oyer** suivent le modèle d'*employer*, sauf *envoyer* et *renvoyer* → tableau **29**.
- Les verbes en **-oyer** remplacent le **y** par un **i** devant un **e** muet : *nous employons*, mais *j'emploie*, *j'emploierai*.
- Aux 1re et 2e personnes du pluriel de l'indicatif imparfait et du subjonctif présent, il ne faut pas oublier le **i** de la terminaison à l'écrit : *nous employ/ions*, *que vous employ/iez*.

29 envoyer

renvoyer

1er groupe | verbes en **-oyer** : exceptions

INDICATIF

• PRÉSENT

j'envoie
tu envoies
il/elle envoie
nous envoyons
vous envoyez
ils/elles envoient

• PASSÉ COMPOSÉ

j'ai envoyé
tu as envoyé
il/elle a envoyé
nous avons envoyé
vous avez envoyé
ils/elles ont envoyé

• IMPARFAIT

j'envoyais
tu envoyais
il/elle envoyait
nous envoyions
vous envoyiez
ils/elles envoyaient

• PLUS-QUE-PARFAIT

j'avais envoyé
tu avais envoyé
il/elle avait envoyé
nous avions envoyé
vous aviez envoyé
ils/elles avaient envoyé

• PASSÉ SIMPLE

j'envoyai
tu envoyas
il/elle envoya
nous envoyâmes
vous envoyâtes
ils/elles envoyèrent

• PASSÉ ANTÉRIEUR

j'eus envoyé
tu eus envoyé
il/elle eut envoyé
nous eûmes envoyé
vous eûtes envoyé
ils/elles eurent envoyé

• FUTUR SIMPLE

j'enverrai
tu enverras
il/elle enverra
nous enverrons
vous enverrez
ils/elles enverront

• FUTUR ANTÉRIEUR

j'aurai envoyé
tu auras envoyé
il/elle aura envoyé
nous aurons envoyé
vous aurez envoyé
ils/elles auront envoyé

• CONDITIONNEL PRÉSENT

j'enverrais
tu enverrais
il/elle enverrait
nous enverrions
vous enverriez
ils/elles enverraient

• CONDITIONNEL PASSÉ

j'aurais envoyé
tu aurais envoyé
il/elle aurait envoyé
nous aurions envoyé
vous auriez envoyé
ils/elles auraient envoyé

SUBJONCTIF

• PRÉSENT

que j'envoie
que tu envoies
qu'il/elle envoie
que nous envoyions
que vous envoyiez
qu'ils/elles envoient

• PASSÉ

que j'aie envoyé
que tu aies envoyé
qu'il/elle ait envoyé
que nous ayons envoyé
que vous ayez envoyé
qu'ils/elles aient envoyé

• IMPARFAIT

que j'envoyasse
que tu envoyasses
qu'il/elle envoyât
que nous envoyassions
que vous envoyassiez
qu'ils/elles envoyassent

• PLUS-QUE-PARFAIT

que j'eusse envoyé
que tu eusses envoyé
qu'il/elle eût envoyé
que nous eussions envoyé
que vous eussiez envoyé
qu'ils/elles eussent envoyé

IMPÉRATIF

• PRÉSENT

envoie
envoyons
envoyez

• PASSÉ

aie envoyé
ayons envoyé
ayez envoyé

INFINITIF

• PRÉSENT

envoyer

• PASSÉ

avoir envoyé

PARTICIPE

• PRÉSENT

envoyant

• PASSÉ

envoyé(e, s, es)
ayant envoyé

Notez bien !

- *Envoyer* et *renvoyer* suivent le modèle d'*employer* (→ tableau **28**), sauf :
  – au futur simple de l'indicatif : *j'enverrai, tu enverras*...
  – au conditionnel présent : *j'enverrais, tu enverrais*...
- Ces verbes remplacent donc le **y** par un **i** devant un **e** muet : *nous envoyons*, mais *j'envoie*.
- À l'indicatif imparfait et au subjonctif présent, il ne faut pas oublier le **i** de **-ions** et **-iez** après le **y** du radical.

30 finir

2e groupe | verbes en **-ir**, participe présent en **-issant**

agir • choisir • grandir • obéir • réfléchir • remplir • réussir • saisir...

INDICATIF

• PRÉSENT

je finis
tu finis
il/elle finit
nous finissons
vous finissez
ils/elles finissent

• PASSÉ COMPOSÉ

j'ai fini
tu as fini
il/elle a fini
nous avons fini
vous avez fini
ils/elles ont fini

• IMPARFAIT

je finissais
tu finissais
il/elle finissait
nous finissions
vous finissiez
ils/elles finissaient

• PLUS-QUE-PARFAIT

j'avais fini
tu avais fini
il/elle avait fini
nous avions fini
vous aviez fini
ils/elles avaient fini

• PASSÉ SIMPLE

je finis
tu finis
il/elle finit
nous finîmes
vous finîtes
ils/elles finirent

• PASSÉ ANTÉRIEUR

j'eus fini
tu eus fini
il/elle eut fini
nous eûmes fini
vous eûtes fini
ils/elles eurent fini

• FUTUR SIMPLE

je finirai
tu finiras
il/elle finira
nous finirons
vous finirez
ils/elles finiront

• FUTUR ANTÉRIEUR

j'aurai fini
tu auras fini
il/elle aura fini
nous aurons fini
vous aurez fini
ils/elles auront fini

• CONDITIONNEL PRÉSENT

je finirais
tu finirais
il/elle finirait
nous finirions
vous finiriez
ils/elles finiraient

• CONDITIONNEL PASSÉ

j'aurais fini
tu aurais fini
il/elle aurait fini
nous aurions fini
vous auriez fini
ils/elles auraient fini

SUBJONCTIF

• PRÉSENT

que je finisse
que tu finisses
qu'il/elle finisse
que nous finissions
que vous finissiez
qu'ils/elles finissent

• PASSÉ

que j'aie fini
que tu aies fini
qu'il/elle ait fini
que nous ayons fini
que vous ayez fini
qu'ils/elles aient fini

• IMPARFAIT

que je finisse
que tu finisses
qu'il/elle finît
que nous finissions
que vous finissiez
qu'ils/elles finissent

• PLUS-QUE-PARFAIT

que j'eusse fini
que tu eusses fini
qu'il/elle eût fini
que nous eussions fini
que vous eussiez fini
qu'ils/elles eussent fini

IMPÉRATIF

• PRÉSENT

finis
finissons
finissez

• PASSÉ

aie fini
ayons fini
ayez fini

INFINITIF

• PRÉSENT

finir

• PASSÉ

avoir fini

PARTICIPE

• PRÉSENT

finissant

• PASSÉ

fini(e, s, es)
ayant fini

Notez bien !

- Tous les verbes du 2e groupe se conjuguent comme *finir*, sauf *haïr*, *se haïr* et *s'entre-haïr* → tableau **31**.
- Le radical des verbes du 2e groupe présente deux formes : une forme en **-i** *(je finis, je finirai)* et une forme en **-iss** *(nous finissons, que je finisse)*.

LES TABLEAUX · 2e groupe

31 haïr

se haïr • s'entre-haïr

2e groupe | exceptions

INDICATIF

• PRÉSENT
je hais
tu hais
il/elle hait
nous haïssons
vous haïssez
ils/elles haïssent

• PASSÉ COMPOSÉ
j'ai haï
tu as haï
il/elle a haï
nous avons haï
vous avez haï
ils/elles ont haï

• IMPARFAIT
je haïssais
tu haïssais
il/elle haïssait
nous haïssions
vous haïssiez
ils/elles haïssaient

• PLUS-QUE-PARFAIT
j'avais haï
tu avais haï
il/elle avait haï
nous avions haï
vous aviez haï
ils/elles avaient haï

• PASSÉ SIMPLE
je haïs
tu haïs
il/elle haït
nous haïmes
vous haïtes
ils/elles haïrent

• PASSÉ ANTÉRIEUR
j'eus haï
tu eus haï
il/elle eut haï
nous eûmes haï
vous eûtes haï
ils/elles eurent haï

• FUTUR SIMPLE
je haïrai
tu haïras
il/elle haïra
nous haïrons
vous haïrez
ils/elles haïront

• FUTUR ANTÉRIEUR
j'aurai haï
tu auras haï
il/elle aura haï
nous aurons haï
vous aurez haï
ils/elles auront haï

• CONDITIONNEL PRÉSENT
je haïrais
tu haïrais
il/elle haïrait
nous haïrions
vous haïriez
ils/elles haïraient

• CONDITIONNEL PASSÉ
j'aurais haï
tu aurais haï
il/elle aurait haï
nous aurions haï
vous auriez haï
ils/elles auraient haï

SUBJONCTIF

• PRÉSENT
que je haïsse
que tu haïsses
qu'il/elle haïsse
que nous haïssions
que vous haïssiez
qu'ils/elles haïssent

• PASSÉ
que j'aie haï
que tu aies haï
qu'il/elle ait haï
que nous ayons haï
que vous ayez haï
qu'ils/elles aient haï

• IMPARFAIT
que je haïsse
que tu haïsses
qu'il/elle haït
que nous haïssions
que vous haïssiez
qu'ils/elles haïssent

• PLUS-QUE-PARFAIT
que j'eusse haï
que tu eusses haï
qu'il/elle eût haï
que nous eussions haï
que vous eussiez haï
qu'ils/elles eussent haï

IMPÉRATIF

• PRÉSENT
hais
haïssons
haïssez

• PASSÉ
aie haï
ayons haï
ayez haï

INFINITIF

• PRÉSENT
haïr

• PASSÉ
avoir haï

PARTICIPE

• PRÉSENT
haïssant

• PASSÉ
haï(e, s, es)
ayant haï

Notez bien !

• *Haïr* est le seul verbe du 2e groupe qui ne se conjugue pas exactement sur le modèle de *finir* → tableau **30**.
• Le tréma ne se maintient pas et la prononciation diffère de celle de *finir* : 1. au singulier de l'indicatif présent *(je hais, tu hais, il hait)* ; 2. à la 2e personne du singulier de l'impératif présent *(hais)*.
• Le tréma l'emporte sur l'accent circonflexe : *nous haïmes, vous haïtes, qu'il haït.*

Liste des verbes du 3e groupe

Voici la liste des principaux verbes du troisième groupe du français, classés par modèle de conjugaison, dans l'ordre des tableaux ci-après.
Pour savoir comment se conjugue un verbe du 3e groupe, **reportez-vous au tableau du verbe modèle** ; les formes sont identiques (seul l'auxiliaire diffère parfois).

32 aller

33 courir
accourir
concourir
discourir
encourir
parcourir
recourir
secourir

34 mourir

35 dormir
endormir
rendormir

36 servir
desservir
resservir

37 sentir
consentir
démentir
départir
mentir
partir
pressentir
repartir
repentir (se)
ressentir
ressortir
sortir

38 vêtir
dévêtir
revêtir

39 fuir
enfuir (s')

40 tenir
abstenir (s')
advenir
appartenir
circonvenir
contenir
contrevenir
convenir
détenir
devenir
disconvenir
entretenir
intervenir
maintenir
obtenir
parvenir
prévenir
provenir
redevenir
retenir
revenir
soutenir
souvenir (se)
subvenir
survenir
venir

41 acquérir
conquérir
enquérir (s')
quérir
reconquérir
requérir

42 bouillir

43 couvrir
découvrir
entrouvrir
offrir
ouvrir
recouvrir
redécouvrir
rouvrir
souffrir

44 cueillir
accueillir
recueillir

45 défaillir
assaillir
saillir
tressaillir

46 faillir

47 ouïr

48 gésir

49 recevoir
apercevoir
concevoir
décevoir
entrapercevoir
percevoir

50 voir
entrevoir
revoir

51 prévoir

52 pourvoir

53 savoir

54 devoir
redevoir

55 pouvoir

56 valoir
équivaloir
revaloir

57 prévaloir

58 vouloir

59 émouvoir
mouvoir
promouvoir

60 asseoir (1)

61 asseoir (2)

62 pleuvoir

63 falloir

64 seoir

65 surseoir

66 choir

67 échoir

68 déchoir

69 faire
contrefaire
défaire
parfaire
redéfaire
refaire
satisfaire

70 extraire
abstraire
braire
distraire
soustraire
traire

71 taire

72 plaire
complaire
déplaire

73 croire

74 boire

75 conduire
construire
cuire
déduire
détruire
éconduire
enduire
induire
instruire
introduire
luire
nuire
produire
réduire
reluire
reproduire
séduire
traduire

76 rire
sourire

3e groupe — LES TABLEAUX

77 dire
redire

78 interdire
contredire
dédire
médire
prédire

79 maudire

80 lire
élire
réélire
relire

81 écrire
circonscrire
décrire
inscrire
prescrire
proscrire
ré(é)crire
réinscrire
retranscrire
souscrire
transcrire

82 suffire

83 confire
circoncire
frire

84 rendre
appendre
attendre
confondre
correspondre
défendre
démordre
dépendre
descendre
détendre
distendre
distordre
entendre
étendre
fendre
fondre
mordre
morfondre (se)
pendre
perdre
pondre
pourfendre
prétendre
redescendre
refondre
rependre
répondre
revendre
sous-entendre
sous-tendre
suspendre
tendre
tondre
tordre
vendre

85 prendre
apprendre
comprendre
déprendre (se)
désapprendre
entreprendre
éprendre (s')
méprendre (se)
r(é)apprendre
reprendre
surprendre

86 répandre
épandre

87 peindre
astreindre
atteindre
ceindre
dépeindre
déteindre
empreindre
enfreindre
éteindre
étreindre
feindre
geindre
repeindre
restreindre
teindre

88 craindre
contraindre
plaindre

89 joindre
adjoindre
conjoindre
disjoindre
enjoindre
oindre
poindre
rejoindre

90 coudre
découdre

91 moudre

92 résoudre
absoudre
dissoudre

93 rompre
corrompre
interrompre

94 battre
abattre
combattre
contrefoutre (se)
débattre
ébattre (s')
foutre
rabattre
rebattre

95 mettre
admettre
commettre
compromettre
démettre
émettre
entremettre (s')
omettre
permettre
promettre
remettre
retransmettre
soumettre
transmettre

96 vaincre
convaincre

97 connaître
apparaître
comparaître
disparaître
méconnaître
paraître
réapparaître
reconnaître
transparaître

98 naître
renaître

99 repaître
paître

100 croître

101 accroître
décroître

102 conclure
exclure
inclure

103 suivre
ensuivre (s')
poursuivre

104 vivre
revivre
survivre

105 clore
éclore
enclore
forclore

32 aller

s'en aller

3e groupe | verbe irrégulier

INDICATIF

• PRÉSENT

je vais
tu vas
il/elle va
nous allons
vous allez
ils/elles vont

• PASSÉ COMPOSÉ

je suis allé(e)
tu es allé(e)
il/elle est allé(e)
nous sommes allé(e)s
vous êtes allé(e)s
ils/elles sont allé(e)s

• IMPARFAIT

j'allais
tu allais
il/elle allait
nous allions
vous alliez
ils/elles allaient

• PLUS-QUE-PARFAIT

j'étais allé(e)
tu étais allé(e)
il/elle était allé(e)
nous étions allé(e)s
vous étiez allé(e)s
ils/elles étaient allé(e)s

• PASSÉ SIMPLE

j'allai
tu allas
il/elle alla
nous allâmes
vous allâtes
ils/elles allèrent

• PASSÉ ANTÉRIEUR

je fus allé(e)
tu fus allé(e)
il/elle fut allé(e)
nous fûmes allé(e)s
vous fûtes allé(e)s
ils/elles furent allé(e)s

• FUTUR SIMPLE

j'irai
tu iras
il/elle ira
nous irons
vous irez
ils/elles iront

• FUTUR ANTÉRIEUR

je serai allé(e)
tu seras allé(e)
il/elle sera allé(e)
nous serons allé(e)s
vous serez allé(e)s
ils/elles seront allé(e)s

• CONDITIONNEL PRÉSENT

j'irais
tu irais
il/elle irait
nous irions
vous iriez
ils/elles iraient

• CONDITIONNEL PASSÉ

je serais allé(e)
tu serais allé(e)
il/elle serait allé(e)
nous serions allé(e)s
vous seriez allé(e)s
ils/elles seraient allé(e)s

SUBJONCTIF

• PRÉSENT

que j'aille
que tu ailles
qu'il/elle aille
que nous allions
que vous alliez
qu'ils/elles aillent

• PASSÉ

que je sois allé(e)
que tu sois allé(e)
qu'il/elle soit allé(e)
que nous soyons allé(e)s
que vous soyez allé(e)s
qu'ils/elles soient allé(e)s

• IMPARFAIT

que j'allasse
que tu allasses
qu'il/elle allât
que nous allassions
que vous allassiez
qu'ils/elles allassent

• PLUS-QUE-PARFAIT

que je fusse allé(e)
que tu fusses allé(e)
qu'il/elle fût allé(e)
que nous fussions allé(e)s
que vous fussiez allé(e)s
qu'ils/elles fussent allé(e)s

IMPÉRATIF

• PRÉSENT

va
allons
allez

• PASSÉ

sois allé(e)
soyons allé(e)s
soyez allé(e)s

INFINITIF

• PRÉSENT

aller

• PASSÉ

être allé(e, s, es)

PARTICIPE

• PRÉSENT

allant

• PASSÉ

allé(e, s, es)
étant allé(e, s, es)

Notez bien !

• *Aller* est le seul verbe en **-er** qui n'appartient pas au 1er groupe. C'est un verbe irrégulier qui présente d'importantes variations du radical : *tu va/s, nous all/ons, j'i/rai, que j'aill/e.*

• *Vas-y :* par euphonie, on ajoute un **s** à l'impératif *va* → 68.

• *Va-t'en* (impératif présent de *s'en aller*) : on élide le **e** du pronom réfléchi *te*.

33 courir

3e groupe | **courir** et ses dérivés

accourir • concourir • discourir • encourir • parcourir • recourir • reparcourir • secourir

INDICATIF

• PRÉSENT

je cours
tu cours
il/elle court
nous courons
vous courez
ils/elles courent

• PASSÉ COMPOSÉ

j'ai couru
tu as couru
il/elle a couru
nous avons couru
vous avez couru
ils/elles ont couru

• IMPARFAIT

je courais
tu courais
il/elle courait
nous courions
vous couriez
ils/elles couraient

• PLUS-QUE-PARFAIT

j'avais couru
tu avais couru
il/elle avait couru
nous avions couru
vous aviez couru
ils/elles avaient couru

• PASSÉ SIMPLE

je courus
tu courus
il/elle courut
nous courûmes
vous courûtes
ils/elles coururent

• PASSÉ ANTÉRIEUR

j'eus couru
tu eus couru
il/elle eut couru
nous eûmes couru
vous eûtes couru
ils/elles eurent couru

• FUTUR SIMPLE

je courrai
tu courras
il/elle courra
nous courrons
vous courrez
ils/elles courront

• FUTUR ANTÉRIEUR

j'aurai couru
tu auras couru
il/elle aura couru
nous aurons couru
vous aurez couru
ils/elles auront couru

• CONDITIONNEL PRÉSENT

je courrais
tu courrais
il/elle courrait
nous courrions
vous courriez
ils/elles courraient

• CONDITIONNEL PASSÉ

j'aurais couru
tu aurais couru
il/elle aurait couru
nous aurions couru
vous auriez couru
ils/elles auraient couru

SUBJONCTIF

• PRÉSENT

que je coure
que tu coures
qu'il/elle coure
que nous courions
que vous couriez
qu'ils/elles courent

• PASSÉ

que j'aie couru
que tu aies couru
qu'il/elle ait couru
que nous ayons couru
que vous ayez couru
qu'ils/elles aient couru

• IMPARFAIT

que je courusse
que tu courusses
qu'il/elle courût
que nous courussions
que vous courussiez
qu'ils/elles courussent

• PLUS-QUE-PARFAIT

que j'eusse couru
que tu eusses couru
qu'il/elle eût couru
que nous eussions couru
que vous eussiez couru
qu'ils/elles eussent couru

IMPÉRATIF

• PRÉSENT

cours
courons
courez

• PASSÉ

aie couru
ayons couru
ayez couru

INFINITIF

• PRÉSENT

courir

• PASSÉ

avoir couru

PARTICIPE

• PRÉSENT

courant

• PASSÉ

couru(e, s, es)
ayant couru

Notez bien !

• Le futur simple et le conditionnel présent de *courir* et de ses dérivés présentent deux **r** : le **r** qui termine le radical et le **r** de la terminaison. C'est la présence des deux **r** qui permet de distinguer le futur *(nous cour/rons, vous cour/rez)* du présent *(nous cour/ons, vous cour/ez)*.

• L'ancien infinitif *courre* se retrouve dans la locution *chasse à courre*.

34 mourir

3e groupe

se mourir

INDICATIF

PRÉSENT	PASSÉ COMPOSÉ
je meurs	je suis mort(e)
tu meurs	tu es mort(e)
il/elle meurt	il/elle est mort(e)
nous mourons	nous sommes mort(e)s
vous mourez	vous êtes mort(e)s
ils/elles meurent	ils/elles sont mort(e)s

IMPARFAIT	PLUS-QUE-PARFAIT
je mourais	j'étais mort(e)
tu mourais	tu étais mort(e)
il/elle mourait	il/elle était mort(e)
nous mourions	nous étions mort(e)s
vous mouriez	vous étiez mort(e)s
ils/elles mouraient	ils/elles étaient mort(e)s

PASSÉ SIMPLE	PASSÉ ANTÉRIEUR
je mourus	je fus mort(e)
tu mourus	tu fus mort(e)
il/elle mourut	il/elle fut mort(e)
nous mourûmes	nous fûmes mort(e)s
vous mourûtes	vous fûtes mort(e)s
ils/elles moururent	ils/elles furent mort(e)s

FUTUR SIMPLE	FUTUR ANTÉRIEUR
je mourrai	je serai mort(e)
tu mourras	tu seras mort(e)
il/elle mourra	il/elle sera mort(e)
nous mourrons	nous serons mort(e)s
vous mourrez	vous serez mort(e)s
ils/elles mourront	ils/elles seront mort(e)s

CONDITIONNEL PRÉSENT	CONDITIONNEL PASSÉ
je mourrais	je serais mort(e)
tu mourrais	tu serais mort(e)
il/elle mourrait	il/elle serait mort(e)
nous mourrions	nous serions mort(e)s
vous mourriez	vous seriez mort(e)s
ils/elles mourraient	ils/elles seraient mort(e)s

SUBJONCTIF

PRÉSENT	PASSÉ
que je meure	que je sois mort(e)
que tu meures	que tu sois mort(e)
qu'il/elle meure	qu'il/elle soit mort(e)
que nous mourions	que nous soyons mort(e)s
que vous mouriez	que vous soyez mort(e)s
qu'ils/elles meurent	qu'ils/elles soient mort(e)s

IMPARFAIT	PLUS-QUE-PARFAIT
que je mourusse	que je fusse mort(e)
que tu mourusses	que tu fusses mort(e)
qu'il/elle mourût	qu'il/elle fût mort(e)
que nous mourussions	que nous fussions mort(e)s
que vous mourussiez	que vous fussiez mort(e)s
qu'ils/elles mourussent	qu'ils/elles fussent mort(e)s

IMPÉRATIF

PRÉSENT	PASSÉ
meurs	sois mort(e)
mourons	soyons mort(e)s
mourez	soyez mort(e)s

INFINITIF

PRÉSENT	PASSÉ
mourir	être mort(e, s, es)

PARTICIPE

PRÉSENT	PASSÉ
mourant	mort(e, s, es)
	étant mort(e, s, es)

Notez bien !

- Le verbe *mourir* suit la conjugaison de *courir* (→ tableau **33**), sauf :
  – à l'indicatif présent et au subjonctif présent, où son radical connaît une variante *meur-* ;
  – au participe passé, où il prend la forme de *mort*.
- Le verbe *se mourir* ne se conjugue qu'au présent, à l'imparfait de l'indicatif et au participe présent.
- Le futur simple et le conditionnel présent s'écrivent avec deux **r**.

35 dormir

endormir • rendormir

3e groupe | **dormir** et ses dérivés

INDICATIF

• PRÉSENT

je dors
tu dors
il/elle dort
nous dormons
vous dormez
ils/elles dorment

• PASSÉ COMPOSÉ

j'ai dormi
tu as dormi
il/elle a dormi
nous avons dormi
vous avez dormi
ils/elles ont dormi

• IMPARFAIT

je dormais
tu dormais
il/elle dormait
nous dormions
vous dormiez
ils/elles dormaient

• PLUS-QUE-PARFAIT

j'avais dormi
tu avais dormi
il/elle avait dormi
nous avions dormi
vous aviez dormi
ils/elles avaient dormi

• PASSÉ SIMPLE

je dormis
tu dormis
il/elle dormit
nous dormîmes
vous dormîtes
ils/elles dormirent

• PASSÉ ANTÉRIEUR

j'eus dormi
tu eus dormi
il/elle eut dormi
nous eûmes dormi
vous eûtes dormi
ils/elles eurent dormi

• FUTUR SIMPLE

je dormirai
tu dormiras
il/elle dormira
nous dormirons
vous dormirez
ils/elles dormiront

• FUTUR ANTÉRIEUR

j'aurai dormi
tu auras dormi
il/elle aura dormi
nous aurons dormi
vous aurez dormi
ils/elles auront dormi

• CONDITIONNEL PRÉSENT

je dormirais
tu dormirais
il/elle dormirait
nous dormirions
vous dormiriez
ils/elles dormiraient

• CONDITIONNEL PASSÉ

j'aurais dormi
tu aurais dormi
il/elle aurait dormi
nous aurions dormi
vous auriez dormi
ils/elles auraient dormi

SUBJONCTIF

• PRÉSENT

que je dorme
que tu dormes
qu'il/elle dorme
que nous dormions
que vous dormiez
qu'ils/elles dorment

• PASSÉ

que j'aie dormi
que tu aies dormi
qu'il/elle ait dormi
que nous ayons dormi
que vous ayez dormi
qu'ils/elles aient dormi

• IMPARFAIT

que je dormisse
que tu dormisses
qu'il/elle dormît
que nous dormissions
que vous dormissiez
qu'ils/elles dormissent

• PLUS-QUE-PARFAIT

que j'eusse dormi
que tu eusses dormi
qu'il/elle eût dormi
que nous eussions dormi
que vous eussiez dormi
qu'ils/elles eussent dormi

IMPÉRATIF

• PRÉSENT

dors
dormons
dormez

• PASSÉ

aie dormi
ayons dormi
ayez dormi

INFINITIF

• PRÉSENT

dormir

• PASSÉ

avoir dormi

PARTICIPE

• PRÉSENT

dormant

• PASSÉ

dormi
ayant dormi

Notez bien !

• Le radical de *dormir* et de ses dérivés se termine par deux consonnes. Au singulier de l'indicatif présent et de l'impératif présent, il faudrait ajouter une 3e consonne, celle des terminaisons **-s**, **-s**, **-t**, ce qui n'est pas possible. C'est pourquoi la consonne de la fin du radical disparaît :
– *nous* ***dorm****/ons, vous* ***dorm****/ez* ; ***dorm****/ons* (radical long) ;
– *je* ***dor****/s, tu* ***dor****/s, il* ***dor****/t* ; ***dor****/s* (radical court).

36 servir

desservir • resservir

3e groupe | servir et ses dérivés

INDICATIF

• PRÉSENT

je sers
tu sers
il/elle sert
nous servons
vous servez
ils/elles servent

• PASSÉ COMPOSÉ

j'ai servi
tu as servi
il/elle a servi
nous avons servi
vous avez servi
ils/elles ont servi

• IMPARFAIT

je servais
tu servais
il/elle servait
nous servions
vous serviez
ils/elles servaient

• PLUS-QUE-PARFAIT

j'avais servi
tu avais servi
il/elle avait servi
nous avions servi
vous aviez servi
ils/elles avaient servi

• PASSÉ SIMPLE

je servis
tu servis
il/elle servit
nous servîmes
vous servîtes
ils/elles servirent

• PASSÉ ANTÉRIEUR

j'eus servi
tu eus servi
il/elle eut servi
nous eûmes servi
vous eûtes servi
ils/elles eurent servi

• FUTUR SIMPLE

je servirai
tu serviras
il/elle servira
nous servirons
vous servirez
ils/elles serviront

• FUTUR ANTÉRIEUR

j'aurai servi
tu auras servi
il/elle aura servi
nous aurons servi
vous aurez servi
ils/elles auront servi

• CONDITIONNEL PRÉSENT

je servirais
tu servirais
il/elle servirait
nous servirions
vous serviriez
ils/elles serviraient

• CONDITIONNEL PASSÉ

j'aurais servi
tu aurais servi
il/elle aurait servi
nous aurions servi
vous auriez servi
ils/elles auraient servi

SUBJONCTIF

• PRÉSENT

que je serve
que tu serves
qu'il/elle serve
que nous servions
que vous serviez
qu'ils/elles servent

• PASSÉ

que j'aie servi
que tu aies servi
qu'il/elle ait servi
que nous ayons servi
que vous ayez servi
qu'ils/elles aient servi

• IMPARFAIT

que je servisse
que tu servisses
qu'il/elle servît
que nous servissions
que vous servissiez
qu'ils/elles servissent

• PLUS-QUE-PARFAIT

que j'eusse servi
que tu eusses servi
qu'il/elle eût servi
que nous eussions servi
que vous eussiez servi
qu'ils/elles eussent servi

IMPÉRATIF

• PRÉSENT

sers
servons
servez

• PASSÉ

aie servi
ayons servi
ayez servi

INFINITIF

• PRÉSENT

servir

• PASSÉ

avoir servi

PARTICIPE

• PRÉSENT

servant

• PASSÉ

servi(e, s, es)
ayant servi

Notez bien !

• Le radical de *servir* et de ses dérivés se termine par deux consonnes. Au singulier de l'indicatif présent et de l'impératif, il faudrait ajouter une 3e consonne, celle des terminaisons **-s**, **-s**, **-t**, ce qui n'est pas possible. C'est pourquoi la consonne de la fin du radical disparaît : *nous* ***serv****/ons* (radical long), *je* ***ser****/s*... (radical court).

• Le verbe *asservir*, qui est un dérivé de *serf* et non de *servir*, est un verbe du 2e groupe et se conjugue comme *finir* → tableau **30**.

37 sentir

3e groupe | verbes en **-tir**

consentir • départir • mentir • partir • pressentir • ressentir • sortir...

INDICATIF

• PRÉSENT

je sens
tu sens
il/elle sent
nous sentons
vous sentez
ils/elles sentent

• PASSÉ COMPOSÉ

j'ai senti
tu as senti
il/elle a senti
nous avons senti
vous avez senti
ils/elles ont senti

• IMPARFAIT

je sentais
tu sentais
il/elle sentait
nous sentions
vous sentiez
ils/elles sentaient

• PLUS-QUE-PARFAIT

j'avais senti
tu avais senti
il/elle avait senti
nous avions senti
vous aviez senti
ils/elles avaient senti

• PASSÉ SIMPLE

je sentis
tu sentis
il/elle sentit
nous sentîmes
vous sentîtes
ils/elles sentirent

• PASSÉ ANTÉRIEUR

j'eus senti
tu eus senti
il/elle eut senti
nous eûmes senti
vous eûtes senti
ils/elles eurent senti

• FUTUR SIMPLE

je sentirai
tu sentiras
il/elle sentira
nous sentirons
vous sentirez
ils/elles sentiront

• FUTUR ANTÉRIEUR

j'aurai senti
tu auras senti
il/elle aura senti
nous aurons senti
vous aurez senti
ils/elles auront senti

• CONDITIONNEL PRÉSENT

je sentirais
tu sentirais
il/elle sentirait
nous sentirions
vous sentiriez
ils/elles sentiraient

• CONDITIONNEL PASSÉ

j'aurais senti
tu aurais senti
il/elle aurait senti
nous aurions senti
vous auriez senti
ils/elles auraient senti

SUBJONCTIF

• PRÉSENT

que je sente
que tu sentes
qu'il/elle sente
que nous sentions
que vous sentiez
qu'ils/elles sentent

• PASSÉ

que j'aie senti
que tu aies senti
qu'il/elle ait senti
que nous ayons senti
que vous ayez senti
qu'ils/elles aient senti

• IMPARFAIT

que je sentisse
que tu sentisses
qu'il/elle sentît
que nous sentissions
que vous sentissiez
qu'ils/elles sentissent

• PLUS-QUE-PARFAIT

que j'eusse senti
que tu eusses senti
qu'il/elle eût senti
que nous eussions senti
que vous eussiez senti
qu'ils/elles eussent senti

IMPÉRATIF

• PRÉSENT

sens
sentons
sentez

• PASSÉ

aie senti
ayons senti
ayez senti

INFINITIF

• PRÉSENT

sentir

• PASSÉ

avoir senti

PARTICIPE

• PRÉSENT

sentant

• PASSÉ

senti(e, s, es)
ayant senti

Notez bien !

- Les verbes du 3e groupe en **-tir** (sauf *vêtir* et ses dérivés) perdent le **t** du radical aux personnes du singulier de l'indicatif et de l'impératif présent : *je **sen**/s, tu **sen**/s* ; ***sen**/s*.
- *Répartir, impartir, assortir, ressortir à* (au sens de « être du ressort de ») sont des verbes du 2e groupe : ils se conjuguent donc comme *finir* → tableau **30**.
- *Se départir* se conjugue comme *partir*.

38 vêtir

dévêtir • revêtir • survêtir

3e groupe | verbes en **-tir** : exceptions

INDICATIF

• PRÉSENT

je vêts
tu vêts
il/elle vêt
nous vêtons
vous vêtez
ils/elles vêtent

• PASSÉ COMPOSÉ

j'ai vêtu
tu as vêtu
il/elle a vêtu
nous avons vêtu
vous avez vêtu
ils/elles ont vêtu

• IMPARFAIT

je vêtais
tu vêtais
il/elle vêtait
nous vêtions
vous vêtiez
ils/elles vêtaient

• PLUS-QUE-PARFAIT

j'avais vêtu
tu avais vêtu
il/elle avait vêtu
nous avions vêtu
vous aviez vêtu
ils/elles avaient vêtu

• PASSÉ SIMPLE

je vêtis
tu vêtis
il/elle vêtit
nous vêtîmes
vous vêtîtes
ils/elles vêtirent

• PASSÉ ANTÉRIEUR

j'eus vêtu
tu eus vêtu
il/elle eut vêtu
nous eûmes vêtu
vous eûtes vêtu
ils/elles eurent vêtu

• FUTUR SIMPLE

je vêtirai
tu vêtiras
il/elle vêtira
nous vêtirons
vous vêtirez
ils/elles vêtiront

• FUTUR ANTÉRIEUR

j'aurai vêtu
tu auras vêtu
il/elle aura vêtu
nous aurons vêtu
vous aurez vêtu
ils/elles auront vêtu

• CONDITIONNEL PRÉSENT

je vêtirais
tu vêtirais
il/elle vêtirait
nous vêtirions
vous vêtiriez
ils/elles vêtiraient

• CONDITIONNEL PASSÉ

j'aurais vêtu
tu aurais vêtu
il/elle aurait vêtu
nous aurions vêtu
vous auriez vêtu
ils/elles auraient vêtu

SUBJONCTIF

• PRÉSENT

que je vête
que tu vêtes
qu'il/elle vête
que nous vêtions
que vous vêtiez
qu'ils/elles vêtent

• PASSÉ

que j'aie vêtu
que tu aies vêtu
qu'il/elle ait vêtu
que nous ayons vêtu
que vous ayez vêtu
qu'ils/elles aient vêtu

• IMPARFAIT

que je vêtisse
que tu vêtisses
qu'il/elle vêtît
que nous vêtissions
que vous vêtissiez
qu'ils/elles vêtissent

• PLUS-QUE-PARFAIT

que j'eusse vêtu
que tu eusses vêtu
qu'il/elle eût vêtu
que nous eussions vêtu
que vous eussiez vêtu
qu'ils/elles eussent vêtu

IMPÉRATIF

• PRÉSENT

vêts
vêtons
vêtez

• PASSÉ

aie vêtu
ayons vêtu
ayez vêtu

INFINITIF

• PRÉSENT

vêtir

• PASSÉ

avoir vêtu

PARTICIPE

• PRÉSENT

vêtant

• PASSÉ

vêtu(e, s, es)
ayant vêtu

Notez bien !

- Contrairement aux autres verbes du 3e groupe en **-tir** (→ tableau **37**), *vêtir* et ses dérivés conservent le **t** final du radical à toutes les formes : *je vêt/s, tu vêt/s ; vêt/s.*
- Des formes comme ⊖ *ils se vêtissent*, ⊖ *vêtissant*, empruntées au 2e groupe, sont fautives. On dit : *ils se vêtent, vêtant.*
- *Travestir*, qui est également un dérivé de *vêtir*, est un verbe du 2e groupe et se conjugue comme *finir* → tableau **30**.

39 fuir

s'enfuir

3e groupe | fuir et son dérivé

INDICATIF

PRÉSENT

je fuis
tu fuis
il/elle fuit
nous fuyons
vous fuyez
ils/elles fuient

PASSÉ COMPOSÉ

j'ai fui
tu as fui
il/elle a fui
nous avons fui
vous avez fui
ils/elles ont fui

IMPARFAIT

je fuyais
tu fuyais
il/elle fuyait
nous fuyions
vous fuyiez
ils/elles fuyaient

PLUS-QUE-PARFAIT

j'avais fui
tu avais fui
il/elle avait fui
nous avions fui
vous aviez fui
ils/elles avaient fui

PASSÉ SIMPLE

je fuis
tu fuis
il/elle fuit
nous fuîmes
vous fuîtes
ils/elles fuirent

PASSÉ ANTÉRIEUR

j'eus fui
tu eus fui
il/elle eut fui
nous eûmes fui
vous eûtes fui
ils/elles eurent fui

FUTUR SIMPLE

je fuirai
tu fuiras
il/elle fuira
nous fuirons
vous fuirez
ils/elles fuiront

FUTUR ANTÉRIEUR

j'aurai fui
tu auras fui
il/elle aura fui
nous aurons fui
vous aurez fui
ils/elles auront fui

CONDITIONNEL PRÉSENT

je fuirais
tu fuirais
il/elle fuirait
nous fuirions
vous fuiriez
ils/elles fuiraient

CONDITIONNEL PASSÉ

j'aurais fui
tu aurais fui
il/elle aurait fui
nous aurions fui
vous auriez fui
ils/elles auraient fui

SUBJONCTIF

PRÉSENT

que je fuie
que tu fuies
qu'il/elle fuie
que nous fuyions
que vous fuyiez
qu'ils/elles fuient

PASSÉ

que j'aie fui
que tu aies fui
qu'il/elle ait fui
que nous ayons fui
que vous ayez fui
qu'ils/elles aient fui

IMPARFAIT

que je fuisse
que tu fuisses
qu'il/elle fuît
que nous fuissions
que vous fuissiez
qu'ils/elles fuissent

PLUS-QUE-PARFAIT

que j'eusse fui
que tu eusses fui
qu'il/elle eût fui
que nous eussions fui
que vous eussiez fui
qu'ils/elles eussent fui

IMPÉRATIF

PRÉSENT

fuis
fuyons
fuyez

PASSÉ

aie fui
ayons fui
ayez fui

INFINITIF

PRÉSENT

fuir

PASSÉ

avoir fui

PARTICIPE

PRÉSENT

fuyant

PASSÉ

fui(e, s, es)
ayant fui

Notez bien !

- *Fuir* et *s'enfuir* changent le **i** en **y** devant une terminaison qui commence par une voyelle autre qu'un **e** muet. On écrit *qu'il fui/e* mais *nous fuy/ons, vous fuy/ez, je fuy/ais.*
- Aux 1re et 2e personnes du pluriel de l'indicatif imparfait et du subjonctif présent, il ne faut pas oublier le **i** de la terminaison à l'écrit : *nous fuy/ions, vous fuy/iez, que nous fuy/ions, que vous fuy/iez.*

40 tenir

3ᵉ groupe | verbes en **-enir**

appartenir • contenir • devenir • maintenir • obtenir • prévenir • retenir • se souvenir • venir...

INDICATIF

PRÉSENT	PASSÉ COMPOSÉ
je tiens	j'ai tenu
tu tiens	tu as tenu
il/elle tient	il/elle a tenu
nous tenons	nous avons tenu
vous tenez	vous avez tenu
ils/elles tiennent	ils/elles ont tenu

IMPARFAIT	PLUS-QUE-PARFAIT
je tenais	j'avais tenu
tu tenais	tu avais tenu
il/elle tenait	il/elle avait tenu
nous tenions	nous avions tenu
vous teniez	vous aviez tenu
ils/elles tenaient	ils/elles avaient tenu

PASSÉ SIMPLE	PASSÉ ANTÉRIEUR
je tins	j'eus tenu
tu tins	tu eus tenu
il/elle tint	il/elle eut tenu
nous tînmes	nous eûmes tenu
vous tîntes	vous eûtes tenu
ils/elles tinrent	ils/elles eurent tenu

FUTUR SIMPLE	FUTUR ANTÉRIEUR
je tiendrai	j'aurai tenu
tu tiendras	tu auras tenu
il/elle tiendra	il/elle aura tenu
nous tiendrons	nous aurons tenu
vous tiendrez	vous aurez tenu
ils/elles tiendront	ils/elles auront tenu

CONDITIONNEL PRÉSENT	CONDITIONNEL PASSÉ
je tiendrais	j'aurais tenu
tu tiendrais	tu aurais tenu
il/elle tiendrait	il/elle aurait tenu
nous tiendrions	nous aurions tenu
vous tiendriez	vous auriez tenu
ils/elles tiendraient	ils/elles auraient tenu

SUBJONCTIF

PRÉSENT	PASSÉ
que je tienne	que j'aie tenu
que tu tiennes	que tu aies tenu
qu'il/elle tienne	qu'il/elle ait tenu
que nous tenions	que nous ayons tenu
que vous teniez	que vous ayez tenu
qu'ils/elles tiennent	qu'ils/elles aient tenu

IMPARFAIT	PLUS-QUE-PARFAIT
que je tinsse	que j'eusse tenu
que tu tinsses	que tu eusses tenu
qu'il/elle tînt	qu'il/elle eût tenu
que nous tinssions	que nous eussions tenu
que vous tinssiez	que vous eussiez tenu
qu'ils/elles tinssent	qu'ils/elles eussent tenu

IMPÉRATIF

PRÉSENT	PASSÉ
tiens	aie tenu
tenons	ayons tenu
tenez	ayez tenu

INFINITIF

PRÉSENT	PASSÉ
tenir	avoir tenu

PARTICIPE

PRÉSENT	PASSÉ
tenant	tenu(e, s, es)
	ayant tenu

Notez bien !

- Le radical de *venir*, *tenir* et de leurs dérivés connaît des formes variées : *tien-*, *tienn-*, *ten-*, *tin-*, *tiend-*.
- *Venir* et ses dérivés se conjuguent avec l'auxiliaire *être*, sauf *circonvenir*, *contrevenir*, *prévenir*, *subvenir*.
- *Attenir* est un dérivé défectif de *tenir*, utilisé essentiellement au participe présent : *le jardin attenant*.

41 acquérir

conquérir • reconquérir • requérir...

3e groupe | **quérir** et ses dérivés

INDICATIF

• PRÉSENT

j'acquiers
tu acquiers
il/elle acquiert
nous acquérons
vous acquérez
ils/elles acquièrent

• PASSÉ COMPOSÉ

j'ai acquis
tu as acquis
il/elle a acquis
nous avons acquis
vous avez acquis
ils/elles ont acquis

• IMPARFAIT

j'acquérais
tu acquérais
il/elle acquérait
nous acquérions
vous acquériez
ils/elles acquéraient

• PLUS-QUE-PARFAIT

j'avais acquis
tu avais acquis
il/elle avait acquis
nous avions acquis
vous aviez acquis
ils/elles avaient acquis

• PASSÉ SIMPLE

j'acquis
tu acquis
il/elle acquit
nous acquîmes
vous acquîtes
ils/elles acquirent

• PASSÉ ANTÉRIEUR

j'eus acquis
tu eus acquis
il/elle eut acquis
nous eûmes acquis
vous eûtes acquis
ils/elles eurent acquis

• FUTUR SIMPLE

j'acquerrai
tu acquerras
il/elle acquerra
nous acquerrons
vous acquerrez
ils/elles acquerront

• FUTUR ANTÉRIEUR

j'aurai acquis
tu auras acquis
il/elle aura acquis
nous aurons acquis
vous aurez acquis
ils/elles auront acquis

• CONDITIONNEL PRÉSENT

j'acquerrais
tu acquerrais
il/elle acquerrait
nous acquerrions
vous acquerriez
ils/elles acquerraient

• CONDITIONNEL PASSÉ

j'aurais acquis
tu aurais acquis
il/elle aurait acquis
nous aurions acquis
vous auriez acquis
ils/elles auraient acquis

SUBJONCTIF

• PRÉSENT

que j'acquière
que tu acquières
qu'il/elle acquière
que nous acquérions
que vous acquériez
qu'ils/elles acquièrent

• PASSÉ

que j'aie acquis
que tu aies acquis
qu'il/elle ait acquis
que nous ayons acquis
que vous ayez acquis
qu'ils/elles aient acquis

• IMPARFAIT

que j'acquisse
que tu acquisses
qu'il/elle acquît
que nous acquissions
que vous acquissiez
qu'ils/elles acquissent

• PLUS-QUE-PARFAIT

que j'eusse acquis
que tu eusses acquis
qu'il/elle eût acquis
que nous eussions acquis
que vous eussiez acquis
qu'ils/elles eussent acquis

IMPÉRATIF

• PRÉSENT

acquiers
acquérons
acquérez

• PASSÉ

aie acquis
ayons acquis
ayez acquis

INFINITIF

• PRÉSENT

acquérir

• PASSÉ

avoir acquis

PARTICIPE

• PRÉSENT

acquérant

• PASSÉ

acquis(e, es)
ayant acquis

Notez bien !

- Le radical de *quérir* et de ses dérivés présente les formes *-quier-*, *-quér-*, *-qui-*.
- Le **e** de la fin du radical ne prend aucun accent s'il est suivi de deux consonnes : *j'acquier/s* ; il prend un accent aigu si la terminaison commence par une voyelle autre qu'un **e** muet *(nous acquér/ons)* et un accent grave si la terminaison commence par un **e** muet *(ils acquièr/ent)*.
- Le futur simple et le conditionnel présent s'écrivent avec deux **r**.

42 bouillir

débouillir • rebouillir

3e groupe | **bouillir** et ses dérivés

INDICATIF

• PRÉSENT
je bous
tu bous
il/elle bout
nous bouillons
vous bouillez
ils/elles bouillent

• PASSÉ COMPOSÉ
j'ai bouilli
tu as bouilli
il/elle a bouilli
nous avons bouilli
vous avez bouilli
ils/elles ont bouilli

• IMPARFAIT
je bouillais
tu bouillais
il/elle bouillait
nous bouillions
vous bouilliez
ils/elles bouillaient

• PLUS-QUE-PARFAIT
j'avais bouilli
tu avais bouilli
il/elle avait bouilli
nous avions bouilli
vous aviez bouilli
ils/elles avaient bouilli

• PASSÉ SIMPLE
je bouillis
tu bouillis
il/elle bouillit
nous bouillîmes
vous bouillîtes
ils/elles bouillirent

• PASSÉ ANTÉRIEUR
j'eus bouilli
tu eus bouilli
il/elle eut bouilli
nous eûmes bouilli
vous eûtes bouilli
ils/elles eurent bouilli

• FUTUR SIMPLE
je bouillirai
tu bouilliras
il/elle bouillira
nous bouillirons
vous bouillirez
ils/elles bouilliront

• FUTUR ANTÉRIEUR
j'aurai bouilli
tu auras bouilli
il/elle aura bouilli
nous aurons bouilli
vous aurez bouilli
ils/elles auront bouilli

• CONDITIONNEL PRÉSENT
je bouillirais
tu bouillirais
il/elle bouillirait
nous bouillirions
vous bouilliriez
ils/elles bouilliraient

• CONDITIONNEL PASSÉ
j'aurais bouilli
tu aurais bouilli
il/elle aurait bouilli
nous aurions bouilli
vous auriez bouilli
ils/elles auraient bouilli

SUBJONCTIF

• PRÉSENT
que je bouille
que tu bouilles
qu'il/elle bouille
que nous bouillions
que vous bouilliez
qu'ils/elles bouillent

• PASSÉ
que j'aie bouilli
que tu aies bouilli
qu'il/elle ait bouilli
que nous ayons bouilli
que vous ayez bouilli
qu'ils/elles aient bouilli

• IMPARFAIT
que je bouillisse
que tu bouillisses
qu'il/elle bouillît
que nous bouillissions
que vous bouillissiez
qu'ils/elles bouillissent

• PLUS-QUE-PARFAIT
que j'eusse bouilli
que tu eusses bouilli
qu'il/elle eût bouilli
que nous eussions bouilli
que vous eussiez bouilli
qu'ils/elles eussent bouilli

IMPÉRATIF

• PRÉSENT
bous
bouillons
bouillez

• PASSÉ
aie bouilli
ayons bouilli
ayez bouilli

INFINITIF

• PRÉSENT
bouillir

• PASSÉ
avoir bouilli

PARTICIPE

• PRÉSENT
bouillant

• PASSÉ
bouilli(e, s, es)
ayant bouilli

Notez bien !

- Le radical de *bouillir* et de ses dérivés présente les formes *bou-*, *bouill-*, *bouilli-*.
- La forme courte en *bou-* n'apparaît qu'au singulier de l'indicatif présent et de l'impératif : *je bou/s*, *tu bou/s*, *il bou/t* ; *bou/s*. À toutes les autres formes, le radical comporte une consonne mouillée.
- À l'indicatif imparfait et au subjonctif présent, il ne faut pas oublier le **i** de **-ions** et **-iez** après la consonne **ll** du radical.
- Des formes comme ⊖ *ils bouent*, ⊖ *ils boueront* sont fautives.

43 couvrir

3e groupe | verbes en **-vrir** et **-frir**

découvrir • ouvrir • recouvrir...
offrir • souffrir

INDICATIF

• PRÉSENT

je couvre
tu couvres
il/elle couvre
nous couvrons
vous couvrez
ils/elles couvrent

• PASSÉ COMPOSÉ

j'ai couvert
tu as couvert
il/elle a couvert
nous avons couvert
vous avez couvert
ils/elles ont couvert

• IMPARFAIT

je couvrais
tu couvrais
il/elle couvrait
nous couvrions
vous couvriez
ils/elles couvraient

• PLUS-QUE-PARFAIT

j'avais couvert
tu avais couvert
il/elle avait couvert
nous avions couvert
vous aviez couvert
ils/elles avaient couvert

• PASSÉ SIMPLE

je couvris
tu couvris
il/elle couvrit
nous couvrîmes
vous couvrîtes
ils/elles couvrirent

• PASSÉ ANTÉRIEUR

j'eus couvert
tu eus couvert
il/elle eut couvert
nous eûmes couvert
vous eûtes couvert
ils/elles eurent couvert

• FUTUR SIMPLE

je couvrirai
tu couvriras
il/elle couvrira
nous couvrirons
vous couvrirez
ils/elles couvriront

• FUTUR ANTÉRIEUR

j'aurai couvert
tu auras couvert
il/elle aura couvert
nous aurons couvert
vous aurez couvert
ils/elles auront couvert

• CONDITIONNEL PRÉSENT

je couvrirais
tu couvrirais
il/elle couvrirait
nous couvririons
vous couvririez
ils/elles couvriraient

• CONDITIONNEL PASSÉ

j'aurais couvert
tu aurais couvert
il/elle aurait couvert
nous aurions couvert
vous auriez couvert
ils/elles auraient couvert

SUBJONCTIF

• PRÉSENT

que je couvre
que tu couvres
qu'il/elle couvre
que nous couvrions
que vous couvriez
qu'ils/elles couvrent

• PASSÉ

que j'aie couvert
que tu aies couvert
qu'il/elle ait couvert
que nous ayons couvert
que vous ayez couvert
qu'ils/elles aient couvert

• IMPARFAIT

que je couvrisse
que tu couvrisses
qu'il/elle couvrît
que nous couvrissions
que vous couvrissiez
qu'ils/elles couvrissent

• PLUS-QUE-PARFAIT

que j'eusse couvert
que tu eusses couvert
qu'il/elle eût couvert
que nous eussions couvert
que vous eussiez couvert
qu'ils/elles eussent couvert

IMPÉRATIF

• PRÉSENT

couvre
couvrons
couvrez

• PASSÉ

aie couvert
ayons couvert
ayez couvert

INFINITIF

• PRÉSENT

couvrir

• PASSÉ

avoir couvert

PARTICIPE

• PRÉSENT

couvrant

• PASSÉ

couvert(e, s, es)
ayant couvert

Notez bien !

• Au singulier de l'indicatif et de l'impératif présent, les verbes en **-vrir** et en **-frir** ne se terminent pas par **-s**, **-s**, **-t** comme les autres verbes du 3e groupe, mais par **-e**, **-es**, **-e** comme les verbes du 1er groupe. On écrit : *je couvr/e*, *tu couvr/es*, *il couvr/e* ; *couvr/e*.

• Seuls *cueillir* et ses dérivés (→ tableau 44) et les verbes en **-aillir** (→ tableau 45) sont dans le même cas.

44 cueillir

accueillir • recueillir

3e groupe | cueillir et ses dérivés

INDICATIF

• PRÉSENT
je cueille
tu cueilles
il/elle cueille
nous cueillons
vous cueillez
ils/elles cueillent

• PASSÉ COMPOSÉ
j'ai cueilli
tu as cueilli
il/elle a cueilli
nous avons cueilli
vous avez cueilli
ils/elles ont cueilli

• IMPARFAIT
je cueillais
tu cueillais
il/elle cueillait
nous cueillions
vous cueilliez
ils/elles cueillaient

• PLUS-QUE-PARFAIT
j'avais cueilli
tu avais cueilli
il/elle avait cueilli
nous avions cueilli
vous aviez cueilli
ils/elles avaient cueilli

• PASSÉ SIMPLE
je cueillis
tu cueillis
il/elle cueillit
nous cueillîmes
vous cueillîtes
ils/elles cueillirent

• PASSÉ ANTÉRIEUR
j'eus cueilli
tu eus cueilli
il/elle eut cueilli
nous eûmes cueilli
vous eûtes cueilli
ils/elles eurent cueilli

• FUTUR SIMPLE
je cueillerai
tu cueilleras
il/elle cueillera
nous cueillerons
vous cueillerez
ils/elles cueilleront

• FUTUR ANTÉRIEUR
j'aurai cueilli
tu auras cueilli
il/elle aura cueilli
nous aurons cueilli
vous aurez cueilli
ils/elles auront cueilli

• CONDITIONNEL PRÉSENT
je cueillerais
tu cueillerais
il/elle cueillerait
nous cueillerions
vous cueilleriez
ils/elles cueilleraient

• CONDITIONNEL PASSÉ
j'aurais cueilli
tu aurais cueilli
il/elle aurait cueilli
nous aurions cueilli
vous auriez cueilli
ils/elles auraient cueilli

SUBJONCTIF

• PRÉSENT
que je cueille
que tu cueilles
qu'il/elle cueille
que nous cueillions
que vous cueilliez
qu'ils/elles cueillent

• PASSÉ
que j'aie cueilli
que tu aies cueilli
qu'il/elle ait cueilli
que nous ayons cueilli
que vous ayez cueilli
qu'ils/elles aient cueilli

• IMPARFAIT
que je cueillisse
que tu cueillisses
qu'il/elle cueillît
que nous cueillissions
que vous cueillissiez
qu'ils/elles cueillissent

• PLUS-QUE-PARFAIT
que j'eusse cueilli
que tu eusses cueilli
qu'il/elle eût cueilli
que nous eussions cueilli
que vous eussiez cueilli
qu'ils/elles eussent cueilli

IMPÉRATIF

• PRÉSENT
cueille
cueillons
cueillez

• PASSÉ
aie cueilli
ayons cueilli
ayez cueilli

INFINITIF

• PRÉSENT
cueillir

• PASSÉ
avoir cueilli

PARTICIPE

• PRÉSENT
cueillant

• PASSÉ
cueilli(e, s, es)
ayant cueilli

Notez bien !

• Comme les verbes en **-vrir** et en **-frir** (→ tableau **43**), au singulier de l'indicatif et de l'impératif présent, *cueillir* et ses dérivés se terminent par **-e**, **-es**, **-e** : *je cueill/e, tu cueill/es, il cueill/e ; cueill/e.*
• Au futur simple et au conditionnel présent, le radical prend la forme de *cueille-* et non celle de *cueilli-* : *je **cueille**/rai(s).*
• À l'indicatif imparfait et au subjonctif présent, il ne faut pas oublier le **i** de **-ions** et **-iez** après la consonne **ll** du radical.

45 défaillir

assaillir • saillir • tressaillir

3e groupe | verbes en **-aillir** (sauf **faillir**)

INDICATIF

• PRÉSENT
je défaille
tu défailles
il/elle défaille
nous défaillons
vous défaillez
ils/elles défaillent

• PASSÉ COMPOSÉ
j'ai défailli
tu as défailli
il/elle a défailli
nous avons défailli
vous avez défailli
ils/elles ont défailli

• IMPARFAIT
je défaillais
tu défaillais
il/elle défaillait
nous défaillions
vous défailliez
ils/elles défaillaient

• PLUS-QUE-PARFAIT
j'avais défailli
tu avais défailli
il/elle avait défailli
nous avions défailli
vous aviez défailli
ils/elles avaient défailli

• PASSÉ SIMPLE
je défaillis
tu défaillis
il/elle défaillit
nous défaillîmes
vous défaillîtes
ils/elles défaillirent

• PASSÉ ANTÉRIEUR
j'eus défailli
tu eus défailli
il/elle eut défailli
nous eûmes défailli
vous eûtes défailli
ils/elles eurent défailli

• FUTUR SIMPLE
je défaillirai
tu défailliras
il/elle défaillira
nous défaillirons
vous défaillirez
ils/elles défailliront

• FUTUR ANTÉRIEUR
j'aurai défailli
tu auras défailli
il/elle aura défailli
nous aurons défailli
vous aurez défailli
ils/elles auront défailli

• CONDITIONNEL PRÉSENT
je défaillirais
tu défaillirais
il/elle défaillirait
nous défaillirions
vous défailliriez
ils/elles défailliraient

• CONDITIONNEL PASSÉ
j'aurais défailli
tu aurais défailli
il/elle aurait défailli
nous aurions défailli
vous auriez défailli
ils/elles auraient défailli

SUBJONCTIF

• PRÉSENT
que je défaille
que tu défailles
qu'il/elle défaille
que nous défaillions
que vous défailliez
qu'ils/elles défaillent

• PASSÉ
que j'aie défailli
que tu aies défailli
qu'il/elle ait défailli
que nous ayons défailli
que vous ayez défailli
qu'ils/elles aient défailli

• IMPARFAIT
que je défaillisse
que tu défaillisses
qu'il/elle défaillît
que nous défaillissions
que vous défaillissiez
qu'ils/elles défaillissent

• PLUS-QUE-PARFAIT
que j'eusse défailli
que tu eusses défailli
qu'il/elle eût défailli
que nous eussions défailli
que vous eussiez défailli
qu'ils/elles eussent défailli

IMPÉRATIF

• PRÉSENT
défaille
défaillons
défaillez

• PASSÉ
aie défailli
ayons défailli
ayez défailli

INFINITIF

• PRÉSENT
défaillir

• PASSÉ
avoir défailli

PARTICIPE

• PRÉSENT
défaillant

• PASSÉ
défailli
ayant défailli

Notez bien !

• Comme les verbes en **-vrir** et en **-frir** (→ tableau **43**), au singulier de l'indicatif et de l'impératif présent, les verbes en **-aillir** (sauf *faillir* → tableau **46**) se terminent par **-e**, **-es**, **-e**.

• À l'indicatif imparfait et au subjonctif présent, il ne faut pas oublier le **i** de **-ions** et **-iez** après la consonne **ll** du radical.

• *Saillir* au sens de « surplomber, avancer » se conjugue comme *défaillir*. *Saillir* au sens de « s'accoupler » est un verbe du 2e groupe → tableau **30**.

46 faillir

3e groupe | verbe défectif en **-aillir**

INDICATIF

• PRÉSENT
je *faux*
tu *faux*
il/elle *faut*
nous *faillons*
vous *faillez*
ils/elles *faillent*

• PASSÉ COMPOSÉ
j'ai failli
tu as failli
il/elle a failli
nous avons failli
vous avez failli
ils/elles ont failli

• IMPARFAIT
je *faillais*
tu *faillais*
il/elle *faillait*
nous *faillions*
vous *failliez*
ils/elles *faillaient*

• PLUS-QUE-PARFAIT
j'avais failli
tu avais failli
il/elle avait failli
nous avions failli
vous aviez failli
ils/elles avaient failli

• PASSÉ SIMPLE
je faillis
tu faillis
il/elle faillit
nous faillîmes
vous faillîtes
ils/elles faillirent

• PASSÉ ANTÉRIEUR
j'eus failli
tu eus failli
il/elle eut failli
nous eûmes failli
vous eûtes failli
ils/elles eurent failli

• FUTUR SIMPLE
je faillirai/*faudrai*
tu failliras/*faudras*
il/elle faillira/*faudra*
n. faillirons/*faudrons*
v. faillirez/*faudrez*
ils failliront/*faudront*

• FUTUR ANTÉRIEUR
j'aurai failli
tu auras failli
il/elle aura failli
nous aurons failli
vous aurez failli
ils/elles auront failli

• CONDITIONNEL PRÉSENT
je faillirais/*faudrais*
tu faillirais/*faudrais*
il faillirait/*faudrait*
n. faillirions/*faudrions*
v. failliriez/*faudriez*
ils failliraient/*faudraient*

• CONDITIONNEL PASSÉ
j'aurais failli
tu aurais failli
il/elle aurait failli
nous aurions failli
vous auriez failli
ils/elles auraient failli

SUBJONCTIF

• PRÉSENT
que je faillisse/*faille*
que tu faillisses/*failles*
qu'il/elle faillisse/*faille*
que n. faillissions/*faillions*
que v. faillissiez/*failliez*
qu'ils faillissent/*faillent*

• PASSÉ
que j'aie failli
que tu aies failli
qu'il/elle ait failli
que nous ayons failli
que vous ayez failli
qu'ils/elles aient failli

• IMPARFAIT
que je faillisse
que tu faillisses
qu'il/elle faillît
que nous faillissions
que vous faillissiez
qu'ils/elles faillissent

• PLUS-QUE-PARFAIT
que j'eusse failli
que tu eusses failli
qu'il/elle eût failli
que nous eussions failli
que vous eussiez failli
qu'ils/elles eussent failli

IMPÉRATIF

• PRÉSENT
.
.
.

• PASSÉ
.
.
.

INFINITIF

• PRÉSENT
faillir

• PASSÉ
avoir failli

PARTICIPE

• PRÉSENT
faillant

• PASSÉ
failli
ayant failli

Notez bien !

• *Faillir* comporte d'anciennes formes, désormais inusitées (en italique dans le tableau). La tendance générale est de conjuguer *faillir* comme un verbe du 2e groupe, sur le modèle de *finir* → tableau **30**.
• *Faillir* est essentiellement employé à l'infinitif *(faillir)*, au passé simple *(je faillis)* et aux temps composés.

47 ouïr

3e groupe | verbe défectif

INDICATIF

• PRÉSENT

j'ois
tu ois
il/elle oit
nous oyons
vous oyez
ils/elles oient

• PASSÉ COMPOSÉ

j'ai ouï
tu as ouï
il/elle a ouï
nous avons ouï
vous avez ouï
ils/elles ont ouï

• IMPARFAIT

j'oyais
tu oyais
il/elle oyait
nous oyions
vous oyiez
ils/elles oyaient

• PLUS-QUE-PARFAIT

j'avais ouï
tu avais ouï
il/elle avait ouï
nous avions ouï
vous aviez ouï
ils/elles avaient ouï

• PASSÉ SIMPLE

j'ouïs
tu ouïs
il/elle ouït
nous ouïmes
vous ouïtes
ils/elles ouïrent

• PASSÉ ANTÉRIEUR

j'eus ouï
tu eus ouï
il/elle eut ouï
nous eûmes ouï
vous eûtes ouï
ils/elles eurent ouï

• FUTUR SIMPLE

j'ouïrai/orrai/oirai
tu ouïras/orras
il/elle ouïra/orra
nous ouïrons/orrons
vous ouïrez/orrez
ils/elles ouïront/orront

• FUTUR ANTÉRIEUR

j'aurai ouï
tu auras ouï
il/elle aura ouï
nous aurons ouï
vous aurez ouï
ils/elles auront ouï

• CONDITIONNEL PRÉSENT

j'ouïrais/orrais/oirais
tu ouïrais/orrais
il/elle ouïrait/orrait
nous ouïrions/orrions
vous ouïriez/orriez
ils/elles ouïraient/orraient

• CONDITIONNEL PASSÉ

j'aurais ouï
tu aurais ouï
il/elle aurait ouï
nous aurions ouï
vous auriez ouï
ils/elles auraient ouï

SUBJONCTIF

• PRÉSENT

que j'oie
que tu oies
qu'il/elle oie
que nous oyions
que vous oyiez
qu'ils/elles oient

• PASSÉ

que j'aie ouï
que tu aies ouï
qu'il/elle ait ouï
que nous ayons ouï
que vous ayez ouï
qu'ils/elles aient ouï

• IMPARFAIT

que j'ouïsse
que tu ouïsses
qu'il/elle ouït
que nous ouïssions
que vous ouïssiez
qu'ils/elles ouïssent

• PLUS-QUE-PARFAIT

que j'eusse ouï
que tu eusses ouï
qu'il/elle eût ouï
que nous eussions ouï
que vous eussiez ouï
qu'ils/elles eussent ouï

IMPÉRATIF

• PRÉSENT

ois
oyons
oyez

• PASSÉ

aie ouï
ayons ouï
ayez ouï

INFINITIF

• PRÉSENT

ouïr

• PASSÉ

avoir ouï

PARTICIPE

• PRÉSENT

oyant

• PASSÉ

ouï(e, s, es)
ayant ouï

Notez bien !

• Le verbe *ouïr* n'est plus guère employé qu'à l'infinitif *(ouïr)*, au participe passé (*ouï*, notamment dans l'expression *par ouï-dire*), au passé composé *(j'ai ouï dire que)* et à la 2e personne du pluriel de l'impératif présent *(Oyez, oyez !)*.

• On peut classer *ouïr* parmi les verbes défectifs. Les formes en italique sont tout à fait inusitées.

48 gésir

3e groupe | verbe défectif

INDICATIF

PRÉSENT

je gis
tu gis
il/elle gît
nous gisons
vous gisez
ils/elles gisent

PASSÉ COMPOSÉ

·
·
·
·
·
·

IMPARFAIT

je gisais
tu gisais
il/elle gisait
nous gisions
vous gisiez
ils/elles gisaient

PLUS-QUE-PARFAIT

·
·
·
·
·
·

PASSÉ SIMPLE

·
·
·
·
·
·

PASSÉ ANTÉRIEUR

·
·
·
·
·
·

FUTUR SIMPLE

·
·
·
·
·
·

FUTUR ANTÉRIEUR

·
·
·
·
·
·

CONDITIONNEL PRÉSENT

·
·
·
·
·
·

CONDITIONNEL PASSÉ

·
·
·
·
·
·

SUBJONCTIF

PRÉSENT

·
·
·
·
·
·

PASSÉ

·
·
·
·
·
·

IMPARFAIT

·
·
·
·
·
·

PLUS-QUE-PARFAIT

·
·
·
·
·
·

IMPÉRATIF

PRÉSENT

·
·
·

PASSÉ

·
·
·

INFINITIF

PRÉSENT

gésir

PASSÉ

·

PARTICIPE

PRÉSENT

gisant

PASSÉ

·
·

Notez bien !

Le verbe *gésir* est défectif. Il ne se conjugue qu'à l'indicatif présent et imparfait, ainsi qu'au participe présent et à l'infinitif.

N. ORTH. La 3e personne du singulier de l'indicatif présent porte un accent circonflexe sur le **i** : *il gît*, *ci-gît*. Toutefois la réforme de 1990 autorise à écrire : *il git*, *ci-git*.

3e groupe
LES TABLEAUX

49 recevoir

3e groupe | verbes en **-cevoir**

apercevoir • concevoir • décevoir • entrapercevoir • percevoir

INDICATIF

• PRÉSENT

je reçois
tu reçois
il/elle reçoit
nous recevons
vous recevez
ils/elles reçoivent

• PASSÉ COMPOSÉ

j'ai reçu
tu as reçu
il/elle a reçu
nous avons reçu
vous avez reçu
ils/elles ont reçu

• IMPARFAIT

je recevais
tu recevais
il/elle recevait
nous recevions
vous receviez
ils/elles recevaient

• PLUS-QUE-PARFAIT

j'avais reçu
tu avais reçu
il/elle avait reçu
nous avions reçu
vous aviez reçu
ils/elles avaient reçu

• PASSÉ SIMPLE

je reçus
tu reçus
il/elle reçut
nous reçûmes
vous reçûtes
ils/elles reçurent

• PASSÉ ANTÉRIEUR

j'eus reçu
tu eus reçu
il/elle eut reçu
nous eûmes reçu
vous eûtes reçu
ils/elles eurent reçu

• FUTUR SIMPLE

je recevrai
tu recevras
il/elle recevra
nous recevrons
vous recevrez
ils/elles recevront

• FUTUR ANTÉRIEUR

j'aurai reçu
tu auras reçu
il/elle aura reçu
nous aurons reçu
vous aurez reçu
ils/elles auront reçu

• CONDITIONNEL PRÉSENT

je recevrais
tu recevrais
il/elle recevrait
nous recevrions
vous recevriez
ils/elles recevraient

• CONDITIONNEL PASSÉ

j'aurais reçu
tu aurais reçu
il/elle aurait reçu
nous aurions reçu
vous auriez reçu
ils/elles auraient reçu

SUBJONCTIF

• PRÉSENT

que je reçoive
que tu reçoives
qu'il/elle reçoive
que nous recevions
que vous receviez
qu'ils/elles reçoivent

• PASSÉ

que j'aie reçu
que tu aies reçu
qu'il/elle ait reçu
que nous ayons reçu
que vous ayez reçu
qu'ils/elles aient reçu

• IMPARFAIT

que je reçusse
que tu reçusses
qu'il/elle reçût
que nous reçussions
que vous reçussiez
qu'ils/elles reçussent

• PLUS-QUE-PARFAIT

que j'eusse reçu
que tu eusses reçu
qu'il/elle eût reçu
que nous eussions reçu
que vous eussiez reçu
qu'ils/elles eussent reçu

IMPÉRATIF

• PRÉSENT

reçois
recevons
recevez

• PASSÉ

aie reçu
ayons reçu
ayez reçu

INFINITIF

• PRÉSENT

recevoir

• PASSÉ

avoir reçu

PARTICIPE

• PRÉSENT

recevant

• PASSÉ

reçu(e, s, es)
ayant reçu

Notez bien !

Les verbes en **-cevoir** prennent une cédille sous le **c** quand la terminaison commence par **o** ou **u**, afin de conserver la même prononciation en [s] à toutes les formes. On écrit *nous recevons*, mais *je reçois*.

50 voir

entrevoir • revoir

3e groupe | **voir** et ses dérivés

INDICATIF

• PRÉSENT

je vois
tu vois
il/elle voit
nous voyons
vous voyez
ils/elles voient

• PASSÉ COMPOSÉ

j'ai vu
tu as vu
il/elle a vu
nous avons vu
vous avez vu
ils/elles ont vu

• IMPARFAIT

je voyais
tu voyais
il/elle voyait
nous voyions
vous voyiez
ils/elles voyaient

• PLUS-QUE-PARFAIT

j'avais vu
tu avais vu
il/elle avait vu
nous avions vu
vous aviez vu
ils/elles avaient vu

• PASSÉ SIMPLE

je vis
tu vis
il/elle vit
nous vîmes
vous vîtes
ils/elles virent

• PASSÉ ANTÉRIEUR

j'eus vu
tu eus vu
il/elle eut vu
nous eûmes vu
vous eûtes vu
ils/elles eurent vu

• FUTUR SIMPLE

je verrai
tu verras
il/elle verra
nous verrons
vous verrez
ils/elles verront

• FUTUR ANTÉRIEUR

j'aurai vu
tu auras vu
il/elle aura vu
nous aurons vu
vous aurez vu
ils/elles auront vu

• CONDITIONNEL PRÉSENT

je verrais
tu verrais
il/elle verrait
nous verrions
vous verriez
ils/elles verraient

• CONDITIONNEL PASSÉ

j'aurais vu
tu aurais vu
il/elle aurait vu
nous aurions vu
vous auriez vu
ils/elles auraient vu

SUBJONCTIF

• PRÉSENT

que je voie
que tu voies
qu'il/elle voie
que nous voyions
que vous voyiez
qu'ils/elles voient

• PASSÉ

que j'aie vu
que tu aies vu
qu'il/elle ait vu
que nous ayons vu
que vous ayez vu
qu'ils/elles aient vu

• IMPARFAIT

que je visse
que tu visses
qu'il/elle vît
que nous vissions
que vous vissiez
qu'ils/elles vissent

• PLUS-QUE-PARFAIT

que j'eusse vu
que tu eusses vu
qu'il/elle eût vu
que nous eussions vu
que vous eussiez vu
qu'ils/elles eussent vu

IMPÉRATIF

• PRÉSENT

vois
voyons
voyez

• PASSÉ

aie vu
ayons vu
ayez vu

INFINITIF

• PRÉSENT

voir

• PASSÉ

avoir vu

PARTICIPE

• PRÉSENT

voyant

• PASSÉ

vu(e, s, es)
ayant vu

Notez bien !

• Les dérivés de *voir*, à l'exception de *prévoir* (→ tableau **51**) et *pourvoir* (→ tableau **52**), suivent la même conjugaison que *voir*.
• À l'indicatif imparfait et au subjonctif présent, il ne faut pas oublier le **i** de **-ions** et **-iez**, même si on ne l'entend pas toujours après le **y** du radical.
• Le futur simple et le conditionnel présent s'écrivent avec deux **r** : le **r** qui termine le radical et le **r** de la terminaison : *je ver/rai*, *je ver/rais*.

51 prévoir

3e groupe | dérivé de **voir** : exception

INDICATIF

• PRÉSENT

je prévois
tu prévois
il/elle prévoit
nous prévoyons
vous prévoyez
ils/elles prévoient

• PASSÉ COMPOSÉ

j'ai prévu
tu as prévu
il/elle a prévu
nous avons prévu
vous avez prévu
ils/elles ont prévu

• IMPARFAIT

je prévoyais
tu prévoyais
il/elle prévoyait
nous prévoyions
vous prévoyiez
ils/elles prévoyaient

• PLUS-QUE-PARFAIT

j'avais prévu
tu avais prévu
il/elle avait prévu
nous avions prévu
vous aviez prévu
ils/elles avaient prévu

• PASSÉ SIMPLE

je prévis
tu prévis
il/elle prévit
nous prévîmes
vous prévîtes
ils/elles prévirent

• PASSÉ ANTÉRIEUR

j'eus prévu
tu eus prévu
il/elle eut prévu
nous eûmes prévu
vous eûtes prévu
ils/elles eurent prévu

• FUTUR SIMPLE

je prévoirai
tu prévoiras
il/elle prévoira
nous prévoirons
vous prévoirez
ils/elles prévoiront

• FUTUR ANTÉRIEUR

j'aurai prévu
tu auras prévu
il/elle aura prévu
nous aurons prévu
vous aurez prévu
ils/elles auront prévu

• CONDITIONNEL PRÉSENT

je prévoirais
tu prévoirais
il/elle prévoirait
nous prévoirions
vous prévoiriez
ils/elles prévoiraient

• CONDITIONNEL PASSÉ

j'aurais prévu
tu aurais prévu
il/elle aurait prévu
nous aurions prévu
vous auriez prévu
ils/elles auraient prévu

SUBJONCTIF

• PRÉSENT

que je prévoie
que tu prévoies
qu'il/elle prévoie
que nous prévoyions
que vous prévoyiez
qu'ils/elles prévoient

• PASSÉ

que j'aie prévu
que tu aies prévu
qu'il/elle ait prévu
que nous ayons prévu
que vous ayez prévu
qu'ils/elles aient prévu

• IMPARFAIT

que je prévisse
que tu prévisses
qu'il/elle prévît
que nous prévissions
que vous prévissiez
qu'ils/elles prévissent

• PLUS-QUE-PARFAIT

que j'eusse prévu
que tu eusses prévu
qu'il/elle eût prévu
que nous eussions prévu
que vous eussiez prévu
qu'ils/elles eussent prévu

IMPÉRATIF

• PRÉSENT

prévois
prévoyons
prévoyez

• PASSÉ

aie prévu
ayons prévu
ayez prévu

INFINITIF

• PRÉSENT

prévoir

• PASSÉ

avoir prévu

PARTICIPE

• PRÉSENT

prévoyant

• PASSÉ

prévu(e, s, es)
ayant prévu

Notez bien !

- *Prévoir* se conjugue comme *voir* (→ tableau **50**), sauf au futur simple et au conditionnel présent, où il est formé de manière plus régulière : *je **prévoi**/rai(s)*.
- Notez que l'infinitif se trouve ainsi à la base des formes du futur et du conditionnel présent, comme dans les conjugaisons les plus régulières.
- À l'indicatif imparfait et au subjonctif présent, il ne faut pas oublier le **i** de **-ions** et **-iez** après le **y** du radical.

52 pourvoir

dépourvoir • repourvoir

3e groupe | dérivés de voir : exceptions

INDICATIF

PRÉSENT

je pourvois
tu pourvois
il/elle pourvoit
nous pourvoyons
vous pourvoyez
ils/elles pourvoient

PASSÉ COMPOSÉ

j'ai pourvu
tu as pourvu
il/elle a pourvu
nous avons pourvu
vous avez pourvu
ils/elles ont pourvu

IMPARFAIT

je pourvoyais
tu pourvoyais
il/elle pourvoyait
nous pourvoyions
vous pourvoyiez
ils/elles pourvoyaient

PLUS-QUE-PARFAIT

j'avais pourvu
tu avais pourvu
il/elle avait pourvu
nous avions pourvu
vous aviez pourvu
ils/elles avaient pourvu

PASSÉ SIMPLE

je pourvus
tu pourvus
il/elle pourvut
nous pourvûmes
vous pourvûtes
ils/elles pourvurent

PASSÉ ANTÉRIEUR

j'eus pourvu
tu eus pourvu
il/elle eut pourvu
nous eûmes pourvu
vous eûtes pourvu
ils/elles eurent pourvu

FUTUR SIMPLE

je pourvoirai
tu pourvoiras
il/elle pourvoira
nous pourvoirons
vous pourvoirez
ils/elles pourvoiront

FUTUR ANTÉRIEUR

j'aurai pourvu
tu auras pourvu
il/elle aura pourvu
nous aurons pourvu
vous aurez pourvu
ils/elles auront pourvu

CONDITIONNEL PRÉSENT

je pourvoirais
tu pourvoirais
il/elle pourvoirait
nous pourvoirions
vous pourvoiriez
ils/elles pourvoiraient

CONDITIONNEL PASSÉ

j'aurais pourvu
tu aurais pourvu
il/elle aurait pourvu
nous aurions pourvu
vous auriez pourvu
ils/elles auraient pourvu

SUBJONCTIF

PRÉSENT

que je pourvoie
que tu pourvoies
qu'il/elle pourvoie
que nous pourvoyions
que vous pourvoyiez
qu'ils/elles pourvoient

PASSÉ

que j'aie pourvu
que tu aies pourvu
qu'il/elle ait pourvu
que nous ayons pourvu
que vous ayez pourvu
qu'ils/elles aient pourvu

IMPARFAIT

que je pourvusse
que tu pourvusses
qu'il/elle pourvût
que nous pourvussions
que vous pourvussiez
qu'ils/elles pourvussent

PLUS-QUE-PARFAIT

que j'eusse pourvu
que tu eusses pourvu
qu'il/elle eût pourvu
que nous eussions pourvu
que vous eussiez pourvu
qu'ils/elles eussent pourvu

IMPÉRATIF

PRÉSENT

pourvois
pourvoyons
pourvoyez

PASSÉ

aie pourvu
ayons pourvu
ayez pourvu

INFINITIF

PRÉSENT

pourvoir

PASSÉ

avoir pourvu

PARTICIPE

PRÉSENT

pourvoyant

PASSÉ

pourvu(e, s, es)
ayant pourvu

Notez bien !

• *Pourvoir* se conjugue comme *voir* (→ tableau **50**) sauf :
– au futur simple et au conditionnel présent où, comme *prévoir* (→ tableau **51**), il est formé de manière plus régulière : *je pourvoi/rai, je pourvoi/rais* ,
– au passé simple et au subjonctif imparfait, où son radical est en **-u** et non en **-i** : *je pourvu/s, que je pourvu/sse.*
• À l'indicatif imparfait et au subjonctif présent, il ne faut pas oublier le **i** de **-ions** et **-iez** après le **y** du radical.

53 savoir

3e groupe

INDICATIF

• PRÉSENT

je sais
tu sais
il/elle sait
nous savons
vous savez
ils/elles savent

• PASSÉ COMPOSÉ

j'ai su
tu as su
il/elle a su
nous avons su
vous avez su
ils/elles ont su

• IMPARFAIT

je savais
tu savais
il/elle savait
nous savions
vous saviez
ils/elles savaient

• PLUS-QUE-PARFAIT

j'avais su
tu avais su
il/elle avait su
nous avions su
vous aviez su
ils/elles avaient su

• PASSÉ SIMPLE

je sus
tu sus
il/elle sut
nous sûmes
vous sûtes
ils/elles surent

• PASSÉ ANTÉRIEUR

j'eus su
tu eus su
il/elle eut su
nous eûmes su
vous eûtes su
ils/elles eurent su

• FUTUR SIMPLE

je saurai
tu sauras
il/elle saura
nous saurons
vous saurez
ils/elles sauront

• FUTUR ANTÉRIEUR

j'aurai su
tu auras su
il/elle aura su
nous aurons su
vous aurez su
ils/elles auront su

• CONDITIONNEL PRÉSENT

je saurais
tu saurais
il/elle saurait
nous saurions
vous sauriez
ils/elles sauraient

• CONDITIONNEL PASSÉ

j'aurais su
tu aurais su
il/elle aurait su
nous aurions su
vous auriez su
ils/elles auraient su

SUBJONCTIF

• PRÉSENT

que je sache
que tu saches
qu'il/elle sache
que nous sachions
que vous sachiez
qu'ils/elles sachent

• PASSÉ

que j'aie su
que tu aies su
qu'il/elle ait su
que nous ayons su
que vous ayez su
qu'ils/elles aient su

• IMPARFAIT

que je susse
que tu susses
qu'il/elle sût
que nous sussions
que vous sussiez
qu'ils/elles sussent

• PLUS-QUE-PARFAIT

que j'eusse su
que tu eusses su
qu'il/elle eût su
que nous eussions su
que vous eussiez su
qu'ils/elles eussent su

IMPÉRATIF

• PRÉSENT

sache
sachons
sachez

• PASSÉ

aie su
ayons su
ayez su

INFINITIF

• PRÉSENT

savoir

• PASSÉ

avoir su

PARTICIPE

• PRÉSENT

sachant

• PASSÉ

su(e, s, es)
ayant su

Notez bien !

- Le verbe *savoir* présente un impératif de 1re et 2e personnes du pluriel *(sachons, sachez)* différent à la fois du présent de l'indicatif *(savons, savez)* et du subjonctif *(sachions, sachiez)*.
- Notez l'emploi du subjonctif dans le tour archaïsant ou littéraire : *je ne sache pas que ce soit défendu* ou *ce n'est pas défendu, que je sache*.

54 devoir

redevoir

3e groupe | devoir et son dérivé

INDICATIF

PRÉSENT	PASSÉ COMPOSÉ
je dois	j'ai dû
tu dois	tu as dû
il/elle doit	il/elle a dû
nous devons	nous avons dû
vous devez	vous avez dû
ils/elles doivent	ils/elles ont dû

IMPARFAIT	PLUS-QUE-PARFAIT
je devais	j'avais dû
tu devais	tu avais dû
il/elle devait	il/elle avait dû
nous devions	nous avions dû
vous deviez	vous aviez dû
ils/elles devaient	ils/elles avaient dû

PASSÉ SIMPLE	PASSÉ ANTÉRIEUR
je dus	j'eus dû
tu dus	tu eus dû
il/elle dut	il/elle eut dû
nous dûmes	nous eûmes dû
vous dûtes	vous eûtes dû
ils/elles durent	ils/elles eurent dû

FUTUR SIMPLE	FUTUR ANTÉRIEUR
je devrai	j'aurai dû
tu devras	tu auras dû
il/elle devra	il/elle aura dû
nous devrons	nous aurons dû
vous devrez	vous aurez dû
ils/elles devront	ils/elles auront dû

CONDITIONNEL PRÉSENT	CONDITIONNEL PASSÉ
je devrais	j'aurais dû
tu devrais	tu aurais dû
il/elle devrait	il/elle aurait dû
nous devrions	nous aurions dû
vous devriez	vous auriez dû
ils/elles devraient	ils/elles auraient dû

SUBJONCTIF

PRÉSENT	PASSÉ
que je doive	que j'aie dû
que tu doives	que tu aies dû
qu'il/elle doive	qu'il/elle ait dû
que nous devions	que nous ayons dû
que vous deviez	que vous ayez dû
qu'ils/elles doivent	qu'ils/elles aient dû

IMPARFAIT	PLUS-QUE-PARFAIT
que je dusse	que j'eusse dû
que tu dusses	que tu eusses dû
qu'il/elle dût	qu'il/elle eût dû
que nous dussions	que nous eussions dû
que vous dussiez	que vous eussiez dû
qu'ils/elles dussent	qu'ils/elles eussent dû

IMPÉRATIF

PRÉSENT	PASSÉ
.	.
.	.
.	.

INFINITIF

PRÉSENT	PASSÉ
devoir	avoir dû

PARTICIPE

PRÉSENT	PASSÉ
devant	dû (due, dus, dues) ayant dû

Notez bien !

Le participe passé s'écrit avec un accent circonflexe au masculin singulier : *dû*. Cet accent permet de différencier la forme verbale de l'article contracté *(Elle vient du Sud)* et de l'article partitif *(Elle boit du café noir)*. Il apparaît aussi sur *redû* (p. p. de *redevoir*).

N. ORTH. La réforme de 1990 autorise à écrire *redu* à la place de *redû* car, à la différence de *dû*, *redu* n'est pas homonyme d'un autre mot.

55 pouvoir

3e groupe

INDICATIF

PRÉSENT

je peux/puis
tu peux
il/elle peut
nous pouvons
vous pouvez
ils/elles peuvent

PASSÉ COMPOSÉ

j'ai pu
tu as pu
il/elle a pu
nous avons pu
vous avez pu
ils/elles ont pu

IMPARFAIT

je pouvais
tu pouvais
il/elle pouvait
nous pouvions
vous pouviez
ils/elles pouvaient

PLUS-QUE-PARFAIT

j'avais pu
tu avais pu
il/elle avait pu
nous avions pu
vous aviez pu
ils/elles avaient pu

PASSÉ SIMPLE

je pus
tu pus
il/elle put
nous pûmes
vous pûtes
ils/elles purent

PASSÉ ANTÉRIEUR

j'eus pu
tu eus pu
il/elle eut pu
nous eûmes pu
vous eûtes pu
ils/elles eurent pu

FUTUR SIMPLE

je pourrai
tu pourras
il/elle pourra
nous pourrons
vous pourrez
ils/elles pourront

FUTUR ANTÉRIEUR

j'aurai pu
tu auras pu
il/elle aura pu
nous aurons pu
vous aurez pu
ils/elles auront pu

CONDITIONNEL PRÉSENT

je pourrais
tu pourrais
il/elle pourrait
nous pourrions
vous pourriez
ils/elles pourraient

CONDITIONNEL PASSÉ

j'aurais pu
tu aurais pu
il/elle aurait pu
nous aurions pu
vous auriez pu
ils/elles auraient pu

SUBJONCTIF

PRÉSENT

que je puisse
que tu puisses
qu'il/elle puisse
que nous puissions
que vous puissiez
qu'ils/elles puissent

PASSÉ

que j'aie pu
que tu aies pu
qu'il/elle ait pu
que nous ayons pu
que vous ayez pu
qu'ils/elles aient pu

IMPARFAIT

que je pusse
que tu pusses
qu'il/elle pût
que nous pussions
que vous pussiez
qu'ils/elles pussent

PLUS-QUE-PARFAIT

que j'eusse pu
que tu eusses pu
qu'il/elle eût pu
que nous eussions pu
que vous eussiez pu
qu'ils/elles eussent pu

IMPÉRATIF

PRÉSENT

.
.
.

PASSÉ

.
.
.

INFINITIF

PRÉSENT

pouvoir

PASSÉ

avoir pu

PARTICIPE

PRÉSENT

pouvant

PASSÉ

pu
ayant pu

Notez bien !

- Les terminaisons des deux premières personnes du singulier de l'indicatif présent sont en **-x** : *je peux*, *tu peux*.
- La forme courante *je peux* possède, dans l'usage soigné, une variante *je puis*. Cette forme est obligatoire quand le sujet est inversé : *puis-je ?*
- Les formes du futur simple et du conditionnel présent comportent deux **r**, bien qu'un seul **r** soit effectivement prononcé.

56 valoir

3e groupe

équivaloir • revaloir

INDICATIF

• PRÉSENT

je vaux
tu vaux
il/elle vaut
nous valons
vous valez
ils/elles valent

• PASSÉ COMPOSÉ

j'ai valu
tu as valu
il/elle a valu
nous avons valu
vous avez valu
ils/elles ont valu

• IMPARFAIT

je valais
tu valais
il/elle valait
nous valions
vous valiez
ils/elles valaient

• PLUS-QUE-PARFAIT

j'avais valu
tu avais valu
il/elle avait valu
nous avions valu
vous aviez valu
ils/elles avaient valu

• PASSÉ SIMPLE

je valus
tu valus
il/elle valut
nous valûmes
vous valûtes
ils/elles valurent

• PASSÉ ANTÉRIEUR

j'eus valu
tu eus valu
il/elle eut valu
nous eûmes valu
vous eûtes valu
ils/elles eurent valu

• FUTUR SIMPLE

je vaudrai
tu vaudras
il/elle vaudra
nous vaudrons
vous vaudrez
ils/elles vaudront

• FUTUR ANTÉRIEUR

j'aurai valu
tu auras valu
il/elle aura valu
nous aurons valu
vous aurez valu
ils/elles auront valu

• CONDITIONNEL PRÉSENT

je vaudrais
tu vaudrais
il/elle vaudrait
nous vaudrions
vous vaudriez
ils/elles vaudraient

• CONDITIONNEL PASSÉ

j'aurais valu
tu aurais valu
il/elle aurait valu
nous aurions valu
vous auriez valu
ils/elles auraient valu

SUBJONCTIF

• PRÉSENT

que je vaille
que tu vailles
qu'il/elle vaille
que nous valions
que vous valiez
qu'ils/elles vaillent

• PASSÉ

que j'aie valu
que tu aies valu
qu'il/elle ait valu
que nous ayons valu
que vous ayez valu
qu'ils/elles aient valu

• IMPARFAIT

que je valusse
que tu valusses
qu'il/elle valût
que nous valussions
que vous valussiez
qu'ils/elles valussent

• PLUS-QUE-PARFAIT

que j'eusse valu
que tu eusses valu
qu'il/elle eût valu
que nous eussions valu
que vous eussiez valu
qu'ils/elles eussent valu

IMPÉRATIF

• PRÉSENT

vaux
valons
valez

• PASSÉ

aie valu
ayons valu
ayez valu

INFINITIF

• PRÉSENT

valoir

• PASSÉ

avoir valu

PARTICIPE

• PRÉSENT

valant

• PASSÉ

valu(e, s, es)
ayant valu

Notez bien !

- Les terminaisons des deux premières personnes du singulier de l'indicatif présent sont en **-x** : *je vaux*, *tu vaux*.
- Les formes à l'impératif sont rares.

57 prévaloir

3e groupe

INDICATIF

• PRÉSENT

je prévaux
tu prévaux
il/elle prévaut
nous prévalons
vous prévalez
ils/elles prévalent

• PASSÉ COMPOSÉ

j'ai prévalu
tu as prévalu
il/elle a prévalu
nous avons prévalu
vous avez prévalu
ils/elles ont prévalu

• IMPARFAIT

je prévalais
tu prévalais
il/elle prévalait
nous prévalions
vous prévaliez
ils/elles prévalaient

• PLUS-QUE-PARFAIT

j'avais prévalu
tu avais prévalu
il/elle avait prévalu
nous avions prévalu
vous aviez prévalu
ils/elles avaient prévalu

• PASSÉ SIMPLE

je prévalus
tu prévalus
il/elle prévalut
nous prévalûmes
vous prévalûtes
ils/elles prévalurent

• PASSÉ ANTÉRIEUR

j'eus prévalu
tu eus prévalu
il/elle eut prévalu
nous eûmes prévalu
vous eûtes prévalu
ils/elles eurent prévalu

• FUTUR SIMPLE

je prévaudrai
tu prévaudras
il/elle prévaudra
nous prévaudrons
vous prévaudrez
ils/elles prévaudront

• FUTUR ANTÉRIEUR

j'aurai prévalu
tu auras prévalu
il/elle aura prévalu
nous aurons prévalu
vous aurez prévalu
ils/elles auront prévalu

• CONDITIONNEL PRÉSENT

je prévaudrais
tu prévaudrais
il/elle prévaudrait
nous prévaudrions
vous prévaudriez
ils/elles prévaudraient

• CONDITIONNEL PASSÉ

j'aurais prévalu
tu aurais prévalu
il/elle aurait prévalu
nous aurions prévalu
vous auriez prévalu
ils/elles auraient prévalu

SUBJONCTIF

• PRÉSENT

que je prévale
que tu prévales
qu'il/elle prévale
que nous prévalions
que vous prévaliez
qu'ils/elles prévalent

• PASSÉ

que j'aie prévalu
que tu aies prévalu
qu'il/elle ait prévalu
que nous ayons prévalu
que vous ayez prévalu
qu'ils/elles aient prévalu

• IMPARFAIT

que je prévalusse
que tu prévalusses
qu'il/elle prévalût
que nous prévalussions
que vous prévalussiez
qu'ils/elles prévalussent

• PLUS-QUE-PARFAIT

que j'eusse prévalu
que tu eusses prévalu
qu'il/elle eût prévalu
que nous eussions prévalu
que vous eussiez prévalu
qu'ils/elles eussent prévalu

IMPÉRATIF

• PRÉSENT

prévaux
prévalons
prévalez

• PASSÉ

aie prévalu
ayons prévalu
ayez prévalu

INFINITIF

• PRÉSENT

prévaloir

• PASSÉ

avoir prévalu

PARTICIPE

• PRÉSENT

prévalant

• PASSÉ

prévalu
ayant prévalu

Notez bien !

- Le verbe *prévaloir* se conjugue sur le modèle de *valoir* (→ tableau **56**), sauf au subjonctif présent : *que je prévale*.
- Les terminaisons des deux premières personnes du singulier de l'indicatif présent sont en **-x** : *je prévaux, tu prévaux*.
- Les formes à l'impératif sont rares.

58 vouloir

revouloir

3e groupe | **vouloir** et son dérivé

INDICATIF

• PRÉSENT	• PASSÉ COMPOSÉ
je veux	j'ai voulu
tu veux	tu as voulu
il/elle veut	il/elle a voulu
nous voulons	nous avons voulu
vous voulez	vous avez voulu
ils/elles veulent	ils/elles ont voulu

• IMPARFAIT	• PLUS-QUE-PARFAIT
je voulais	j'avais voulu
tu voulais	tu avais voulu
il/elle voulait	il/elle avait voulu
nous voulions	nous avions voulu
vous vouliez	vous aviez voulu
ils/elles voulaient	ils/elles avaient voulu

• PASSÉ SIMPLE	• PASSÉ ANTÉRIEUR
je voulus	j'eus voulu
tu voulus	tu eus voulu
il/elle voulut	il/elle eut voulu
nous voulûmes	nous eûmes voulu
vous voulûtes	vous eûtes voulu
ils/elles voulurent	ils/elles eurent voulu

• FUTUR SIMPLE	• FUTUR ANTÉRIEUR
je voudrai	j'aurai voulu
tu voudras	tu auras voulu
il/elle voudra	il/elle aura voulu
nous voudrons	nous aurons voulu
vous voudrez	vous aurez voulu
ils/elles voudront	ils/elles auront voulu

• CONDITIONNEL PRÉSENT	• CONDITIONNEL PASSÉ
je voudrais	j'aurais voulu
tu voudrais	tu aurais voulu
il/elle voudrait	il/elle aurait voulu
nous voudrions	nous aurions voulu
vous voudriez	vous auriez voulu
ils/elles voudraient	ils/elles auraient voulu

SUBJONCTIF

• PRÉSENT	• PASSÉ
que je veuille	que j'aie voulu
que tu veuilles	que tu aies voulu
qu'il/elle veuille	qu'il/elle ait voulu
que nous voulions	que nous ayons voulu
que vous vouliez	que vous ayez voulu
qu'ils/elles veuillent	qu'ils/elles aient voulu

• IMPARFAIT	• PLUS-QUE-PARFAIT
que je voulusse	que j'eusse voulu
que tu voulusses	que tu eusses voulu
qu'il/elle voulût	qu'il/elle eût voulu
que nous voulussions	que nous eussions voulu
que vous voulussiez	que vous eussiez voulu
qu'ils/elles voulussent	qu'ils/elles eussent voulu

IMPÉRATIF

• PRÉSENT	• PASSÉ
veux/veuille	aie voulu
voulons/veuillons	ayons voulu
voulez/veuillez	ayez voulu

INFINITIF

• PRÉSENT	• PASSÉ
vouloir	avoir voulu

PARTICIPE

• PRÉSENT	• PASSÉ
voulant	voulu(e, s, es)
	ayant voulu

Notez bien !

- Les terminaisons des deux premières personnes du singulier de l'indicatif présent sont en **-x** : *je veux, tu veux*.
- Les formes ordinaires de l'impératif correspondent à l'indicatif présent. Mais il existe un impératif modelé sur le subjonctif : *veuille, veuillons, veuillez*, utilisé dans les formules de politesse : *Veuillez agréer, Madame, l'expression de mes salutations distinguées.*

59 émouvoir

3e groupe

mouvoir • promouvoir

INDICATIF

• PRÉSENT

j'émeus
tu émeus
il/elle émeut
nous émouvons
vous émouvez
ils/elles émeuvent

• PASSÉ COMPOSÉ

j'ai ému
tu as ému
il/elle a ému
nous avons ému
vous avez ému
ils/elles ont ému

• IMPARFAIT

j'émouvais
tu émouvais
il/elle émouvait
nous émouvions
vous émouviez
ils/elles émouvaient

• PLUS-QUE-PARFAIT

j'avais ému
tu avais ému
il/elle avait ému
nous avions ému
vous aviez ému
ils/elles avaient ému

• PASSÉ SIMPLE

j'émus
tu émus
il/elle émut
nous émûmes
vous émûtes
ils/elles émurent

• PASSÉ ANTÉRIEUR

j'eus ému
tu eus ému
il/elle eut ému
nous eûmes ému
vous eûtes ému
ils/elles eurent ému

• FUTUR SIMPLE

j'émouvrai
tu émouvras
il/elle émouvra
nous émouvrons
vous émouvrez
ils/elles émouvront

• FUTUR ANTÉRIEUR

j'aurai ému
tu auras ému
il/elle aura ému
nous aurons ému
vous aurez ému
ils/elles auront ému

• CONDITIONNEL PRÉSENT

j'émouvrais
tu émouvrais
il/elle émouvrait
nous émouvrions
vous émouvriez
ils/elles émouvraient

• CONDITIONNEL PASSÉ

j'aurais ému
tu aurais ému
il/elle aurait ému
nous aurions ému
vous auriez ému
ils/elles auraient ému

SUBJONCTIF

• PRÉSENT

que j'émeuve
que tu émeuves
qu'il/elle émeuve
que nous émouvions
que vous émouviez
qu'ils/elles émeuvent

• PASSÉ

que j'aie ému
que tu aies ému
qu'il/elle ait ému
que nous ayons ému
que vous ayez ému
qu'ils/elles aient ému

• IMPARFAIT

que j'émusse
que tu émusses
qu'il/elle émût
que nous émussions
que vous émussiez
qu'ils/elles émussent

• PLUS-QUE-PARFAIT

que j'eusse ému
que tu eusses ému
qu'il/elle eût ému
que nous eussions ému
que vous eussiez ému
qu'ils/elles eussent ému

IMPÉRATIF

• PRÉSENT

émeus
émouvons
émouvez

• PASSÉ

aie ému
ayons ému
ayez ému

INFINITIF

• PRÉSENT

émouvoir

• PASSÉ

avoir ému

PARTICIPE

• PRÉSENT

émouvant

• PASSÉ

ému(e, s, es)
ayant ému

Notez bien !

• Le verbe *mouvoir* se conjugue comme *émouvoir*, excepté le participe passé qui présente un accent circonflexe au masculin singulier : *mû*. Le féminin et le pluriel s'écrivent sans accent : *mue*, *mus*, *mues*.

N. ORTH. La réforme de 1990 autorise à supprimer l'accent sur le participe passé de *mouvoir* et à écrire *mu*, comme *ému* ou *promu*.

60 asseoir

rasseoir

3e groupe | formes en **ie** et **ey**

INDICATIF

• PRÉSENT
j'assieds
tu assieds
il/elle assied
nous asseyons
vous asseyez
ils/elles asseyent

• PASSÉ COMPOSÉ
j'ai assis
tu as assis
il/elle a assis
nous avons assis
vous avez assis
ils/elles ont assis

• IMPARFAIT
j'asseyais
tu asseyais
il/elle asseyait
nous asseyions
vous asseyiez
ils/elles asseyaient

• PLUS-QUE-PARFAIT
j'avais assis
tu avais assis
il/elle avait assis
nous avions assis
vous aviez assis
ils/elles avaient assis

• PASSÉ SIMPLE
j'assis
tu assis
il/elle assit
nous assîmes
vous assîtes
ils/elles assirent

• PASSÉ ANTÉRIEUR
j'eus assis
tu eus assis
il/elle eut assis
nous eûmes assis
vous eûtes assis
ils/elles eurent assis

• FUTUR SIMPLE
j'assiérai
tu assiéras
il/elle assiéra
nous assiérons
vous assiérez
ils/elles assiéront

• FUTUR ANTÉRIEUR
j'aurai assis
tu auras assis
il/elle aura assis
nous aurons assis
vous aurez assis
ils/elles auront assis

• CONDITIONNEL PRÉSENT
j'assiérais
tu assiérais
il/elle assiérait
nous assiérions
vous assiériez
ils/elles assiéraient

• CONDITIONNEL PASSÉ
j'aurais assis
tu aurais assis
il/elle aurait assis
nous aurions assis
vous auriez assis
ils/elles auraient assis

SUBJONCTIF

• PRÉSENT
que j'asseye
que tu asseyes
qu'il/elle asseye
que nous asseyions
que vous asseyiez
qu'ils/elles asseyent

• PASSÉ
que j'aie assis
que tu aies assis
qu'il/elle ait assis
que nous ayons assis
que vous ayez assis
qu'ils/elles aient assis

• IMPARFAIT
que j'assisse
que tu assisses
qu'il/elle assît
que nous assissions
que vous assissiez
qu'ils/elles assissent

• PLUS-QUE-PARFAIT
que j'eusse assis
que tu eusses assis
qu'il/elle eût assis
que nous eussions assis
que vous eussiez assis
qu'ils/elles eussent assis

IMPÉRATIF

• PRÉSENT
assieds
asseyons
asseyez

• PASSÉ
aie assis
ayons assis
ayez assis

INFINITIF

• PRÉSENT
asseoir

• PASSÉ
avoir assis

PARTICIPE

• PRÉSENT
asseyant

• PASSÉ
assis(e, es)
ayant assis

Notez bien !

• Dans un usage soigné, les formes en **ie** et en **ey** sont préférables aux formes en **oi** → tableau **61**. Mais, au figuré, les formes en **oi** s'imposent : *Ces élections assoiraient son pouvoir*.

• Notez le **d** aux personnes du singulier de l'indicatif présent ainsi qu'à la 2e personne de l'impératif présent : *je m'assieds*.

N. ORTH. La réforme de 1990 autorise à supprimer le **e** d'*asseoir* et de *rasseoir*.

LES TABLEAUX | 3e groupe

61 asseoir

rasseoir

3e groupe | formes en **oi**

INDICATIF

• PRÉSENT
j'assois
tu assois
il/elle assoit
nous assoyons
vous assoyez
ils/elles assoient

• PASSÉ COMPOSÉ
j'ai assis
tu as assis
il/elle a assis
nous avons assis
vous avez assis
ils/elles ont assis

• IMPARFAIT
j'assoyais
tu assoyais
il/elle assoyait
nous assoyions
vous assoyiez
ils/elles assoyaient

• PLUS-QUE-PARFAIT
j'avais assis
tu avais assis
il/elle avait assis
nous avions assis
vous aviez assis
ils/elles avaient assis

• PASSÉ SIMPLE
j'assis
tu assis
il/elle assit
nous assîmes
vous assîtes
ils/elles assirent

• PASSÉ ANTÉRIEUR
j'eus assis
tu eus assis
il/elle eut assis
nous eûmes assis
vous eûtes assis
ils/elles eurent assis

• FUTUR SIMPLE
j'assoirai
tu assoiras
il/elle assoira
nous assoirons
vous assoirez
ils/elles assoiront

• FUTUR ANTÉRIEUR
j'aurai assis
tu auras assis
il/elle aura assis
nous aurons assis
vous aurez assis
ils/elles auront assis

• CONDITIONNEL PRÉSENT
j'assoirais
tu assoirais
il/elle assoirait
nous assoirions
vous assoiriez
ils/elles assoiraient

• CONDITIONNEL PASSÉ
j'aurais assis
tu aurais assis
il/elle aurait assis
nous aurions assis
vous auriez assis
ils/elles auraient assis

SUBJONCTIF

• PRÉSENT
que j'assoie
que tu assoies
qu'il/elle assoie
que nous assoyions
que vous assoyiez
qu'ils/elles assoient

• PASSÉ
que j'aie assis
que tu aies assis
qu'il/elle ait assis
que nous ayons assis
que vous ayez assis
qu'ils/elles aient assis

• IMPARFAIT
que j'assisse
que tu assisses
qu'il/elle assît
que nous assissions
que vous assissiez
qu'ils/elles assissent

• PLUS-QUE-PARFAIT
que j'eusse assis
que tu eusses assis
qu'il/elle eût assis
que nous eussions assis
que vous eussiez assis
qu'ils/elles eussent assis

IMPÉRATIF

• PRÉSENT
assois
assoyons
assoyez

• PASSÉ
aie assis
ayons assis
ayez assis

INFINITIF

• PRÉSENT
asseoir

• PASSÉ
avoir assis

PARTICIPE

• PRÉSENT
assoyant

• PASSÉ
assis(e, es)
ayant assis

Notez bien !

• À l'indicatif imparfait et au subjonctif présent, il ne faut pas oublier le **i** de **-ions** et **-iez** après le **y** du radical.
• Le verbe *asseoir* présente aussi une 3e série de formes pour le futur simple et le conditionnel présent *(je m'asseyerais)*, mais ces formes sont considérées comme vieillies ou populaires.

62 pleuvoir

repleuvoir

3e groupe | verbe impersonnel

INDICATIF

Présent	Passé composé
·	·
·	·
il pleut	il a plu
·	·
·	·
·	·

Imparfait	Plus-que-parfait
·	·
·	·
il pleuvait	il avait plu
·	·
·	·
·	·

Passé simple	Passé antérieur
·	·
·	·
il plut	il eut plu
·	·
·	·
·	·

Futur simple	Futur antérieur
·	·
·	·
il pleuvra	il aura plu
·	·
·	·
·	·

Conditionnel présent	Conditionnel passé
·	·
·	·
il pleuvrait	il aurait plu
·	·
·	·
·	·

SUBJONCTIF

Présent	Passé
·	·
·	·
qu'il pleuve	qu'il ait plu
·	·
·	·
·	·

Imparfait	Plus-que-parfait
·	·
·	·
qu'il plût	qu'il eût plu
·	·
·	·
·	·

IMPÉRATIF

Présent	Passé
·	·
·	·
·	·

INFINITIF

Présent	Passé
pleuvoir	avoir plu

PARTICIPE

Présent	Passé
pleuvant	plu ayant plu

Notez bien !

- En tant que verbe impersonnel, *pleuvoir* ne peut avoir pour sujet que le pronom *il*.
- Cependant, il peut apparaître dans une construction personnelle et être doté d'un sujet d'une autre personne, en particulier d'une 3e personne du pluriel : *Les coups pleuvent sur lui*. Le verbe a alors un sens figuré.

63 falloir

3e groupe | verbe impersonnel

INDICATIF

• PRÉSENT

il faut

• PASSÉ COMPOSÉ

il a fallu

• IMPARFAIT

il fallait

• PLUS-QUE-PARFAIT

il avait fallu

• PASSÉ SIMPLE

il fallut

• PASSÉ ANTÉRIEUR

il eut fallu

• FUTUR SIMPLE

il faudra

• FUTUR ANTÉRIEUR

il aura fallu

• CONDITIONNEL PRÉSENT

il faudrait

• CONDITIONNEL PASSÉ

il aurait fallu

SUBJONCTIF

• PRÉSENT

qu'il faille

• PASSÉ

qu'il ait fallu

• IMPARFAIT

qu'il fallût

• PLUS-QUE-PARFAIT

qu'il eût fallu

IMPÉRATIF

• PRÉSENT

• PASSÉ

INFINITIF

• PRÉSENT

falloir

• PASSÉ

PARTICIPE

• PRÉSENT

• PASSÉ

fallu
ayant fallu

Notez bien !

• Historiquement, le même verbe latin *(fallere)* a donné un ensemble de formes qui ont été attribuées à deux verbes différents bien que proches : *falloir* et *faillir* → tableau **46**.

64 seoir

messeoir

3e groupe | (convenir)

INDICATIF

• PRÉSENT

.
.
il/elle sied
.
.
ils/elles siéent

• PASSÉ COMPOSÉ

.
.
.
.
.
.

• IMPARFAIT

.
.
il/elle seyait
.
.
ils/elles seyaient

• PLUS-QUE-PARFAIT

.
.
.
.
.
.

• PASSÉ SIMPLE

.
.
.
.
.
.

• PASSÉ ANTÉRIEUR

.
.
.
.
.
.

• FUTUR SIMPLE

.
.
il/elle siéra
.
.
ils/elles siéront

• FUTUR ANTÉRIEUR

.
.
.
.
.
.

• CONDITIONNEL PRÉSENT

.
.
il/elle siérait
.
.
ils/elles siéraient

• CONDITIONNEL PASSÉ

.
.
.
.
.
.

SUBJONCTIF

• PRÉSENT

.
.
qu'il/elle siée
.
.
qu'ils/elles siéent

• PASSÉ

.
.
.
.
.
.

• IMPARFAIT

.
.
.
.
.
.

• PLUS-QUE-PARFAIT

.
.
.
.
.
.

IMPÉRATIF

• PRÉSENT

.
.
.

• PASSÉ

.
.
.

INFINITIF

• PRÉSENT

seoir

• PASSÉ

.

PARTICIPE

• PRÉSENT

séant (seyant)

• PASSÉ

sis(e, es)
.

Notez bien !

• *Seoir* et *messeoir* n'ont pas de temps composés. Ces verbes rares s'emploient surtout dans des expressions figées : *Il vous sied mal de lui reprocher ses colères. Il ne messied pas de lui reprocher ses colères.*

• On rencontre encore régulièrement les participes du verbe *seoir* : *séant (le collège électoral séant à Clermont-Ferrand)*, et *sis*, en particulier dans le langage juridique *(le collège, sis 13, rue Jules-Ferry)*.

65 surseoir

3e groupe

INDICATIF

PRÉSENT
je sursois
tu sursois
il/elle sursoit
nous sursoyons
vous sursoyez
ils/elles sursoient

PASSÉ COMPOSÉ
j'ai sursis
tu as sursis
il/elle a sursis
nous avons sursis
vous avez sursis
ils/elles ont sursis

IMPARFAIT
je sursoyais
tu sursoyais
il/elle sursoyait
nous sursoyions
vous sursoyiez
ils/elles sursoyaient

PLUS-QUE-PARFAIT
j'avais sursis
tu avais sursis
il/elle avait sursis
nous avions sursis
vous aviez sursis
ils/elles avaient sursis

PASSÉ SIMPLE
je sursis
tu sursis
il/elle sursit
nous sursîmes
vous sursîtes
ils/elles sursirent

PASSÉ ANTÉRIEUR
j'eus sursis
tu eus sursis
il/elle eut sursis
nous eûmes sursis
vous eûtes sursis
ils/elles eurent sursis

FUTUR SIMPLE
je surseoirai
tu surseoiras
il/elle surseoira
nous surseoirons
vous surseoirez
ils/elles surseoiront

FUTUR ANTÉRIEUR
j'aurai sursis
tu auras sursis
il/elle aura sursis
nous aurons sursis
vous aurez sursis
ils/elles auront sursis

CONDITIONNEL PRÉSENT
je surseoirais
tu surseoirais
il/elle surseoirait
nous surseoirions
vous surseoiriez
ils/elles surseoiraient

CONDITIONNEL PASSÉ
j'aurais sursis
tu aurais sursis
il/elle aurait sursis
nous aurions sursis
vous auriez sursis
ils/elles auraient sursis

SUBJONCTIF

PRÉSENT
que je sursoie
que tu sursoies
qu'il/elle sursoie
que nous sursoyions
que vous sursoyiez
qu'ils/elles sursoient

PASSÉ
que j'aie sursis
que tu aies sursis
qu'il/elle ait sursis
que nous ayons sursis
que vous ayez sursis
qu'ils/elles aient sursis

IMPARFAIT
que je sursisse
que tu sursisses
qu'il/elle sursît
que nous sursissions
que vous sursissiez
qu'ils/elles sursissent

PLUS-QUE-PARFAIT
que j'eusse sursis
que tu eusses sursis
qu'il/elle eût sursis
que nous eussions sursis
que vous eussiez sursis
qu'ils/elles eussent sursis

IMPÉRATIF

PRÉSENT
sursois
sursoyons
sursoyez

PASSÉ
aie sursis
ayons sursis
ayez sursis

INFINITIF

PRÉSENT
surseoir

PASSÉ
avoir sursis

PARTICIPE

PRÉSENT
sursoyant

PASSÉ
sursis
ayant sursis

Notez bien !

La conjugaison de *surseoir* repose sur les formes en **oi** de *asseoir* → tableau **61**. Toutefois, le **e** de l'infinitif est maintenu au futur simple et au conditionnel présent : *je surseoirai*, *je surseoirais*.

N. ORTH. La réforme de 1990 autorise à supprimer le **e** de l'infinitif *surseoir*, comme dans *asseoir* et *rasseoir* (→ tableau **60**), ainsi que dans les formes du futur simple et du conditionnel présent : *je sursoirai(s)*.

66 choir

3e groupe

INDICATIF

• PRÉSENT	• PASSÉ COMPOSÉ
je *chois*	j'ai chu
tu *chois*	tu as chu
il/elle choit	il/elle a chu
nous *choyons*	nous avons chu
vous *choyez*	vous avez chu
ils/elles *choient*	ils/elles ont chu

• IMPARFAIT	• PLUS-QUE-PARFAIT
.	j'avais chu
.	tu avais chu
.	il/elle avait chu
.	nous avions chu
.	vous aviez chu
.	ils/elles avaient chu

• PASSÉ SIMPLE	• PASSÉ ANTÉRIEUR
je *chus*	j'eus chu
tu *chus*	tu eus chu
il/elle chut	il/elle eut chu
nous *chûmes*	nous eûmes chu
vous *chûtes*	vous eûtes chu
ils/elles *churent*	ils/elles eurent chu

• FUTUR SIMPLE	• FUTUR ANTÉRIEUR
je choirai/cherrai	j'aurai chu
tu *choiras/cherras*	tu auras chu
il/elle *choira/cherra*	il/elle aura chu
n. *choirons/cherrons*	nous aurons chu
v. *choirez/cherrez*	vous aurez chu
ils *choiront/cherront*	ils/elles auront chu

• CONDITIONNEL PRÉSENT	• CONDITIONNEL PASSÉ
je choirais/cherrais	j'aurais chu
tu *choirais/cherrais*	tu aurais chu
il/elle *choirait/cherrait*	il/elle aurait chu
n. *choirions/cherrions*	nous aurions chu
v. *choiriez/cherriez*	vous auriez chu
ils *choiraient/cherraient*	ils/elles auraient chu

SUBJONCTIF

• PRÉSENT	• PASSÉ
.	*que j'aie chu*
.	*que tu aies chu*
.	*qu'il/elle ait chu*
.	*que nous ayons chu*
.	*que vous ayez chu*
.	*qu'ils/elles aient chu*

• IMPARFAIT	• PLUS-QUE-PARFAIT
.	*que j'eusse chu*
.	*que tu eusses chu*
qu'il/elle chût	*qu'il/elle eût chu*
.	*que nous eussions chu*
.	*que vous eussiez chu*
.	*qu'ils/elles eussent chu*

IMPÉRATIF

• PRÉSENT	• PASSÉ
.	*aie chu*
.	*ayons chu*
.	*ayez chu*

INFINITIF

• PRÉSENT	• PASSÉ
choir	avoir chu

PARTICIPE

• PRÉSENT	• PASSÉ
.	chu(e, s, es)
	ayant chu

Notez bien !

- Les formes en italique sont rares. Le futur simple et le conditionnel présent, peu utilisés, présentent deux séries de formes : l'une modelée sur l'infinitif *(je choirai)*, l'autre en **err** (« *Tire la chevillette et la bobinette cherra* », Charles Perrault) → tableaux **67**, **68**.
- Les temps composés ont recours à l'auxiliaire *avoir*, mais le verbe est parfois utilisé avec *être* : *elle était chue*.

67 échoir

3e groupe

INDICATIF

• PRÉSENT

.
.
il/elle échoit/*échet*
.
.
ils échoient/*échéent*

• PASSÉ COMPOSÉ

.
.
il/elle est échu(e)
.
.
ils/elles sont échu(e)s

• IMPARFAIT

.
.
il/elle échoyait
.
.
ils/elles échoyaient

• PLUS-QUE-PARFAIT

.
.
il/elle était échu(e)
.
.
ils/elles étaient échu(e)s

• PASSÉ SIMPLE

.
.
il/elle échut
.
.
ils/elles échurent

• PASSÉ ANTÉRIEUR

.
.
il/elle fut échu(e)
.
.
ils/elles furent échu(e)s

• FUTUR SIMPLE

.
.
il/elle échoira/*écherra*
.
.
ils échoiront/*écherront*

• FUTUR ANTÉRIEUR

.
.
il/elle sera échu(e)
.
.
ils/elles seront échu(e)s

• CONDITIONNEL PRÉSENT

.
.
il échoirait/*écherrait*
.
.
ils échoiraient/*écherraient*

• CONDITIONNEL PASSÉ

.
.
il/elle serait échu(e)
.
.
ils/elles seraient échu(e)s

SUBJONCTIF

• PRÉSENT

.
.
qu'il/elle échoie
.
.
qu'ils/elles échoient

• PASSÉ

.
.
qu'il/elle soit échu(e)
.
.
qu'ils/elles soient échu(e)s

• IMPARFAIT

.
.
qu'il/elle échût
.
.
qu'ils/elles échussent

• PLUS-QUE-PARFAIT

.
.
qu'il/elle fût échu(e)
.
.
qu'ils/elles fussent échu(e)s

IMPÉRATIF

• PRÉSENT

.
.
.

• PASSÉ

.
.
.

INFINITIF

• PRÉSENT

échoir

• PASSÉ

être échu(e, s, es)

PARTICIPE

• PRÉSENT

échéant

• PASSÉ

échu(e, s, es)
étant échu(e, s, es)

Notez bien !

- Le verbe *échoir* n'est aujourd'hui conjugué qu'à la 3e personne.
- Les formes d'imparfait sont rares, de même que les variantes de l'indicatif présent, du futur simple et du conditionnel présent signalées en italique → tableaux **66**, **68**.
- On retrouve le participe présent dans la locution *le cas échéant*.

68 déchoir

3e groupe

INDICATIF

• PRÉSENT

je déchois
tu déchois
il/elle déchoit/*déchet*
nous déchoyons
vous déchoyez
ils/elles déchoient

• PASSÉ COMPOSÉ

j'ai déchu
tu as déchu
il/elle a déchu
nous avons déchu
vous avez déchu
ils/elles ont déchu

• IMPARFAIT

.
.
.
.
.
.

• PLUS-QUE-PARFAIT

j'avais déchu
tu avais déchu
il/elle avait déchu
nous avions déchu
vous aviez déchu
ils/elles avaient déchu

• PASSÉ SIMPLE

je déchus
tu déchus
il/elle déchut
nous déchûmes
vous déchûtes
ils/elles déchurent

• PASSÉ ANTÉRIEUR

j'eus déchu
tu eus déchu
il/elle eut déchu
nous eûmes déchu
vous eûtes déchu
ils/elles eurent déchu

• FUTUR SIMPLE

je déchoirai/*décherrai*
tu déchoiras/*décherras*
il déchoira/*décherra*
n. déchoirons/*décherrons*
v. déchoirez/*décherrez*
ils déchoiront/*décherront*

• FUTUR ANTÉRIEUR

j'aurai déchu
tu auras déchu
il/elle aura déchu
nous aurons déchu
vous aurez déchu
ils/elles auront déchu

• CONDITIONNEL PRÉSENT

je déchoirais/*décherrais*
tu déchoirais/*décherrais*
il déchoirait/*décherrait*
n. déchoirions/*décherrions*
v. déchoiriez/*décherriez*
ils déchoiraient/*décherraient*

• CONDITIONNEL PASSÉ

j'aurais déchu
tu aurais déchu
il/elle aurait déchu
nous aurions déchu
vous auriez déchu
ils/elles auraient déchu

SUBJONCTIF

• PRÉSENT

que je déchoie
que tu déchoies
qu'il/elle déchoie
que nous déchoyions
que vous déchoyiez
qu'ils/elles déchoient

• PASSÉ

que j'aie déchu
que tu aies déchu
qu'il/elle ait déchu
que nous ayons déchu
que vous ayez déchu
qu'ils/elles aient déchu

• IMPARFAIT

que je déchusse
que tu déchusses
qu'il/elle déchût
que nous déchussions
que vous déchussiez
qu'ils/elles déchussent

• PLUS-QUE-PARFAIT

que j'eusse déchu
que tu eusses déchu
qu'il/elle eût déchu
que nous eussions déchu
que vous eussiez déchu
qu'ils/elles eussent déchu

IMPÉRATIF

• PRÉSENT

.
.
.

• PASSÉ

.
.
.

INFINITIF

• PRÉSENT

déchoir

• PASSÉ

avoir déchu

PARTICIPE

• PRÉSENT

.

• PASSÉ

déchu(e, s, es)
ayant déchu

Notez bien !

• Le verbe *déchoir* n'a pas d'imparfait, et la variante de l'indicatif présent *il déchet* ainsi que les formes en **err** du futur simple et du conditionnel présent *(je décherrai, je décherrais)* en italique restent très rares.
• Au subjonctif présent, il ne faut pas oublier le **i** de **-ions** et **-iez** après le **y** du radical.
• Selon le sens, *déchoir* reçoit l'auxiliaire *avoir* ou *être* : *il a déchu* (déchéance présentée comme un fait passé) ; *il est déchu* (accent mis sur le résultat présent).

69 faire

3e groupe | faire et les verbes associés

contrefaire • défaire • parfaire • refaire • satisfaire...

INDICATIF

PRÉSENT

je fais
tu fais
il/elle fait
nous faisons
vous faites
ils/elles font

PASSÉ COMPOSÉ

j'ai fait
tu as fait
il/elle a fait
nous avons fait
vous avez fait
ils/elles ont fait

IMPARFAIT

je faisais
tu faisais
il/elle faisait
nous faisions
vous faisiez
ils/elles faisaient

PLUS-QUE-PARFAIT

j'avais fait
tu avais fait
il/elle avait fait
nous avions fait
vous aviez fait
ils/elles avaient fait

PASSÉ SIMPLE

je fis
tu fis
il/elle fit
nous fîmes
vous fîtes
ils/elles firent

PASSÉ ANTÉRIEUR

j'eus fait
tu eus fait
il/elle eut fait
nous eûmes fait
vous eûtes fait
ils/elles eurent fait

FUTUR SIMPLE

je ferai
tu feras
il/elle fera
nous ferons
vous ferez
ils/elles feront

FUTUR ANTÉRIEUR

j'aurai fait
tu auras fait
il/elle aura fait
nous aurons fait
vous aurez fait
ils/elles auront fait

CONDITIONNEL PRÉSENT

je ferais
tu ferais
il/elle ferait
nous ferions
vous feriez
ils/elles feraient

CONDITIONNEL PASSÉ

j'aurais fait
tu aurais fait
il/elle aurait fait
nous aurions fait
vous auriez fait
ils/elles auraient fait

SUBJONCTIF

PRÉSENT

que je fasse
que tu fasses
qu'il/elle fasse
que nous fassions
que vous fassiez
qu'ils/elles fassent

PASSÉ

que j'aie fait
que tu aies fait
qu'il/elle ait fait
que nous ayons fait
que vous ayez fait
qu'ils/elles aient fait

IMPARFAIT

que je fisse
que tu fisses
qu'il/elle fît
que nous fissions
que vous fissiez
qu'ils/elles fissent

PLUS-QUE-PARFAIT

que j'eusse fait
que tu eusses fait
qu'il/elle eût fait
que nous eussions fait
que vous eussiez fait
qu'ils/elles eussent fait

IMPÉRATIF

PRÉSENT

fais
faisons
faites

PASSÉ

aie fait
ayons fait
ayez fait

INFINITIF

PRÉSENT

faire

PASSÉ

avoir fait

PARTICIPE

PRÉSENT

faisant

PASSÉ

fait(e, s, es)
ayant fait

Notez bien !

- Notez la forme *faites* à la 2e personne du pluriel de l'indicatif présent.
- La graphie ne correspond pas à la prononciation pour des formes en **ai** : *nous faisons* (prononcé [fəzɔ̃]), *je faisais*... Le futur simple et le conditionnel présent ont en revanche un **e** : *nous fer(i)ons*.
- Les verbes associés à *faire* se conjuguent sur ce modèle : *vous défaites*... Certains sont défectifs (*forfaire*, *méfaire*, *parfaire*, *surfaire* : voir le répertoire).

70 extraire

3e groupe

distraire • soustraire • traire...

INDICATIF

• PRÉSENT
j'extrais
tu extrais
il/elle extrait
nous extrayons
vous extrayez
ils/elles extraient

• PASSÉ COMPOSÉ
j'ai extrait
tu as extrait
il/elle a extrait
nous avons extrait
vous avez extrait
ils/elles ont extrait

• IMPARFAIT
j'extrayais
tu extrayais
il/elle extrayait
nous extrayions
vous extrayiez
ils/elles extrayaient

• PLUS-QUE-PARFAIT
j'avais extrait
tu avais extrait
il/elle avait extrait
nous avions extrait
vous aviez extrait
ils/elles avaient extrait

• PASSÉ SIMPLE
.
.
.
.
.
.

• PASSÉ ANTÉRIEUR
j'eus extrait
tu eus extrait
il/elle eut extrait
nous eûmes extrait
vous eûtes extrait
ils/elles eurent extrait

• FUTUR SIMPLE
j'extrairai
tu extrairas
il/elle extraira
nous extrairons
vous extrairez
ils/elles extrairont

• FUTUR ANTÉRIEUR
j'aurai extrait
tu auras extrait
il/elle aura extrait
nous aurons extrait
vous aurez extrait
ils/elles auront extrait

• CONDITIONNEL PRÉSENT
j'extrairais
tu extrairais
il/elle extrairait
nous extrairions
vous extrairiez
ils/elles extrairaient

• CONDITIONNEL PASSÉ
j'aurais extrait
tu aurais extrait
il/elle aurait extrait
nous aurions extrait
vous auriez extrait
ils/elles auraient extrait

SUBJONCTIF

• PRÉSENT
que j'extraie
que tu extraies
qu'il/elle extraie
que nous extrayions
que vous extrayiez
qu'ils/elles extraient

• PASSÉ
que j'aie extrait
que tu aies extrait
qu'il/elle ait extrait
que nous ayons extrait
que vous ayez extrait
qu'ils/elles aient extrait

• IMPARFAIT
.
.
.
.
.
.

• PLUS-QUE-PARFAIT
que j'eusse extrait
que tu eusses extrait
qu'il/elle eût extrait
que nous eussions extrait
que vous eussiez extrait
qu'ils/elles eussent extrait

IMPÉRATIF

• PRÉSENT
extrais
extrayons
extrayez

• PASSÉ
aie extrait
ayons extrait
ayez extrait

INFINITIF

• PRÉSENT
extraire

• PASSÉ
avoir extrait

PARTICIPE

• PRÉSENT
extrayant

• PASSÉ
extrait(e, s, es)
ayant extrait

Notez bien !

- Les verbes qui se conjuguent sur ce modèle n'ont ni passé simple ni subjonctif imparfait. On rencontre parfois des formes modelées sur le 1er groupe (⊖ *j'extrayai*), mais elles ne sont pas correctes.
- À l'indicatif imparfait et au subjonctif présent, il ne faut pas oublier le **i** de **-ions** et **-iez** après le **y** du radical.

71 taire

3e groupe

INDICATIF

PRÉSENT

je tais
tu tais
il/elle tait
nous taisons
vous taisez
ils/elles taisent

PASSÉ COMPOSÉ

j'ai tu
tu as tu
il/elle a tu
nous avons tu
vous avez tu
ils/elles ont tu

IMPARFAIT

je taisais
tu taisais
il/elle taisait
nous taisions
vous taisiez
ils/elles taisaient

PLUS-QUE-PARFAIT

j'avais tu
tu avais tu
il/elle avait tu
nous avions tu
vous aviez tu
ils/elles avaient tu

PASSÉ SIMPLE

je tus
tu tus
il/elle tut
nous tûmes
vous tûtes
ils/elles turent

PASSÉ ANTÉRIEUR

j'eus tu
tu eus tu
il/elle eut tu
nous eûmes tu
vous eûtes tu
ils/elles eurent tu

FUTUR SIMPLE

je tairai
tu tairas
il/elle taira
nous tairons
vous tairez
ils/elles tairont

FUTUR ANTÉRIEUR

j'aurai tu
tu auras tu
il/elle aura tu
nous aurons tu
vous aurez tu
ils/elles auront tu

CONDITIONNEL PRÉSENT

je tairais
tu tairais
il/elle tairait
nous tairions
vous tairiez
ils/elles tairaient

CONDITIONNEL PASSÉ

j'aurais tu
tu aurais tu
il/elle aurait tu
nous aurions tu
vous auriez tu
ils/elles auraient tu

SUBJONCTIF

PRÉSENT

que je taise
que tu taises
qu'il/elle taise
que nous taisions
que vous taisiez
qu'ils/elles taisent

PASSÉ

que j'aie tu
que tu aies tu
qu'il/elle ait tu
que nous ayons tu
que vous ayez tu
qu'ils/elles aient tu

IMPARFAIT

que je tusse
que tu tusses
qu'il/elle tût
que nous tussions
que vous tussiez
qu'ils/elles tussent

PLUS-QUE-PARFAIT

que j'eusse tu
que tu eusses tu
qu'il/elle eût tu
que nous eussions tu
que vous eussiez tu
qu'ils/elles eussent tu

IMPÉRATIF

PRÉSENT

tais
taisons
taisez

PASSÉ

aie tu
ayons tu
ayez tu

INFINITIF

PRÉSENT

taire

PASSÉ

avoir tu

PARTICIPE

PRÉSENT

taisant

PASSÉ

tu(e, s, es)
ayant tu

Notez bien !

Le radical de *taire* ne reçoit pas d'accent circonflexe à la 3e personne du singulier de l'indicatif présent *(il tait)*, à la différence de celui de *plaire (il plaît)* → tableau **72**.

72 plaire

3e groupe

complaire • déplaire

INDICATIF

• PRÉSENT
je plais
tu plais
il/elle plaît
nous plaisons
vous plaisez
ils/elles plaisent

• PASSÉ COMPOSÉ
j'ai plu
tu as plu
il/elle a plu
nous avons plu
vous avez plu
ils/elles ont plu

• IMPARFAIT
je plaisais
tu plaisais
il/elle plaisait
nous plaisions
vous plaisiez
ils/elles plaisaient

• PLUS-QUE-PARFAIT
j'avais plu
tu avais plu
il/elle avait plu
nous avions plu
vous aviez plu
ils/elles avaient plu

• PASSÉ SIMPLE
je plus
tu plus
il/elle plut
nous plûmes
vous plûtes
ils/elles plurent

• PASSÉ ANTÉRIEUR
j'eus plu
tu eus plu
il/elle eut plu
nous eûmes plu
vous eûtes plu
ils/elles eurent plu

• FUTUR SIMPLE
je plairai
tu plairas
il/elle plaira
nous plairons
vous plairez
ils/elles plairont

• FUTUR ANTÉRIEUR
j'aurai plu
tu auras plu
il/elle aura plu
nous aurons plu
vous aurez plu
ils/elles auront plu

• CONDITIONNEL PRÉSENT
je plairais
tu plairais
il/elle plairait
nous plairions
vous plairiez
ils/elles plairaient

• CONDITIONNEL PASSÉ
j'aurais plu
tu aurais plu
il/elle aurait plu
nous aurions plu
vous auriez plu
ils/elles auraient plu

SUBJONCTIF

• PRÉSENT
que je plaise
que tu plaises
qu'il/elle plaise
que nous plaisions
que vous plaisiez
qu'ils/elles plaisent

• PASSÉ
que j'aie plu
que tu aies plu
qu'il/elle ait plu
que nous ayons plu
que vous ayez plu
qu'ils/elles aient plu

• IMPARFAIT
que je plusse
que tu plusses
qu'il/elle plût
que nous plussions
que vous plussiez
qu'ils/elles plussent

• PLUS-QUE-PARFAIT
que j'eusse plu
que tu eusses plu
qu'il/elle eût plu
que nous eussions plu
que vous eussiez plu
qu'ils/elles eussent plu

IMPÉRATIF

• PRÉSENT
plais
plaisons
plaisez

• PASSÉ
aie plu
ayons plu
ayez plu

INFINITIF

• PRÉSENT
plaire

• PASSÉ
avoir plu

PARTICIPE

• PRÉSENT
plaisant

• PASSÉ
plu
ayant plu

Notez bien !

• La 3e personne du singulier de l'indicatif présent reçoit un accent circonflexe : *il plaît*.

N. ORTH. La réforme de 1990 autorise *il plait (déplait, complait)* sans accent circonflexe.

73 croire

décroire • mécroire

3e groupe | **croire** et ses dérivés

INDICATIF

PRÉSENT	PASSÉ COMPOSÉ
je crois	j'ai cru
tu crois	tu as cru
il/elle croit	il/elle a cru
nous croyons	nous avons cru
vous croyez	vous avez cru
ils/elles croient	ils/elles ont cru

IMPARFAIT	PLUS-QUE-PARFAIT
je croyais	j'avais cru
tu croyais	tu avais cru
il/elle croyait	il/elle avait cru
nous croyions	nous avions cru
vous croyiez	vous aviez cru
ils/elles croyaient	ils/elles avaient cru

PASSÉ SIMPLE	PASSÉ ANTÉRIEUR
je crus	j'eus cru
tu crus	tu eus cru
il/elle crut	il/elle eut cru
nous crûmes	nous eûmes cru
vous crûtes	vous eûtes cru
ils/elles crurent	ils/elles eurent cru

FUTUR SIMPLE	FUTUR ANTÉRIEUR
je croirai	j'aurai cru
tu croiras	tu auras cru
il/elle croira	il/elle aura cru
nous croirons	nous aurons cru
vous croirez	vous aurez cru
ils/elles croiront	ils/elles auront cru

CONDITIONNEL PRÉSENT	CONDITIONNEL PASSÉ
je croirais	j'aurais cru
tu croirais	tu aurais cru
il/elle croirait	il/elle aurait cru
nous croirions	nous aurions cru
vous croiriez	vous auriez cru
ils/elles croiraient	ils/elles auraient cru

SUBJONCTIF

PRÉSENT	PASSÉ
que je croie	que j'aie cru
que tu croies	que tu aies cru
qu'il/elle croie	qu'il/elle ait cru
que nous croyions	que nous ayons cru
que vous croyiez	que vous ayez cru
qu'ils/elles croient	qu'ils/elles aient cru

IMPARFAIT	PLUS-QUE-PARFAIT
que je crusse	que j'eusse cru
que tu crusses	que tu eusses cru
qu'il/elle crût	qu'il/elle eût cru
que nous crussions	que nous eussions cru
que vous crussiez	que vous eussiez cru
qu'ils/elles crussent	qu'ils/elles eussent cru

IMPÉRATIF

PRÉSENT	PASSÉ
crois	aie cru
croyons	ayons cru
croyez	ayez cru

INFINITIF

PRÉSENT	PASSÉ
croire	avoir cru

PARTICIPE

PRÉSENT	PASSÉ
croyant	cru(e, s, es)
	ayant cru

Notez bien !

Les 1re et 2e personnes du pluriel de l'indicatif imparfait et du subjonctif présent font se succéder le **y**, qui appartient au radical, et le **i** de la terminaison **-ions**, **-iez** : *nous croyions, que vous croyiez*.

74 boire

emboire • imboire • reboire

3e groupe | boire et ses dérivés

INDICATIF

• PRÉSENT	• PASSÉ COMPOSÉ
je bois	j'ai bu
tu bois	tu as bu
il/elle boit	il/elle a bu
nous buvons	nous avons bu
vous buvez	vous avez bu
ils/elles boivent	ils/elles ont bu

• IMPARFAIT	• PLUS-QUE-PARFAIT
je buvais	j'avais bu
tu buvais	tu avais bu
il/elle buvait	il/elle avait bu
nous buvions	nous avions bu
vous buviez	vous aviez bu
ils/elles buvaient	ils/elles avaient bu

• PASSÉ SIMPLE	• PASSÉ ANTÉRIEUR
je bus	j'eus bu
tu bus	tu eus bu
il/elle but	il/elle eut bu
nous bûmes	nous eûmes bu
vous bûtes	vous eûtes bu
ils/elles burent	ils/elles eurent bu

• FUTUR SIMPLE	• FUTUR ANTÉRIEUR
je boirai	j'aurai bu
tu boiras	tu auras bu
il/elle boira	il/elle aura bu
nous boirons	nous aurons bu
vous boirez	vous aurez bu
ils/elles boiront	ils/elles auront bu

• CONDITIONNEL PRÉSENT	• CONDITIONNEL PASSÉ
je boirais	j'aurais bu
tu boirais	tu aurais bu
il/elle boirait	il/elle aurait bu
nous boirions	nous aurions bu
vous boiriez	vous auriez bu
ils/elles boiraient	ils/elles auraient bu

SUBJONCTIF

• PRÉSENT	• PASSÉ
que je boive	que j'aie bu
que tu boives	que tu aies bu
qu'il/elle boive	qu'il/elle ait bu
que nous buvions	que nous ayons bu
que vous buviez	que vous ayez bu
qu'ils/elles boivent	qu'ils/elles aient bu

• IMPARFAIT	• PLUS-QUE-PARFAIT
que je busse	que j'eusse bu
que tu busses	que tu eusses bu
qu'il/elle bût	qu'il/elle eût bu
que nous bussions	que nous eussions bu
que vous bussiez	que vous eussiez bu
qu'ils/elles bussent	qu'ils/elles eussent bu

IMPÉRATIF

• PRÉSENT	• PASSÉ
bois	aie bu
buvons	ayons bu
buvez	ayez bu

INFINITIF

• PRÉSENT	• PASSÉ
boire	avoir bu

PARTICIPE

• PRÉSENT	• PASSÉ
buvant	bu(e, s, es)
	ayant bu

Notez bien !

- Le verbe *imboire* existe surtout à travers le participe passé *imbu*, lequel est devenu un adjectif *(être imbu de soi-même)*.
- Le mot *fourbu* est le participe passé adjectivé de l'ancien verbe *fourboire*, qui ne se conjugue plus.

75 conduire

3e groupe | verbes en **-uire**

construire • cuire • déduire • détruire • produire • réduire • séduire • traduire...

INDICATIF

• PRÉSENT

je conduis
tu conduis
il/elle conduit
nous conduisons
vous conduisez
ils/elles conduisent

• PASSÉ COMPOSÉ

j'ai conduit
tu as conduit
il/elle a conduit
nous avons conduit
vous avez conduit
ils/elles ont conduit

• IMPARFAIT

je conduisais
tu conduisais
il/elle conduisait
nous conduisions
vous conduisiez
ils/elles conduisaient

• PLUS-QUE-PARFAIT

j'avais conduit
tu avais conduit
il/elle avait conduit
nous avions conduit
vous aviez conduit
ils/elles avaient conduit

• PASSÉ SIMPLE

je conduisis
tu conduisis
il/elle conduisit
nous conduisîmes
vous conduisîtes
ils/elles conduisirent

• PASSÉ ANTÉRIEUR

j'eus conduit
tu eus conduit
il/elle eut conduit
nous eûmes conduit
vous eûtes conduit
ils/elles eurent conduit

• FUTUR SIMPLE

je conduirai
tu conduiras
il/elle conduira
nous conduirons
vous conduirez
ils/elles conduiront

• FUTUR ANTÉRIEUR

j'aurai conduit
tu auras conduit
il/elle aura conduit
nous aurons conduit
vous aurez conduit
ils/elles auront conduit

• CONDITIONNEL PRÉSENT

je conduirais
tu conduirais
il/elle conduirait
nous conduirions
vous conduiriez
ils/elles conduiraient

• CONDITIONNEL PASSÉ

j'aurais conduit
tu aurais conduit
il/elle aurait conduit
nous aurions conduit
vous auriez conduit
ils/elles auraient conduit

SUBJONCTIF

• PRÉSENT

que je conduise
que tu conduises
qu'il/elle conduise
que nous conduisions
que vous conduisiez
qu'ils/elles conduisent

• PASSÉ

que j'aie conduit
que tu aies conduit
qu'il/elle ait conduit
que nous ayons conduit
que vous ayez conduit
qu'ils/elles aient conduit

• IMPARFAIT

que je conduisisse
que tu conduisisses
qu'il/elle conduisît
que nous conduisissions
que vous conduisissiez
qu'ils/elles conduisissent

• PLUS-QUE-PARFAIT

que j'eusse conduit
que tu eusses conduit
qu'il/elle eût conduit
que nous eussions conduit
que vous eussiez conduit
qu'ils/elles eussent conduit

IMPÉRATIF

• PRÉSENT

conduis
conduisons
conduisez

• PASSÉ

aie conduit
ayons conduit
ayez conduit

INFINITIF

• PRÉSENT

conduire

• PASSÉ

avoir conduit

PARTICIPE

• PRÉSENT

conduisant

• PASSÉ

conduit(e, s, es)
ayant conduit

Notez bien !

- Tous les verbes en **-uire** se conjuguent sur ce modèle.
- Le participe passé des verbes *luire*, *reluire* et *nuire* n'a pas de **-t** final *(ils ont lui, relui, nui)* et n'a ni féminin ni pluriel.
- Les passés simples réguliers de *luire* et de *reluire (je luisis, ils luisirent)* sont rares et sont souvent remplacés par les formes inexactes : ⊖ *je luis*, ⊖ *ils luirent*.

76 rire

3e groupe

sourire

INDICATIF

PRÉSENT
je ris
tu ris
il/elle rit
nous rions
vous riez
ils/elles rient

PASSÉ COMPOSÉ
j'ai ri
tu as ri
il/elle a ri
nous avons ri
vous avez ri
ils/elles ont ri

IMPARFAIT
je riais
tu riais
il/elle riait
nous riions
vous riiez
ils/elles riaient

PLUS-QUE-PARFAIT
j'avais ri
tu avais ri
il/elle avait ri
nous avions ri
vous aviez ri
ils/elles avaient ri

PASSÉ SIMPLE
je ris
tu ris
il/elle rit
nous rîmes
vous rîtes
ils/elles rirent

PASSÉ ANTÉRIEUR
j'eus ri
tu eus ri
il/elle eut ri
nous eûmes ri
vous eûtes ri
ils/elles eurent ri

FUTUR SIMPLE
je rirai
tu riras
il/elle rira
nous rirons
vous rirez
ils/elles riront

FUTUR ANTÉRIEUR
j'aurai ri
tu auras ri
il/elle aura ri
nous aurons ri
vous aurez ri
ils/elles auront ri

CONDITIONNEL PRÉSENT
je rirais
tu rirais
il/elle rirait
nous ririons
vous ririez
ils/elles riraient

CONDITIONNEL PASSÉ
j'aurais ri
tu aurais ri
il/elle aurait ri
nous aurions ri
vous auriez ri
ils/elles auraient ri

SUBJONCTIF

PRÉSENT
que je rie
que tu ries
qu'il/elle rie
que nous riions
que vous riiez
qu'ils/elles rient

PASSÉ
que j'aie ri
que tu aies ri
qu'il/elle ait ri
que nous ayons ri
que vous ayez ri
qu'ils/elles aient ri

IMPARFAIT
que je risse
que tu risses
qu'il/elle rît
que nous rissions
que vous rissiez
qu'ils/elles rissent

PLUS-QUE-PARFAIT
que j'eusse ri
que tu eusses ri
qu'il/elle eût ri
que nous eussions ri
que vous eussiez ri
qu'ils/elles eussent ri

IMPÉRATIF

PRÉSENT
ris
rions
riez

PASSÉ
aie ri
ayons ri
ayez ri

INFINITIF

PRÉSENT
rire

PASSÉ
avoir ri

PARTICIPE

PRÉSENT
riant

PASSÉ
ri
ayant ri

Notez bien !

Les 1re et 2e personnes du pluriel de l'indicatif imparfait et du subjonctif présent font se succéder un premier **i**, qui appartient au radical, et un second **i**, qui appartient à la terminaison **-ions**, **-iez** : *nous riions, que vous riiez*.

77 dire

3e groupe

redire

INDICATIF

• PRÉSENT

je dis
tu dis
il/elle dit
nous disons
vous dites
ils/elles disent

• PASSÉ COMPOSÉ

j'ai dit
tu as dit
il/elle a dit
nous avons dit
vous avez dit
ils/elles ont dit

• IMPARFAIT

je disais
tu disais
il/elle disait
nous disions
vous disiez
ils/elles disaient

• PLUS-QUE-PARFAIT

j'avais dit
tu avais dit
il/elle avait dit
nous avions dit
vous aviez dit
ils/elles avaient dit

• PASSÉ SIMPLE

je dis
tu dis
il/elle dit
nous dîmes
vous dîtes
ils/elles dirent

• PASSÉ ANTÉRIEUR

j'eus dit
tu eus dit
il/elle eut dit
nous eûmes dit
vous eûtes dit
ils/elles eurent dit

• FUTUR SIMPLE

je dirai
tu diras
il/elle dira
nous dirons
vous direz
ils/elles diront

• FUTUR ANTÉRIEUR

j'aurai dit
tu auras dit
il/elle aura dit
nous aurons dit
vous aurez dit
ils/elles auront dit

• CONDITIONNEL PRÉSENT

je dirais
tu dirais
il/elle dirait
nous dirions
vous diriez
ils/elles diraient

• CONDITIONNEL PASSÉ

j'aurais dit
tu aurais dit
il/elle aurait dit
nous aurions dit
vous auriez dit
ils/elles auraient dit

SUBJONCTIF

• PRÉSENT

que je dise
que tu dises
qu'il/elle dise
que nous disions
que vous disiez
qu'ils/elles disent

• PASSÉ

que j'aie dit
que tu aies dit
qu'il/elle ait dit
que nous ayons dit
que vous ayez dit
qu'ils/elles aient dit

• IMPARFAIT

que je disse
que tu disses
qu'il/elle dît
que nous dissions
que vous dissiez
qu'ils/elles dissent

• PLUS-QUE-PARFAIT

que j'eusse dit
que tu eusses dit
qu'il/elle eût dit
que nous eussions dit
que vous eussiez dit
qu'ils/elles eussent dit

IMPÉRATIF

• PRÉSENT

dis
disons
dites

• PASSÉ

aie dit
ayons dit
ayez dit

INFINITIF

• PRÉSENT

dire

• PASSÉ

avoir dit

PARTICIPE

• PRÉSENT

disant

• PASSÉ

dit(e, s, es)
ayant dit

Notez bien !

- Notez la forme *dites* à la 2e personne du pluriel de l'indicatif présent et de l'impératif présent.
- Le verbe *redire* se conjugue comme *dire (vous redites)*, mais les autres verbes formés à partir de *dire* ont une forme en **-disez** → tableau **78**.
- *Maudire* a une conjugaison à part → tableau **79**.

78 interdire

3e groupe

contredire • dédire • médire • prédire

INDICATIF

• PRÉSENT
j'interdis
tu interdis
il/elle interdit
nous interdisons
vous interdisez
ils/elles interdisent

• PASSÉ COMPOSÉ
j'ai interdit
tu as interdit
il/elle a interdit
nous avons interdit
vous avez interdit
ils/elles ont interdit

• IMPARFAIT
j'interdisais
tu interdisais
il/elle interdisait
nous interdisions
vous interdisiez
ils/elles interdisaient

• PLUS-QUE-PARFAIT
j'avais interdit
tu avais interdit
il/elle avait interdit
nous avions interdit
vous aviez interdit
ils/elles avaient interdit

• PASSÉ SIMPLE
j'interdis
tu interdis
il/elle interdit
nous interdîmes
vous interdîtes
ils/elles interdirent

• PASSÉ ANTÉRIEUR
j'eus interdit
tu eus interdit
il/elle eut interdit
nous eûmes interdit
vous eûtes interdit
ils/elles eurent interdit

• FUTUR SIMPLE
j'interdirai
tu interdiras
il/elle interdira
nous interdirons
vous interdirez
ils/elles interdiront

• FUTUR ANTÉRIEUR
j'aurai interdit
tu auras interdit
il/elle aura interdit
nous aurons interdit
vous aurez interdit
ils/elles auront interdit

• CONDITIONNEL PRÉSENT
j'interdirais
tu interdirais
il/elle interdirait
nous interdirions
vous interdiriez
ils/elles interdiraient

• CONDITIONNEL PASSÉ
j'aurais interdit
tu aurais interdit
il/elle aurait interdit
nous aurions interdit
vous auriez interdit
ils/elles auraient interdit

SUBJONCTIF

• PRÉSENT
que j'interdise
que tu interdises
qu'il/elle interdise
que nous interdisions
que vous interdisiez
qu'ils/elles interdisent

• PASSÉ
que j'aie interdit
que tu aies interdit
qu'il/elle ait interdit
que nous ayons interdit
que vous ayez interdit
qu'ils/elles aient interdit

• IMPARFAIT
que j'interdisse
que tu interdisses
qu'il/elle interdît
que nous interdissions
que vous interdissiez
qu'ils/elles interdissent

• PLUS-QUE-PARFAIT
que j'eusse interdit
que tu eusses interdit
qu'il/elle eût interdit
que nous eussions interdit
que vous eussiez interdit
qu'ils/elles eussent interdit

IMPÉRATIF

• PRÉSENT
interdis
interdisons
interdisez

• PASSÉ
aie interdit
ayons interdit
ayez interdit

INFINITIF

• PRÉSENT
interdire

• PASSÉ
avoir interdit

PARTICIPE

• PRÉSENT
interdisant

• PASSÉ
interdit(e, s, es)
ayant interdit

Notez bien !

• La conjugaison d'*interdire* est identique à celle de *dire* et de *redire* (→ tableau **77**), mais la 2e personne du pluriel de l'indicatif présent et de l'impératif présent est en **-disez**.

• *Maudire* a une conjugaison à part → tableau **79**.

79 maudire

2e ou 3e groupe

INDICATIF

• PRÉSENT

je maudis
tu maudis
il/elle maudit
nous maudissons
vous maudissez
ils/elles maudissent

• PASSÉ COMPOSÉ

j'ai maudit
tu as maudit
il/elle a maudit
nous avons maudit
vous avez maudit
ils/elles ont maudit

• IMPARFAIT

je maudissais
tu maudissais
il/elle maudissait
nous maudissions
vous maudissiez
ils/elles maudissaient

• PLUS-QUE-PARFAIT

j'avais maudit
tu avais maudit
il/elle avait maudit
nous avions maudit
vous aviez maudit
ils/elles avaient maudit

• PASSÉ SIMPLE

je maudis
tu maudis
il/elle maudit
nous maudîmes
vous maudîtes
ils/elles maudirent

• PASSÉ ANTÉRIEUR

j'eus maudit
tu eus maudit
il/elle eut maudit
nous eûmes maudit
vous eûtes maudit
ils/elles eurent maudit

• FUTUR SIMPLE

je maudirai
tu maudiras
il/elle maudira
nous maudirons
vous maudirez
ils/elles maudiront

• FUTUR ANTÉRIEUR

j'aurai maudit
tu auras maudit
il/elle aura maudit
nous aurons maudit
vous aurez maudit
ils/elles auront maudit

• CONDITIONNEL PRÉSENT

je maudirais
tu maudirais
il/elle maudirait
nous maudirions
vous maudiriez
ils/elles maudiraient

• CONDITIONNEL PASSÉ

j'aurais maudit
tu aurais maudit
il/elle aurait maudit
nous aurions maudit
vous auriez maudit
ils/elles auraient maudit

SUBJONCTIF

• PRÉSENT

que je maudisse
que tu maudisses
qu'il/elle maudisse
que nous maudissions
que vous maudissiez
qu'ils/elles maudissent

• PASSÉ

que j'aie maudit
que tu aies maudit
qu'il/elle ait maudit
que nous ayons maudit
que vous ayez maudit
qu'ils/elles aient maudit

• IMPARFAIT

que je maudisse
que tu maudisses
qu'il/elle maudît
que nous maudissions
que vous maudissiez
qu'ils/elles maudissent

• PLUS-QUE-PARFAIT

que j'eusse maudit
que tu eusses maudit
qu'il/elle eût maudit
que nous eussions maudit
que vous eussiez maudit
qu'ils/elles eussent maudit

IMPÉRATIF

• PRÉSENT

maudis
maudissons
maudissez

• PASSÉ

aie maudit
ayons maudit
ayez maudit

INFINITIF

• PRÉSENT

maudire

• PASSÉ

avoir maudit

PARTICIPE

• PRÉSENT

maudissant

• PASSÉ

maudit(e, s, es)
ayant maudit

Notez bien !

Le verbe *maudire* relève du 3e groupe par son infinitif en **-ire** et par son participe passé *maudit* avec **t** final, comme pour *dit* → tableau **77**. Mais toutes les autres formes du verbe le rattachent au modèle *finir* du 2e groupe → tableau **30**.

80 lire

3e groupe

élire • entrelire • réélire • relire

INDICATIF

• PRÉSENT

je lis
tu lis
il/elle lit
nous lisons
vous lisez
ils/elles lisent

• PASSÉ COMPOSÉ

j'ai lu
tu as lu
il/elle a lu
nous avons lu
vous avez lu
ils/elles ont lu

• IMPARFAIT

je lisais
tu lisais
il/elle lisait
nous lisions
vous lisiez
ils/elles lisaient

• PLUS-QUE-PARFAIT

j'avais lu
tu avais lu
il/elle avait lu
nous avions lu
vous aviez lu
ils/elles avaient lu

• PASSÉ SIMPLE

je lus
tu lus
il/elle lut
nous lûmes
vous lûtes
ils/elles lurent

• PASSÉ ANTÉRIEUR

j'eus lu
tu eus lu
il/elle eut lu
nous eûmes lu
vous eûtes lu
ils/elles eurent lu

• FUTUR SIMPLE

je lirai
tu liras
il/elle lira
nous lirons
vous lirez
ils/elles liront

• FUTUR ANTÉRIEUR

j'aurai lu
tu auras lu
il/elle aura lu
nous aurons lu
vous aurez lu
ils/elles auront lu

• CONDITIONNEL PRÉSENT

je lirais
tu lirais
il/elle lirait
nous lirions
vous liriez
ils/elles liraient

• CONDITIONNEL PASSÉ

j'aurais lu
tu aurais lu
il/elle aurait lu
nous aurions lu
vous auriez lu
ils/elles auraient lu

SUBJONCTIF

• PRÉSENT

que je lise
que tu lises
qu'il/elle lise
que nous lisions
que vous lisiez
qu'ils/elles lisent

• PASSÉ

que j'aie lu
que tu aies lu
qu'il/elle ait lu
que nous ayons lu
que vous ayez lu
qu'ils/elles aient lu

• IMPARFAIT

que je lusse
que tu lusses
qu'il/elle lût
que nous lussions
que vous lussiez
qu'ils/elles lussent

• PLUS-QUE-PARFAIT

que j'eusse lu
que tu eusses lu
qu'il/elle eût lu
que nous eussions lu
que vous eussiez lu
qu'ils/elles eussent lu

IMPÉRATIF

• PRÉSENT

lis
lisons
lisez

• PASSÉ

aie lu
ayons lu
ayez lu

INFINITIF

• PRÉSENT

lire

• PASSÉ

avoir lu

PARTICIPE

• PRÉSENT

lisant

• PASSÉ

lu(e, s, es)
ayant lu

Notez bien !

• Attention au passé simple d'*élire*, qui est bien en **u** (comme *ils lurent*) : *ils élurent*, et non en **i** (⊖ *ils élirent*).

3e groupe

LES TABLEAUX

81 écrire

3e groupe

décrire • inscrire • prescrire • souscrire • transcrire...

INDICATIF

• PRÉSENT

j'écris
tu écris
il/elle écrit
nous écrivons
vous écrivez
ils/elles écrivent

• PASSÉ COMPOSÉ

j'ai écrit
tu as écrit
il/elle a écrit
nous avons écrit
vous avez écrit
ils/elles ont écrit

• IMPARFAIT

j'écrivais
tu écrivais
il/elle écrivait
nous écrivions
vous écriviez
ils/elles écrivaient

• PLUS-QUE-PARFAIT

j'avais écrit
tu avais écrit
il/elle avait écrit
nous avions écrit
vous aviez écrit
ils/elles avaient écrit

• PASSÉ SIMPLE

j'écrivis
tu écrivis
il/elle écrivit
nous écrivîmes
vous écrivîtes
ils/elles écrivirent

• PASSÉ ANTÉRIEUR

j'eus écrit
tu eus écrit
il/elle eut écrit
nous eûmes écrit
vous eûtes écrit
ils/elles eurent écrit

• FUTUR SIMPLE

j'écrirai
tu écriras
il/elle écrira
nous écrirons
vous écrirez
ils/elles écriront

• FUTUR ANTÉRIEUR

j'aurai écrit
tu auras écrit
il/elle aura écrit
nous aurons écrit
vous aurez écrit
ils/elles auront écrit

• CONDITIONNEL PRÉSENT

j'écrirais
tu écrirais
il/elle écrirait
nous écririons
vous écririez
ils/elles écriraient

• CONDITIONNEL PASSÉ

j'aurais écrit
tu aurais écrit
il/elle aurait écrit
nous aurions écrit
vous auriez écrit
ils/elles auraient écrit

SUBJONCTIF

• PRÉSENT

que j'écrive
que tu écrives
qu'il/elle écrive
que nous écrivions
que vous écriviez
qu'ils/elles écrivent

• PASSÉ

que j'aie écrit
que tu aies écrit
qu'il/elle ait écrit
que nous ayons écrit
que vous ayez écrit
qu'ils/elles aient écrit

• IMPARFAIT

que j'écrivisse
que tu écrivisses
qu'il/elle écrivît
que nous écrivissions
que vous écrivissiez
qu'ils/elles écrivissent

• PLUS-QUE-PARFAIT

que j'eusse écrit
que tu eusses écrit
qu'il/elle eût écrit
que nous eussions écrit
que vous eussiez écrit
qu'ils/elles eussent écrit

IMPÉRATIF

• PRÉSENT

écris
écrivons
écrivez

• PASSÉ

aie écrit
ayons écrit
ayez écrit

INFINITIF

• PRÉSENT

écrire

• PASSÉ

avoir écrit

PARTICIPE

• PRÉSENT

écrivant

• PASSÉ

écrit(e, s, es)
ayant écrit

Notez bien !

Les dérivés d'*écrire*, ainsi que les verbes en **-scrire**, se conjuguent sur ce modèle.

82 suffire

3e groupe

INDICATIF

• PRÉSENT

je suffis
tu suffis
il/elle suffit
nous suffisons
vous suffisez
ils/elles suffisent

• PASSÉ COMPOSÉ

j'ai suffi
tu as suffi
il/elle a suffi
nous avons suffi
vous avez suffi
ils/elles ont suffi

• IMPARFAIT

je suffisais
tu suffisais
il/elle suffisait
nous suffisions
vous suffisiez
ils/elles suffisaient

• PLUS-QUE-PARFAIT

j'avais suffi
tu avais suffi
il/elle avait suffi
nous avions suffi
vous aviez suffi
ils/elles avaient suffi

• PASSÉ SIMPLE

je suffis
tu suffis
il/elle suffit
nous suffîmes
vous suffîtes
ils/elles suffirent

• PASSÉ ANTÉRIEUR

j'eus suffi
tu eus suffi
il/elle eut suffi
nous eûmes suffi
vous eûtes suffi
ils/elles eurent suffi

• FUTUR SIMPLE

je suffirai
tu suffiras
il/elle suffira
nous suffirons
vous suffirez
ils/elles suffiront

• FUTUR ANTÉRIEUR

j'aurai suffi
tu auras suffi
il/elle aura suffi
nous aurons suffi
vous aurez suffi
ils/elles auront suffi

• CONDITIONNEL PRÉSENT

je suffirais
tu suffirais
il/elle suffirait
nous suffirions
vous suffiriez
ils/elles suffiraient

• CONDITIONNEL PASSÉ

j'aurais suffi
tu aurais suffi
il/elle aurait suffi
nous aurions suffi
vous auriez suffi
ils/elles auraient suffi

SUBJONCTIF

• PRÉSENT

que je suffise
que tu suffises
qu'il/elle suffise
que nous suffisions
que vous suffisiez
qu'ils/elles suffisent

• PASSÉ

que j'aie suffi
que tu aies suffi
qu'il/elle ait suffi
que nous ayons suffi
que vous ayez suffi
qu'ils/elles aient suffi

• IMPARFAIT

que je suffisse
que tu suffisses
qu'il/elle suffît
que nous suffissions
que vous suffissiez
qu'ils/elles suffissent

• PLUS-QUE-PARFAIT

que j'eusse suffi
que tu eusses suffi
qu'il/elle eût suffi
que nous eussions suffi
que vous eussiez suffi
qu'ils/elles eussent suffi

IMPÉRATIF

• PRÉSENT

suffis
suffisons
suffisez

• PASSÉ

aie suffi
ayons suffi
ayez suffi

INFINITIF

• PRÉSENT

suffire

• PASSÉ

avoir suffi

PARTICIPE

• PRÉSENT

suffisant

• PASSÉ

suffi
ayant suffi

Notez bien !

• Les constructions dans lesquelles le verbe *suffire* est utilisé expliquent que le participe passé *suffi* soit toujours invariable. Dans la construction pronominale *elle s'est suffi à elle-même*, par exemple, **s'** est un COI *(elle a suffi à elle-même)* et le participe passé ne s'accorde pas.

83 confire

3e groupe

circoncire • déconfire • frire

INDICATIF

• PRÉSENT
je confis
tu confis
il/elle confit
nous confisons
vous confisez
ils/elles confisent

• PASSÉ COMPOSÉ
j'ai confit
tu as confit
il/elle a confit
nous avons confit
vous avez confit
ils/elles ont confit

• IMPARFAIT
je confisais
tu confisais
il/elle confisait
nous confisions
vous confisiez
ils/elles confisaient

• PLUS-QUE-PARFAIT
j'avais confit
tu avais confit
il/elle avait confit
nous avions confit
vous aviez confit
ils/elles avaient confit

• PASSÉ SIMPLE
je confis
tu confis
il/elle confit
nous confîmes
vous confîtes
ils/elles confirent

• PASSÉ ANTÉRIEUR
j'eus confit
tu eus confit
il/elle eut confit
nous eûmes confit
vous eûtes confit
ils/elles eurent confit

• FUTUR SIMPLE
je confirai
tu confiras
il/elle confira
nous confirons
vous confirez
ils/elles confiront

• FUTUR ANTÉRIEUR
j'aurai confit
tu auras confit
il/elle aura confit
nous aurons confit
vous aurez confit
ils/elles auront confit

• CONDITIONNEL PRÉSENT
je confirais
tu confirais
il/elle confirait
nous confirions
vous confiriez
ils/elles confiraient

• CONDITIONNEL PASSÉ
j'aurais confit
tu aurais confit
il/elle aurait confit
nous aurions confit
vous auriez confit
ils/elles auraient confit

SUBJONCTIF

• PRÉSENT
que je confise
que tu confises
qu'il/elle confise
que nous confisions
que vous confisiez
qu'ils/elles confisent

• PASSÉ
que j'aie confit
que tu aies confit
qu'il/elle ait confit
que nous ayons confit
que vous ayez confit
qu'ils/elles aient confit

• IMPARFAIT
que je confisse
que tu confisses
qu'il/elle confît
que nous confissions
que vous confissiez
qu'ils/elles confissent

• PLUS-QUE-PARFAIT
que j'eusse confit
que tu eusses confit
qu'il/elle eût confit
que nous eussions confit
que vous eussiez confit
qu'ils/elles eussent confit

IMPÉRATIF

• PRÉSENT
confis
confisons
confisez

• PASSÉ
aie confit
ayons confit
ayez confit

INFINITIF

• PRÉSENT
confire

• PASSÉ
avoir confit

PARTICIPE

• PRÉSENT
confisant

• PASSÉ
confit(e, s, es)
ayant confit

Notez bien !

• La conjugaison est identique à celle de *suffire* (→ tableau **82**), à l'exception du participe passé, qui comporte un **t** et est variable : *déconfit(e, s, es)*.
• *Frire*, défectif, existe surtout à l'infinitif et au participe passé *(pommes frites)*. On substitue *faire frire* à *frire* pour combler les lacunes de la conjugaison : *faites d'abord frire votre poulet*.
• Le verbe *circoncire* possède un participe passé particulier : *circoncis(e, es)*.

84 rendre

3e groupe | verbes en **-endre, -ondre, -erdre, -ordre**

attendre • confondre • descendre • perdre • prétendre • répondre • tordre • vendre...

INDICATIF

• PRÉSENT
je rends
tu rends
il/elle rend
nous rendons
vous rendez
ils/elles rendent

• PASSÉ COMPOSÉ
j'ai rendu
tu as rendu
il/elle a rendu
nous avons rendu
vous avez rendu
ils/elles ont rendu

• IMPARFAIT
je rendais
tu rendais
il/elle rendait
nous rendions
vous rendiez
ils/elles rendaient

• PLUS-QUE-PARFAIT
j'avais rendu
tu avais rendu
il/elle avait rendu
nous avions rendu
vous aviez rendu
ils/elles avaient rendu

• PASSÉ SIMPLE
je rendis
tu rendis
il/elle rendit
nous rendîmes
vous rendîtes
ils/elles rendirent

• PASSÉ ANTÉRIEUR
j'eus rendu
tu eus rendu
il/elle eut rendu
nous eûmes rendu
vous eûtes rendu
ils/elles eurent rendu

• FUTUR SIMPLE
je rendrai
tu rendras
il/elle rendra
nous rendrons
vous rendrez
ils/elles rendront

• FUTUR ANTÉRIEUR
j'aurai rendu
tu auras rendu
il/elle aura rendu
nous aurons rendu
vous aurez rendu
ils/elles auront rendu

• CONDITIONNEL PRÉSENT
je rendrais
tu rendrais
il/elle rendrait
nous rendrions
vous rendriez
ils/elles rendraient

• CONDITIONNEL PASSÉ
j'aurais rendu
tu aurais rendu
il/elle aurait rendu
nous aurions rendu
vous auriez rendu
ils/elles auraient rendu

SUBJONCTIF

• PRÉSENT
que je rende
que tu rendes
qu'il/elle rende
que nous rendions
que vous rendiez
qu'ils/elles rendent

• PASSÉ
que j'aie rendu
que tu aies rendu
qu'il/elle ait rendu
que nous ayons rendu
que vous ayez rendu
qu'ils/elles aient rendu

• IMPARFAIT
que je rendisse
que tu rendisses
qu'il/elle rendît
que nous rendissions
que vous rendissiez
qu'ils/elles rendissent

• PLUS-QUE-PARFAIT
que j'eusse rendu
que tu eusses rendu
qu'il/elle eût rendu
que nous eussions rendu
que vous eussiez rendu
qu'ils/elles eussent rendu

IMPÉRATIF

• PRÉSENT
rends
rendons
rendez

• PASSÉ
aie rendu
ayons rendu
ayez rendu

INFINITIF

• PRÉSENT
rendre

• PASSÉ
avoir rendu

PARTICIPE

• PRÉSENT
rendant

• PASSÉ
rendu(e, s, es)
ayant rendu

Notez bien !

- Toutes les formes du verbe *rendre* conservent le **d** présent dans **-dre**.
- D'autres verbes en **-endre** tels *prendre* (→ tableau **85**) et les verbes en **-oudre** (→ tableaux **90**, **91**), mais non en **-soudre** (→ tableau **92**), conservent le **d** au singulier de l'indicatif et de l'impératif présent, mais le perdent au pluriel et à d'autres temps.

3e groupe · LES TABLEAUX

85 prendre

3e groupe

apprendre • comprendre • entreprendre • reprendre • surprendre...

INDICATIF

• PRÉSENT

je prends
tu prends
il/elle prend
nous prenons
vous prenez
ils/elles prennent

• PASSÉ COMPOSÉ

j'ai pris
tu as pris
il/elle a pris
nous avons pris
vous avez pris
ils/elles ont pris

• IMPARFAIT

je prenais
tu prenais
il/elle prenait
nous prenions
vous preniez
ils/elles prenaient

• PLUS-QUE-PARFAIT

j'avais pris
tu avais pris
il/elle avait pris
nous avions pris
vous aviez pris
ils/elles avaient pris

• PASSÉ SIMPLE

je pris
tu pris
il/elle prit
nous prîmes
vous prîtes
ils/elles prirent

• PASSÉ ANTÉRIEUR

j'eus pris
tu eus pris
il/elle eut pris
nous eûmes pris
vous eûtes pris
ils/elles eurent pris

• FUTUR SIMPLE

je prendrai
tu prendras
il/elle prendra
nous prendrons
vous prendrez
ils/elles prendront

• FUTUR ANTÉRIEUR

j'aurai pris
tu auras pris
il/elle aura pris
nous aurons pris
vous aurez pris
ils/elles auront pris

• CONDITIONNEL PRÉSENT

je prendrais
tu prendrais
il/elle prendrait
nous prendrions
vous prendriez
ils/elles prendraient

• CONDITIONNEL PASSÉ

j'aurais pris
tu aurais pris
il/elle aurait pris
nous aurions pris
vous auriez pris
ils/elles auraient pris

SUBJONCTIF

• PRÉSENT

que je prenne
que tu prennes
qu'il/elle prenne
que nous prenions
que vous preniez
qu'ils/elles prennent

• PASSÉ

que j'aie pris
que tu aies pris
qu'il/elle ait pris
que nous ayons pris
que vous ayez pris
qu'ils/elles aient pris

• IMPARFAIT

que je prisse
que tu prisses
qu'il/elle prît
que nous prissions
que vous prissiez
qu'ils/elles prissent

• PLUS-QUE-PARFAIT

que j'eusse pris
que tu eusses pris
qu'il/elle eût pris
que nous eussions pris
que vous eussiez pris
qu'ils/elles eussent pris

IMPÉRATIF

• PRÉSENT

prends
prenons
prenez

• PASSÉ

aie pris
ayons pris
ayez pris

INFINITIF

• PRÉSENT

prendre

• PASSÉ

avoir pris

PARTICIPE

• PRÉSENT

prenant

• PASSÉ

pris(e, es)
ayant pris

Notez bien !

La conjugaison de *prendre* se distingue de celle des verbes du type *rendre* :
– par la formation du passé simple et du subjonctif imparfait, qui fait disparaître le **d** présent dans **-dre** ;
– par les formes du pluriel de l'indicatif et de l'impératif présent et par celles de l'indicatif imparfait et du subjonctif présent, qui marquent peut-être l'influence de *tenir* et de *venir* → tableau **40** ;
– par le participe passé, en **-is** et non en **-u**.

86 répandre

épandre

3e groupe

INDICATIF

• PRÉSENT

je répands
tu répands
il/elle répand
nous répandons
vous répandez
ils/elles répandent

• PASSÉ COMPOSÉ

j'ai répandu
tu as répandu
il/elle a répandu
nous avons répandu
vous avez répandu
ils/elles ont répandu

• IMPARFAIT

je répandais
tu répandais
il/elle répandait
nous répandions
vous répandiez
ils/elles répandaient

• PLUS-QUE-PARFAIT

j'avais répandu
tu avais répandu
il/elle avait répandu
nous avions répandu
vous aviez répandu
ils/elles avaient répandu

• PASSÉ SIMPLE

je répandis
tu répandis
il/elle répandit
nous répandîmes
vous répandîtes
ils/elles répandirent

• PASSÉ ANTÉRIEUR

j'eus répandu
tu eus répandu
il/elle eut répandu
nous eûmes répandu
vous eûtes répandu
ils/elles eurent répandu

• FUTUR SIMPLE

je répandrai
tu répandras
il/elle répandra
nous répandrons
vous répandrez
ils/elles répandront

• FUTUR ANTÉRIEUR

j'aurai répandu
tu auras répandu
il/elle aura répandu
nous aurons répandu
vous aurez répandu
ils/elles auront répandu

• CONDITIONNEL PRÉSENT

je répandrais
tu répandrais
il/elle répandrait
nous répandrions
vous répandriez
ils/elles répandraient

• CONDITIONNEL PASSÉ

j'aurais répandu
tu aurais répandu
il/elle aurait répandu
nous aurions répandu
vous auriez répandu
ils/elles auraient répandu

SUBJONCTIF

• PRÉSENT

que je répande
que tu répandes
qu'il/elle répande
que nous répandions
que vous répandiez
qu'ils/elles répandent

• PASSÉ

que j'aie répandu
que tu aies répandu
qu'il/elle ait répandu
que nous ayons répandu
que vous ayez répandu
qu'ils/elles aient répandu

• IMPARFAIT

que je répandisse
que tu répandisses
qu'il/elle répandît
que nous répandissions
que vous répandissiez
qu'ils/elles répandissent

• PLUS-QUE-PARFAIT

que j'eusse répandu
que tu eusses répandu
qu'il/elle eût répandu
que nous eussions répandu
que vous eussiez répandu
qu'ils/elles eussent répandu

IMPÉRATIF

• PRÉSENT

répands
répandons
répandez

• PASSÉ

aie répandu
ayons répandu
ayez répandu

INFINITIF

• PRÉSENT

répandre

• PASSÉ

avoir répandu

PARTICIPE

• PRÉSENT

répandant

• PASSÉ

répandu(e, s, es)
ayant répandu

Notez bien !

• Les verbes *répandre* et *épandre* se conjuguent comme *rendre* → tableau **84** : ils conservent donc le **d** du radical à toutes les formes.

• Ils se distinguent à l'écrit de tous les verbes dont l'infinitif se termine par le son [ɑ̃dʀə] : ils sont les seuls à s'écrire **-andre**.

87 peindre

3e groupe | verbes en **-eindre**

atteindre • dépeindre • enfreindre • éteindre • geindre • teindre...

INDICATIF

• PRÉSENT

je peins
tu peins
il/elle peint
nous peignons
vous peignez
ils/elles peignent

• PASSÉ COMPOSÉ

j'ai peint
tu as peint
il/elle a peint
nous avons peint
vous avez peint
ils/elles ont peint

• IMPARFAIT

je peignais
tu peignais
il/elle peignait
nous peignions
vous peigniez
ils/elles peignaient

• PLUS-QUE-PARFAIT

j'avais peint
tu avais peint
il/elle avait peint
nous avions peint
vous aviez peint
ils/elles avaient peint

• PASSÉ SIMPLE

je peignis
tu peignis
il/elle peignit
nous peignîmes
vous peignîtes
ils/elles peignirent

• PASSÉ ANTÉRIEUR

j'eus peint
tu eus peint
il/elle eut peint
nous eûmes peint
vous eûtes peint
ils/elles eurent peint

• FUTUR SIMPLE

je peindrai
tu peindras
il/elle peindra
nous peindrons
vous peindrez
ils/elles peindront

• FUTUR ANTÉRIEUR

j'aurai peint
tu auras peint
il/elle aura peint
nous aurons peint
vous aurez peint
ils/elles auront peint

• CONDITIONNEL PRÉSENT

je peindrais
tu peindrais
il/elle peindrait
nous peindrions
vous peindriez
ils/elles peindraient

• CONDITIONNEL PASSÉ

j'aurais peint
tu aurais peint
il/elle aurait peint
nous aurions peint
vous auriez peint
ils/elles auraient peint

SUBJONCTIF

• PRÉSENT

que je peigne
que tu peignes
qu'il/elle peigne
que nous peignions
que vous peigniez
qu'ils/elles peignent

• PASSÉ

que j'aie peint
que tu aies peint
qu'il/elle ait peint
que nous ayons peint
que vous ayez peint
qu'ils/elles aient peint

• IMPARFAIT

que je peignisse
que tu peignisses
qu'il/elle peignît
que nous peignissions
que vous peignissiez
qu'ils/elles peignissent

• PLUS-QUE-PARFAIT

que j'eusse peint
que tu eusses peint
qu'il/elle eût peint
que nous eussions peint
que vous eussiez peint
qu'ils/elles eussent peint

IMPÉRATIF

• PRÉSENT

peins
peignons
peignez

• PASSÉ

aie peint
ayons peint
ayez peint

INFINITIF

• PRÉSENT

peindre

• PASSÉ

avoir peint

PARTICIPE

• PRÉSENT

peignant

• PASSÉ

peint(e, s, es)
ayant peint

Notez bien !

• À la différence des verbes du type *rendre* ou *prendre* (→ tableaux **84**, **85**), les verbes en **-eindre** ne gardent le **d** qu'à l'infinitif, au futur simple et au conditionnel présent. Il n'y a donc aucun **d** à l'indicatif présent : *je peins*.
• Les verbes en **-eindre** ont un participe passé en **-t**.
• À l'indicatif imparfait et au subjonctif présent, il ne faut pas oublier le **i** de **-ions** et **-iez** après la consonne **gn** du radical.

88 craindre

contraindre • plaindre

3e groupe | verbes en **-aindre**

INDICATIF

• PRÉSENT
je crains
tu crains
il/elle craint
nous craignons
vous craignez
ils/elles craignent

• PASSÉ COMPOSÉ
j'ai craint
tu as craint
il/elle a craint
nous avons craint
vous avez craint
ils/elles ont craint

• IMPARFAIT
je craignais
tu craignais
il/elle craignait
nous craignions
vous craigniez
ils/elles craignaient

• PLUS-QUE-PARFAIT
j'avais craint
tu avais craint
il/elle avait craint
nous avions craint
vous aviez craint
ils/elles avaient craint

• PASSÉ SIMPLE
je craignis
tu craignis
il/elle craignit
nous craignîmes
vous craignîtes
ils/elles craignirent

• PASSÉ ANTÉRIEUR
j'eus craint
tu eus craint
il/elle eut craint
nous eûmes craint
vous eûtes craint
ils/elles eurent craint

• FUTUR SIMPLE
je craindrai
tu craindras
il/elle craindra
nous craindrons
vous craindrez
ils/elles craindront

• FUTUR ANTÉRIEUR
j'aurai craint
tu auras craint
il/elle aura craint
nous aurons craint
vous aurez craint
ils/elles auront craint

• CONDITIONNEL PRÉSENT
je craindrais
tu craindrais
il/elle craindrait
nous craindrions
vous craindriez
ils/elles craindraient

• CONDITIONNEL PASSÉ
j'aurais craint
tu aurais craint
il/elle aurait craint
nous aurions craint
vous auriez craint
ils/elles auraient craint

SUBJONCTIF

• PRÉSENT
que je craigne
que tu craignes
qu'il/elle craigne
que nous craignions
que vous craigniez
qu'ils/elles craignent

• PASSÉ
que j'aie craint
que tu aies craint
qu'il/elle ait craint
que nous ayons craint
que vous ayez craint
qu'ils/elles aient craint

• IMPARFAIT
que je craignisse
que tu craignisses
qu'il/elle craignît
que nous craignissions
que vous craignissiez
qu'ils/elles craignissent

• PLUS-QUE-PARFAIT
que j'eusse craint
que tu eusses craint
qu'il/elle eût craint
que nous eussions craint
que vous eussiez craint
qu'ils/elles eussent craint

IMPÉRATIF

• PRÉSENT
crains
craignons
craignez

• PASSÉ
aie craint
ayons craint
ayez craint

INFINITIF

• PRÉSENT
craindre

• PASSÉ
avoir craint

PARTICIPE

• PRÉSENT
craignant

• PASSÉ
craint(e, s, es)
ayant craint

Notez bien !

- Les verbes en **-aindre** se conjuguent comme *peindre* → tableau **87**. Ils se distinguent à l'écrit par les lettres **ain**.
- À la différence des verbes du type *rendre* ou *prendre* (→ tableaux **84**, **85**), ces verbes ne gardent le **d** qu'à l'infinitif, au futur simple et au conditionnel présent. Il n'y a donc aucun **d** à l'indicatif présent : *je crains*.
- À l'indicatif imparfait et au subjonctif présent, il ne faut pas oublier le **i** de **-ions** et **-iez** après la consonne **gn** du radical.

89 joindre

3e groupe | verbes en **-oindre**

adjoindre • conjoindre • disjoindre • enjoindre • oindre • poindre • rejoindre

INDICATIF

• PRÉSENT
je joins
tu joins
il/elle joint
nous joignons
vous joignez
ils/elles joignent

• PASSÉ COMPOSÉ
j'ai joint
tu as joint
il/elle a joint
nous avons joint
vous avez joint
ils/elles ont joint

• IMPARFAIT
je joignais
tu joignais
il/elle joignait
nous joignions
vous joigniez
ils/elles joignaient

• PLUS-QUE-PARFAIT
j'avais joint
tu avais joint
il/elle avait joint
nous avions joint
vous aviez joint
ils/elles avaient joint

• PASSÉ SIMPLE
je joignis
tu joignis
il/elle joignit
nous joignîmes
vous joignîtes
ils/elles joignirent

• PASSÉ ANTÉRIEUR
j'eus joint
tu eus joint
il/elle eut joint
nous eûmes joint
vous eûtes joint
ils/elles eurent joint

• FUTUR SIMPLE
je joindrai
tu joindras
il/elle joindra
nous joindrons
vous joindrez
ils/elles joindront

• FUTUR ANTÉRIEUR
j'aurai joint
tu auras joint
il/elle aura joint
nous aurons joint
vous aurez joint
ils/elles auront joint

• CONDITIONNEL PRÉSENT
je joindrais
tu joindrais
il/elle joindrait
nous joindrions
vous joindriez
ils/elles joindraient

• CONDITIONNEL PASSÉ
j'aurais joint
tu aurais joint
il/elle aurait joint
nous aurions joint
vous auriez joint
ils/elles auraient joint

SUBJONCTIF

• PRÉSENT
que je joigne
que tu joignes
qu'il/elle joigne
que nous joignions
que vous joigniez
qu'ils/elles joignent

• PASSÉ
que j'aie joint
que tu aies joint
qu'il/elle ait joint
que nous ayons joint
que vous ayez joint
qu'ils/elles aient joint

• IMPARFAIT
que je joignisse
que tu joignisses
qu'il/elle joignît
que nous joignissions
que vous joignissiez
qu'ils/elles joignissent

• PLUS-QUE-PARFAIT
que j'eusse joint
que tu eusses joint
qu'il/elle eût joint
que nous eussions joint
que vous eussiez joint
qu'ils/elles eussent joint

IMPÉRATIF

• PRÉSENT
joins
joignons
joignez

• PASSÉ
aie joint
ayons joint
ayez joint

INFINITIF

• PRÉSENT
joindre

• PASSÉ
avoir joint

PARTICIPE

• PRÉSENT
joignant

• PASSÉ
joint(e, s, es)
ayant joint

Notez bien !

- Les verbes en **-oindre** se conjuguent comme le verbe *peindre* → tableau **87**.
- À la différence des verbes qui se conjuguent comme *rendre* ou comme *prendre* (→ tableaux **84**, **85**), les verbes de ce type ne gardent le **d** qu'à l'infinitif, au futur simple et au conditionnel présent. Il n'y a donc aucun **d** à l'indicatif présent : *je joins*.
- À l'indicatif imparfait et au subjonctif présent, il ne faut pas oublier le **i** de **-ions** et **-iez** après la consonne **gn** du radical.

90 coudre

3e groupe

découdre • recoudre

INDICATIF

• PRÉSENT
je couds
tu couds
il/elle coud
nous cousons
vous cousez
ils/elles cousent

• PASSÉ COMPOSÉ
j'ai cousu
tu as cousu
il/elle a cousu
nous avons cousu
vous avez cousu
ils/elles ont cousu

• IMPARFAIT
je cousais
tu cousais
il/elle cousait
nous cousions
vous cousiez
ils/elles cousaient

• PLUS-QUE-PARFAIT
j'avais cousu
tu avais cousu
il/elle avait cousu
nous avions cousu
vous aviez cousu
ils/elles avaient cousu

• PASSÉ SIMPLE
je cousis
tu cousis
il/elle cousit
nous cousîmes
vous cousîtes
ils/elles cousirent

• PASSÉ ANTÉRIEUR
j'eus cousu
tu eus cousu
il/elle eut cousu
nous eûmes cousu
vous eûtes cousu
ils/elles eurent cousu

• FUTUR SIMPLE
je coudrai
tu coudras
il/elle coudra
nous coudrons
vous coudrez
ils/elles coudront

• FUTUR ANTÉRIEUR
j'aurai cousu
tu auras cousu
il/elle aura cousu
nous aurons cousu
vous aurez cousu
ils/elles auront cousu

• CONDITIONNEL PRÉSENT
je coudrais
tu coudrais
il/elle coudrait
nous coudrions
vous coudriez
ils/elles coudraient

• CONDITIONNEL PASSÉ
j'aurais cousu
tu aurais cousu
il/elle aurait cousu
nous aurions cousu
vous auriez cousu
ils/elles auraient cousu

SUBJONCTIF

• PRÉSENT
que je couse
que tu couses
qu'il/elle couse
que nous cousions
que vous cousiez
qu'ils/elles cousent

• PASSÉ
que j'aie cousu
que tu aies cousu
qu'il/elle ait cousu
que nous ayons cousu
que vous ayez cousu
qu'ils/elles aient cousu

• IMPARFAIT
que je cousisse
que tu cousisses
qu'il/elle cousît
que nous cousissions
que vous cousissiez
qu'ils/elles cousissent

• PLUS-QUE-PARFAIT
que j'eusse cousu
que tu eusses cousu
qu'il/elle eût cousu
que nous eussions cousu
que vous eussiez cousu
qu'ils/elles eussent cousu

IMPÉRATIF

• PRÉSENT
couds
cousons
cousez

• PASSÉ
aie cousu
ayons cousu
ayez cousu

INFINITIF

• PRÉSENT
coudre

• PASSÉ
avoir cousu

PARTICIPE

• PRÉSENT
cousant

• PASSÉ
cousu(e, s, es)
ayant cousu

Notez bien !

• Notez le **d** présent, bien que non prononcé, au singulier de l'indicatif présent et de l'impératif présent : *je couds* ; *couds* → tableaux **84**, **85**.

91 moudre

3e groupe

émoudre • remoudre

INDICATIF

PRÉSENT	PASSÉ COMPOSÉ
je mouds	j'ai moulu
tu mouds	tu as moulu
il/elle moud	il/elle a moulu
nous moulons	nous avons moulu
vous moulez	vous avez moulu
ils/elles moulent	ils/elles ont moulu

IMPARFAIT	PLUS-QUE-PARFAIT
je moulais	j'avais moulu
tu moulais	tu avais moulu
il/elle moulait	il/elle avait moulu
nous moulions	nous avions moulu
vous mouliez	vous aviez moulu
ils/elles moulaient	ils/elles avaient moulu

PASSÉ SIMPLE	PASSÉ ANTÉRIEUR
je moulus	j'eus moulu
tu moulus	tu eus moulu
il/elle moulut	il/elle eut moulu
nous moulûmes	nous eûmes moulu
vous moulûtes	vous eûtes moulu
ils/elles moulurent	ils/elles eurent moulu

FUTUR SIMPLE	FUTUR ANTÉRIEUR
je moudrai	j'aurai moulu
tu moudras	tu auras moulu
il/elle moudra	il/elle aura moulu
nous moudrons	nous aurons moulu
vous moudrez	vous aurez moulu
ils/elles moudront	ils/elles auront moulu

CONDITIONNEL PRÉSENT	CONDITIONNEL PASSÉ
je moudrais	j'aurais moulu
tu moudrais	tu aurais moulu
il/elle moudrait	il/elle aurait moulu
nous moudrions	nous aurions moulu
vous moudriez	vous auriez moulu
ils/elles moudraient	ils/elles auraient moulu

SUBJONCTIF

PRÉSENT	PASSÉ
que je moule	que j'aie moulu
que tu moules	que tu aies moulu
qu'il/elle moule	qu'il/elle ait moulu
que nous moulions	que nous ayons moulu
que vous mouliez	que vous ayez moulu
qu'ils/elles moulent	qu'ils/elles aient moulu

IMPARFAIT	PLUS-QUE-PARFAIT
que je moulusse	que j'eusse moulu
que tu moulusses	que tu eusses moulu
qu'il/elle moulût	qu'il/elle eût moulu
que nous moulussions	que nous eussions moulu
que vous moulussiez	que vous eussiez moulu
qu'ils/elles moulussent	qu'ils/elles eussent moulu

IMPÉRATIF

PRÉSENT	PASSÉ
mouds	aie moulu
moulons	ayons moulu
moulez	ayez moulu

INFINITIF

PRÉSENT	PASSÉ
moudre	avoir moulu

PARTICIPE

PRÉSENT	PASSÉ
moulant	moulu(e, s, es)
	ayant moulu

Notez bien !

- Notez le **d** présent, bien que non prononcé, au singulier de l'indicatif présent et de l'impératif présent : *je mouds ; mouds du poivre !* → tableaux **84**, **85**.
- Beaucoup de formes sont rares : le pluriel de l'indicatif et de l'impératif présent, l'imparfait et le passé simple de l'indicatif, les subjonctifs présent et imparfait... On a recours, quand c'est possible, à une périphrase : *je moulais → j'étais en train de moudre*.

92 résoudre

absoudre • dissoudre • redissoudre

3e groupe | verbes en **-soudre**

INDICATIF

• PRÉSENT
je résous
tu résous
il/elle résout
nous résolvons
vous résolvez
ils/elles résolvent

• PASSÉ COMPOSÉ
j'ai résolu
tu as résolu
il/elle a résolu
nous avons résolu
vous avez résolu
ils/elles ont résolu

• IMPARFAIT
je résolvais
tu résolvais
il/elle résolvait
nous résolvions
vous résolviez
ils/elles résolvaient

• PLUS-QUE-PARFAIT
j'avais résolu
tu avais résolu
il/elle avait résolu
nous avions résolu
vous aviez résolu
ils/elles avaient résolu

• PASSÉ SIMPLE
je résolus
tu résolus
il/elle résolut
nous résolûmes
vous résolûtes
ils/elles résolurent

• PASSÉ ANTÉRIEUR
j'eus résolu
tu eus résolu
il/elle eut résolu
nous eûmes résolu
vous eûtes résolu
ils/elles eurent résolu

• FUTUR SIMPLE
je résoudrai
tu résoudras
il/elle résoudra
nous résoudrons
vous résoudrez
ils/elles résoudront

• FUTUR ANTÉRIEUR
j'aurai résolu
tu auras résolu
il/elle aura résolu
nous aurons résolu
vous aurez résolu
ils/elles auront résolu

• CONDITIONNEL PRÉSENT
je résoudrais
tu résoudrais
il/elle résoudrait
nous résoudrions
vous résoudriez
ils/elles résoudraient

• CONDITIONNEL PASSÉ
j'aurais résolu
tu aurais résolu
il/elle aurait résolu
nous aurions résolu
vous auriez résolu
ils/elles auraient résolu

SUBJONCTIF

• PRÉSENT
que je résolve
que tu résolves
qu'il/elle résolve
que nous résolvions
que vous résolviez
qu'ils/elles résolvent

• PASSÉ
que j'aie résolu
que tu aies résolu
qu'il/elle ait résolu
que nous ayons résolu
que vous ayez résolu
qu'ils/elles aient résolu

• IMPARFAIT
que je résolusse
que tu résolusses
qu'il/elle résolût
que nous résolussions
que vous résolussiez
qu'ils/elles résolussent

• PLUS-QUE-PARFAIT
que j'eusse résolu
que tu eusses résolu
qu'il/elle eût résolu
que nous eussions résolu
que vous eussiez résolu
qu'ils/elles eussent résolu

IMPÉRATIF

• PRÉSENT
résous
résolvons
résolvez

• PASSÉ
aie résolu
ayons résolu
ayez résolu

INFINITIF

• PRÉSENT
résoudre

• PASSÉ
avoir résolu

PARTICIPE

• PRÉSENT
résolvant

• PASSÉ
résolu(e, s, es)
ayant résolu

Notez bien !

• À la différence des verbes en **-oudre**, les verbes en **-soudre** ne comportent aucun **d** à l'indicatif présent ni à l'impératif présent : *je résous* ; *résous*.
• Les participes passés de *absoudre* et de *(re)dissoudre* sont : *absous*, *(re)dissous*, mais *absoute(s)*, *(re)dissoute(s)*.

N. ORTH. La réforme de 1990 autorise à écrire *absout* et *(re)dissout*, sur le modèle de *absoute*, *(re)dissoute*.

93 rompre

3e groupe

corrompre • interrompre

INDICATIF

• PRÉSENT

je romps
tu romps
il/elle rompt
nous rompons
vous rompez
ils/elles rompent

• PASSÉ COMPOSÉ

j'ai rompu
tu as rompu
il/elle a rompu
nous avons rompu
vous avez rompu
ils/elles ont rompu

• IMPARFAIT

je rompais
tu rompais
il/elle rompait
nous rompions
vous rompiez
ils/elles rompaient

• PLUS-QUE-PARFAIT

j'avais rompu
tu avais rompu
il/elle avait rompu
nous avions rompu
vous aviez rompu
ils/elles avaient rompu

• PASSÉ SIMPLE

je rompis
tu rompis
il/elle rompit
nous rompîmes
vous rompîtes
ils/elles rompirent

• PASSÉ ANTÉRIEUR

j'eus rompu
tu eus rompu
il/elle eut rompu
nous eûmes rompu
vous eûtes rompu
ils/elles eurent rompu

• FUTUR SIMPLE

je romprai
tu rompras
il/elle rompra
nous romprons
vous romprez
ils/elles rompront

• FUTUR ANTÉRIEUR

j'aurai rompu
tu auras rompu
il/elle aura rompu
nous aurons rompu
vous aurez rompu
ils/elles auront rompu

• CONDITIONNEL PRÉSENT

je romprais
tu romprais
il/elle romprait
nous romprions
vous rompriez
ils/elles rompraient

• CONDITIONNEL PASSÉ

j'aurais rompu
tu aurais rompu
il/elle aurait rompu
nous aurions rompu
vous auriez rompu
ils/elles auraient rompu

SUBJONCTIF

• PRÉSENT

que je rompe
que tu rompes
qu'il/elle rompe
que nous rompions
que vous rompiez
qu'ils/elles rompent

• PASSÉ

que j'aie rompu
que tu aies rompu
qu'il/elle ait rompu
que nous ayons rompu
que vous ayez rompu
qu'ils/elles aient rompu

• IMPARFAIT

que je rompisse
que tu rompisses
qu'il/elle rompît
que nous rompissions
que vous rompissiez
qu'ils/elles rompissent

• PLUS-QUE-PARFAIT

que j'eusse rompu
que tu eusses rompu
qu'il/elle eût rompu
que nous eussions rompu
que vous eussiez rompu
qu'ils/elles eussent rompu

IMPÉRATIF

• PRÉSENT

romps
rompons
rompez

• PASSÉ

aie rompu
ayons rompu
ayez rompu

INFINITIF

• PRÉSENT

rompre

• PASSÉ

avoir rompu

PARTICIPE

• PRÉSENT

rompant

• PASSÉ

rompu(e, s, es)
ayant rompu

Notez bien !

• À l'instar des verbes en **-dre** qui se conjuguent sur le modèle de *rendre* (→ tableau **84**), toutes les formes de *rompre*, *corrompre* et *interrompre* conservent le **p** du radical, que ce **p** soit prononcé ou non.

94 battre

3e groupe

abattre • combattre • débattre...

INDICATIF

• PRÉSENT

je bats
tu bats
il/elle bat
nous battons
vous battez
ils/elles battent

• PASSÉ COMPOSÉ

j'ai battu
tu as battu
il/elle a battu
nous avons battu
vous avez battu
ils/elles ont battu

• IMPARFAIT

je battais
tu battais
il/elle battait
nous battions
vous battiez
ils/elles battaient

• PLUS-QUE-PARFAIT

j'avais battu
tu avais battu
il/elle avait battu
nous avions battu
vous aviez battu
ils/elles avaient battu

• PASSÉ SIMPLE

je battis
tu battis
il/elle battit
nous battîmes
vous battîtes
ils/elles battirent

• PASSÉ ANTÉRIEUR

j'eus battu
tu eus battu
il/elle eut battu
nous eûmes battu
vous eûtes battu
ils/elles eurent battu

• FUTUR SIMPLE

je battrai
tu battras
il/elle battra
nous battrons
vous battrez
ils/elles battront

• FUTUR ANTÉRIEUR

j'aurai battu
tu auras battu
il/elle aura battu
nous aurons battu
vous aurez battu
ils/elles auront battu

• CONDITIONNEL PRÉSENT

je battrais
tu battrais
il/elle battrait
nous battrions
vous battriez
ils/elles battraient

• CONDITIONNEL PASSÉ

j'aurais battu
tu aurais battu
il/elle aurait battu
nous aurions battu
vous auriez battu
ils/elles auraient battu

SUBJONCTIF

• PRÉSENT

que je batte
que tu battes
qu'il/elle batte
que nous battions
que vous battiez
qu'ils/elles battent

• PASSÉ

que j'aie battu
que tu aies battu
qu'il/elle ait battu
que nous ayons battu
que vous ayez battu
qu'ils/elles aient battu

• IMPARFAIT

que je battisse
que tu battisses
qu'il/elle battît
que nous battissions
que vous battissiez
qu'ils/elles battissent

• PLUS-QUE-PARFAIT

que j'eusse battu
que tu eusses battu
qu'il/elle eût battu
que nous eussions battu
que vous eussiez battu
qu'ils/elles eussent battu

IMPÉRATIF

• PRÉSENT

bats
battons
battez

• PASSÉ

aie battu
ayons battu
ayez battu

INFINITIF

• PRÉSENT

battre

• PASSÉ

avoir battu

PARTICIPE

• PRÉSENT

battant

• PASSÉ

battu(e, s, es)
ayant battu

Notez bien !

• Les verbes dérivés de *battre* se conjuguent sur ce modèle. Les formes qui ne font pas entendre le son [t] s'écrivent avec un **t** muet *(je bats)*, celles qui font entendre ce son [t] s'écrivent avec les deux **t** du radical *(nous battons)*.

• Les verbes vulgaires *foutre* et *se contrefoutre* se conjuguent comme *battre*, mais on écrit *je fous*, *tu te contrefous* sans **t** ; *nous foutons*, *vous vous contrefoutiez* avec un **t**.

95 mettre

3e groupe

admettre • permettre • promettre • remettre • soumettre • transmettre...

INDICATIF

• PRÉSENT

je mets
tu mets
il/elle met
nous mettons
vous mettez
ils/elles mettent

• PASSÉ COMPOSÉ

j'ai mis
tu as mis
il/elle a mis
nous avons mis
vous avez mis
ils/elles ont mis

• IMPARFAIT

je mettais
tu mettais
il/elle mettait
nous mettions
vous mettiez
ils/elles mettaient

• PLUS-QUE-PARFAIT

j'avais mis
tu avais mis
il/elle avait mis
nous avions mis
vous aviez mis
ils/elles avaient mis

• PASSÉ SIMPLE

je mis
tu mis
il/elle mit
nous mîmes
vous mîtes
ils/elles mirent

• PASSÉ ANTÉRIEUR

j'eus mis
tu eus mis
il/elle eut mis
nous eûmes mis
vous eûtes mis
ils/elles eurent mis

• FUTUR SIMPLE

je mettrai
tu mettras
il/elle mettra
nous mettrons
vous mettrez
ils/elles mettront

• FUTUR ANTÉRIEUR

j'aurai mis
tu auras mis
il/elle aura mis
nous aurons mis
vous aurez mis
ils/elles auront mis

• CONDITIONNEL PRÉSENT

je mettrais
tu mettrais
il/elle mettrait
nous mettrions
vous mettriez
ils/elles mettraient

• CONDITIONNEL PASSÉ

j'aurais mis
tu aurais mis
il/elle aurait mis
nous aurions mis
vous auriez mis
ils/elles auraient mis

SUBJONCTIF

• PRÉSENT

que je mette
que tu mettes
qu'il/elle mette
que nous mettions
que vous mettiez
qu'ils/elles mettent

• PASSÉ

que j'aie mis
que tu aies mis
qu'il/elle ait mis
que nous ayons mis
que vous ayez mis
qu'ils/elles aient mis

• IMPARFAIT

que je misse
que tu misses
qu'il/elle mît
que nous missions
que vous missiez
qu'ils/elles missent

• PLUS-QUE-PARFAIT

que j'eusse mis
que tu eusses mis
qu'il/elle eût mis
que nous eussions mis
que vous eussiez mis
qu'ils/elles eussent mis

IMPÉRATIF

• PRÉSENT

mets
mettons
mettez

• PASSÉ

aie mis
ayons mis
ayez mis

INFINITIF

• PRÉSENT

mettre

• PASSÉ

avoir mis

PARTICIPE

• PRÉSENT

mettant

• PASSÉ

mis(e, es)
ayant mis

Notez bien !

- Les formes prononcées [mɛ] (sans le son [t]) s'écrivent avec un **t** *(je mets)* ; celles qui sont prononcées [mɛt] (avec le son [t]) s'écrivent avec les deux **t** du radical *(nous mettons)*.
- Les verbes qui se conjuguent sur ce modèle se différencient de *battre* (→ tableau **94**) par leur passé simple et leur subjonctif imparfait *(je mis, que je misse)* et par leur participe passé en **-is**.

96 vaincre

3e groupe

convaincre

INDICATIF

• PRÉSENT

je vaincs
tu vaincs
il/elle vainc
nous vainquons
vous vainquez
ils/elles vainquent

• PASSÉ COMPOSÉ

j'ai vaincu
tu as vaincu
il/elle a vaincu
nous avons vaincu
vous avez vaincu
ils/elles ont vaincu

• IMPARFAIT

je vainquais
tu vainquais
il/elle vainquait
nous vainquions
vous vainquiez
ils/elles vainquaient

• PLUS-QUE-PARFAIT

j'avais vaincu
tu avais vaincu
il/elle avait vaincu
nous avions vaincu
vous aviez vaincu
ils/elles avaient vaincu

• PASSÉ SIMPLE

je vainquis
tu vainquis
il/elle vainquit
nous vainquîmes
vous vainquîtes
ils/elles vainquirent

• PASSÉ ANTÉRIEUR

j'eus vaincu
tu eus vaincu
il/elle eut vaincu
nous eûmes vaincu
vous eûtes vaincu
ils/elles eurent vaincu

• FUTUR SIMPLE

je vaincrai
tu vaincras
il/elle vaincra
nous vaincrons
vous vaincrez
ils/elles vaincront

• FUTUR ANTÉRIEUR

j'aurai vaincu
tu auras vaincu
il/elle aura vaincu
nous aurons vaincu
vous aurez vaincu
ils/elles auront vaincu

• CONDITIONNEL PRÉSENT

je vaincrais
tu vaincrais
il/elle vaincrait
nous vaincrions
vous vaincriez
ils/elles vaincraient

• CONDITIONNEL PASSÉ

j'aurais vaincu
tu aurais vaincu
il/elle aurait vaincu
nous aurions vaincu
vous auriez vaincu
ils/elles auraient vaincu

SUBJONCTIF

• PRÉSENT

que je vainque
que tu vainques
qu'il/elle vainque
que nous vainquions
que vous vainquiez
qu'ils/elles vainquent

• PASSÉ

que j'aie vaincu
que tu aies vaincu
qu'il/elle ait vaincu
que nous ayons vaincu
que vous ayez vaincu
qu'ils/elles aient vaincu

• IMPARFAIT

que je vainquisse
que tu vainquisses
qu'il/elle vainquît
que nous vainquissions
que vous vainquissiez
qu'ils/elles vainquissent

• PLUS-QUE-PARFAIT

que j'eusse vaincu
que tu eusses vaincu
qu'il/elle eût vaincu
que nous eussions vaincu
que vous eussiez vaincu
qu'ils/elles eussent vaincu

IMPÉRATIF

• PRÉSENT

vaincs
vainquons
vainquez

• PASSÉ

aie vaincu
ayons vaincu
ayez vaincu

INFINITIF

• PRÉSENT

vaincre

• PASSÉ

avoir vaincu

PARTICIPE

• PRÉSENT

vainquant

• PASSÉ

vaincu(e, s, es)
ayant vaincu

Notez bien !

• Notez le **c** présent, bien que non prononcé, au singulier de l'indicatif présent et de l'impératif présent : *je vaincs, tu vaincs, il vainc* (sans **t**) ; *vaincs !*

• La forme longue du radical, avec le son [k] prononcé, s'écrit *vainqu- (nous vainquons, je vainquis)*, sauf devant **r** (infinitif *vaincre*, futur simple *je vaincrai*, conditionnel présent *je vaincrais*) et au participe passé *(vaincu)*.

97 connaître

3e groupe | verbes en **-aître**

apparaître • disparaître • paraître • reconnaître...

INDICATIF

• PRÉSENT

je connais
tu connais
il/elle connaît
nous connaissons
vous connaissez
ils/elles connaissent

• PASSÉ COMPOSÉ

j'ai connu
tu as connu
il/elle a connu
nous avons connu
vous avez connu
ils/elles ont connu

• IMPARFAIT

je connaissais
tu connaissais
il/elle connaissait
nous connaissions
vous connaissiez
ils/elles connaissaient

• PLUS-QUE-PARFAIT

j'avais connu
tu avais connu
il/elle avait connu
nous avions connu
vous aviez connu
ils/elles avaient connu

• PASSÉ SIMPLE

je connus
tu connus
il/elle connut
nous connûmes
vous connûtes
ils/elles connurent

• PASSÉ ANTÉRIEUR

j'eus connu
tu eus connu
il/elle eut connu
nous eûmes connu
vous eûtes connu
ils/elles eurent connu

• FUTUR SIMPLE

je connaîtrai
tu connaîtras
il/elle connaîtra
nous connaîtrons
vous connaîtrez
ils/elles connaîtront

• FUTUR ANTÉRIEUR

j'aurai connu
tu auras connu
il/elle aura connu
nous aurons connu
vous aurez connu
ils/elles auront connu

• CONDITIONNEL PRÉSENT

je connaîtrais
tu connaîtrais
il/elle connaîtrait
nous connaîtrions
vous connaîtriez
ils/elles connaîtraient

• CONDITIONNEL PASSÉ

j'aurais connu
tu aurais connu
il/elle aurait connu
nous aurions connu
vous auriez connu
ils/elles auraient connu

SUBJONCTIF

• PRÉSENT

que je connaisse
que tu connaisses
qu'il/elle connaisse
que nous connaissions
que vous connaissiez
qu'ils/elles connaissent

• PASSÉ

que j'aie connu
que tu aies connu
qu'il/elle ait connu
que nous ayons connu
que vous ayez connu
qu'ils/elles aient connu

• IMPARFAIT

que je connusse
que tu connusses
qu'il/elle connût
que nous connussions
que vous connussiez
qu'ils/elles connussent

• PLUS-QUE-PARFAIT

que j'eusse connu
que tu eusses connu
qu'il/elle eût connu
que nous eussions connu
que vous eussiez connu
qu'ils/elles eussent connu

IMPÉRATIF

• PRÉSENT

connais
connaissons
connaissez

• PASSÉ

aie connu
ayons connu
ayez connu

INFINITIF

• PRÉSENT

connaître

• PASSÉ

avoir connu

PARTICIPE

• PRÉSENT

connaissant

• PASSÉ

connu(e, s, es)
ayant connu

Notez bien !

• La voyelle **i** du radical reçoit un accent circonflexe quand elle est suivie d'un **t** : infinitif *(connaître)*, 3e personne du singulier de l'indicatif présent *(il connaît)*, futur simple et conditionnel présent à toutes les personnes *(je connaîtrai, nous connaîtrions)*.

N. ORTH. La réforme de 1990 autorise la suppression de l'accent circonflexe sur **i** devant **t** : *connaitre, il connait, il connaitra(it).*

98 naître

3e groupe

renaître

INDICATIF

• PRÉSENT

je nais
tu nais
il/elle naît
nous naissons
vous naissez
ils/elles naissent

• PASSÉ COMPOSÉ

je suis né(e)
tu es né(e)
il/elle est né(e)
nous sommes né(e)s
vous êtes né(e)s
ils/elles sont né(e)s

• IMPARFAIT

je naissais
tu naissais
il/elle naissait
nous naissions
vous naissiez
ils/elles naissaient

• PLUS-QUE-PARFAIT

j'étais né(e)
tu étais né(e)
il/elle était né(e)
nous étions né(e)s
vous étiez né(e)s
ils/elles étaient né(e)s

• PASSÉ SIMPLE

je naquis
tu naquis
il/elle naquit
nous naquîmes
vous naquîtes
ils/elles naquirent

• PASSÉ ANTÉRIEUR

je fus né(e)
tu fus né(e)
il/elle fut né(e)
nous fûmes né(e)s
vous fûtes né(e)s
ils/elles furent né(e)s

• FUTUR SIMPLE

je naîtrai
tu naîtras
il/elle naîtra
nous naîtrons
vous naîtrez
ils/elles naîtront

• FUTUR ANTÉRIEUR

je serai né(e)
tu seras né(e)
il/elle sera né(e)
nous serons né(e)s
vous serez né(e)s
ils/elles seront né(e)s

• CONDITIONNEL PRÉSENT

je naîtrais
tu naîtrais
il/elle naîtrait
nous naîtrions
vous naîtriez
ils/elles naîtraient

• CONDITIONNEL PASSÉ

je serais né(e)
tu serais né(e)
il/elle serait né(e)
nous serions né(e)s
vous seriez né(e)s
ils/elles seraient né(e)s

SUBJONCTIF

• PRÉSENT

que je naisse
que tu naisses
qu'il/elle naisse
que nous naissions
que vous naissiez
qu'ils/elles naissent

• PASSÉ

que je sois né(e)
que tu sois né(e)
qu'il/elle soit né(e)
que nous soyons né(e)s
que vous soyez né(e)s
qu'ils/elles soient né(e)s

• IMPARFAIT

que je naquisse
que tu naquisses
qu'il/elle naquît
que nous naquissions
que vous naquissiez
qu'ils/elles naquissent

• PLUS-QUE-PARFAIT

que je fusse né(e)
que tu fusses né(e)
qu'il/elle fût né(e)
que nous fussions né(e)s
que vous fussiez né(e)s
qu'ils/elles fussent né(e)s

IMPÉRATIF

• PRÉSENT

nais
naissons
naissez

• PASSÉ

sois né(e)
soyons né(e)s
soyez né(e)s

INFINITIF

• PRÉSENT

naître

• PASSÉ

être né(e, s, es)

PARTICIPE

• PRÉSENT

naissant

• PASSÉ

né(e, s, es)
étant né(e, s, es)

Notez bien !

- Le verbe *naître* se distingue des verbes du type *connaître* (→ tableau **97**) par son passé simple et son subjonctif imparfait en **aqui**.
- La voyelle **i** du radical reçoit un accent circonflexe quand elle est suivie d'un **t** : *naître, il naît, tu naîtras, ils naîtraient*.

N. ORTH. La réforme de 1990 autorise la suppression de l'accent circonflexe sur **i** devant **t** : *naitre, il nait, il naitra(it)*. Mais *vous naquîtes* garde l'accent.

3e groupe — LES TABLEAUX

99 repaître

paître

3e groupe

INDICATIF

• PRÉSENT

je repais
tu repais
il/elle repaît
nous repaissons
vous repaissez
ils/elles repaissent

• PASSÉ COMPOSÉ

j'ai repu
tu as repu
il/elle a repu
nous avons repu
vous avez repu
ils/elles ont repu

• IMPARFAIT

je repaissais
tu repaissais
il/elle repaissait
nous repaissions
vous repaissiez
ils/elles repaissaient

• PLUS-QUE-PARFAIT

j'avais repu
tu avais repu
il/elle avait repu
nous avions repu
vous aviez repu
ils/elles avaient repu

• PASSÉ SIMPLE

je repus
tu repus
il/elle reput
nous repûmes
vous repûtes
ils/elles repurent

• PASSÉ ANTÉRIEUR

j'eus repu
tu eus repu
il/elle eut repu
nous eûmes repu
vous eûtes repu
ils/elles eurent repu

• FUTUR SIMPLE

je repaîtrai
tu repaîtras
il/elle repaîtra
nous repaîtrons
vous repaîtrez
ils/elles repaîtront

• FUTUR ANTÉRIEUR

j'aurai repu
tu auras repu
il/elle aura repu
nous aurons repu
vous aurez repu
ils/elles auront repu

• CONDITIONNEL PRÉSENT

je repaîtrais
tu repaîtrais
il/elle repaîtrait
nous repaîtrions
vous repaîtriez
ils/elles repaîtraient

• CONDITIONNEL PASSÉ

j'aurais repu
tu aurais repu
il/elle aurait repu
nous aurions repu
vous auriez repu
ils/elles auraient repu

SUBJONCTIF

• PRÉSENT

que je repaisse
que tu repaisses
qu'il/elle repaisse
que nous repaissions
que vous repaissiez
qu'ils/elles repaissent

• PASSÉ

que j'aie repu
que tu aies repu
qu'il/elle ait repu
que nous ayons repu
que vous ayez repu
qu'ils/elles aient repu

• IMPARFAIT

que je repusse
que tu repusses
qu'il/elle repût
que nous repussions
que vous repussiez
qu'ils/elles repussent

• PLUS-QUE-PARFAIT

que j'eusse repu
que tu eusses repu
qu'il/elle eût repu
que nous eussions repu
que vous eussiez repu
qu'ils/elles eussent repu

IMPÉRATIF

• PRÉSENT

repais
repaissons
repaissez

• PASSÉ

aie repu
ayons repu
ayez repu

INFINITIF

• PRÉSENT

repaître

• PASSÉ

avoir repu

PARTICIPE

• PRÉSENT

repaissant

• PASSÉ

repu(e, s, es)
ayant repu

Notez bien !

• La voyelle **i** du radical reçoit un accent circonflexe quand elle est suivie d'un **t** : *repaître, il repaît, il repaîtra, ils repaîtraient.*

• Le verbe *paître* se conjugue sur ce modèle, mais il n'existe pas aux temps composés et, aux temps simples, n'a ni passé simple ni subjonctif imparfait.

N. ORTH. La réforme de 1990 autorise la suppression de l'accent circonflexe sur **i** devant **t** : *repaitre, il repait, il repaitra(it).*

croître

3e groupe

INDICATIF

• PRÉSENT

je croîs
tu croîs
il/elle croît
nous croissons
vous croissez
ils/elles croissent

• PASSÉ COMPOSÉ

j'ai crû
tu as crû
il/elle a crû
nous avons crû
vous avez crû
ils/elles ont crû

• IMPARFAIT

je croissais
tu croissais
il/elle croissait
nous croissions
vous croissiez
ils/elles croissaient

• PLUS-QUE-PARFAIT

j'avais crû
tu avais crû
il/elle avait crû
nous avions crû
vous aviez crû
ils/elles avaient crû

• PASSÉ SIMPLE

je crûs
tu crûs
il/elle crût
nous crûmes
vous crûtes
ils/elles crûrent

• PASSÉ ANTÉRIEUR

j'eus crû
tu eus crû
il/elle eut crû
nous eûmes crû
vous eûtes crû
ils/elles eurent crû

• FUTUR SIMPLE

je croîtrai
tu croîtras
il/elle croîtra
nous croîtrons
vous croîtrez
ils/elles croîtront

• FUTUR ANTÉRIEUR

j'aurai crû
tu auras crû
il/elle aura crû
nous aurons crû
vous aurez crû
ils/elles auront crû

• CONDITIONNEL PRÉSENT

je croîtrais
tu croîtrais
il/elle croîtrait
nous croîtrions
vous croîtriez
ils/elles croîtraient

• CONDITIONNEL PASSÉ

j'aurais crû
tu aurais crû
il/elle aurait crû
nous aurions crû
vous auriez crû
ils/elles auraient crû

SUBJONCTIF

• PRÉSENT

que je croisse
que tu croisses
qu'il/elle croisse
que nous croissions
que vous croissiez
qu'ils/elles croissent

• PASSÉ

que j'aie crû
que tu aies crû
qu'il/elle ait crû
que nous ayons crû
que vous ayez crû
qu'ils/elles aient crû

• IMPARFAIT

que je crûsse
que tu crûsses
qu'il/elle crût
que nous crûssions
que vous crûssiez
qu'ils/elles crûssent

• PLUS-QUE-PARFAIT

que j'eusse crû
que tu eusses crû
qu'il/elle eût crû
que nous eussions crû
que vous eussiez crû
qu'ils/elles eussent crû

IMPÉRATIF

• PRÉSENT

croîs
croissons
croissez

• PASSÉ

aie crû
ayons crû
ayez crû

INFINITIF

• PRÉSENT

croître

• PASSÉ

avoir crû

PARTICIPE

• PRÉSENT

croissant

• PASSÉ

crû (crue, crus, crues)
ayant crû

Notez bien !

• La voyelle **i** de *croître* reçoit un accent circonflexe quand elle est suivie d'un **t** *(il croît)* et quand la forme est homonyme d'une forme de *croire* : *je croîs, croîs*. Plusieurs formes en *cru-* se distinguent aussi de celles de *croire* : *je crûs, que je crûsse*.

N. ORTH. La réforme de 1990 autorise la suppression de l'accent circonflexe sur l'infinitif *(croitre)*, sur le futur simple et le conditionnel présent *(je croitrai(s))*.

101 accroître

3e groupe

décroître • recroître

INDICATIF

• PRÉSENT
j'accrois
tu accrois
il/elle accroît
nous accroissons
vous accroissez
ils/elles accroissent

• PASSÉ COMPOSÉ
j'ai accru
tu as accru
il/elle a accru
nous avons accru
vous avez accru
ils/elles ont accru

• IMPARFAIT
j'accroissais
tu accroissais
il/elle accroissait
nous accroissions
vous accroissiez
ils/elles accroissaient

• PLUS-QUE-PARFAIT
j'avais accru
tu avais accru
il/elle avait accru
nous avions accru
vous aviez accru
ils/elles avaient accru

• PASSÉ SIMPLE
j'accrus
tu accrus
il/elle accrut
nous accrûmes
vous accrûtes
ils/elles accrurent

• PASSÉ ANTÉRIEUR
j'eus accru
tu eus accru
il/elle eut accru
nous eûmes accru
vous eûtes accru
ils/elles eurent accru

• FUTUR SIMPLE
j'accroîtrai
tu accroîtras
il/elle accroîtra
nous accroîtrons
vous accroîtrez
ils/elles accroîtront

• FUTUR ANTÉRIEUR
j'aurai accru
tu auras accru
il/elle aura accru
nous aurons accru
vous aurez accru
ils/elles auront accru

• CONDITIONNEL PRÉSENT
j'accroîtrais
tu accroîtrais
il/elle accroîtrait
nous accroîtrions
vous accroîtriez
ils/elles accroîtraient

• CONDITIONNEL PASSÉ
j'aurais accru
tu aurais accru
il/elle aurait accru
nous aurions accru
vous auriez accru
ils/elles auraient accru

SUBJONCTIF

• PRÉSENT
que j'accroisse
que tu accroisses
qu'il/elle accroisse
que nous accroissions
que vous accroissiez
qu'ils/elles accroissent

• PASSÉ
que j'aie accru
que tu aies accru
qu'il/elle ait accru
que nous ayons accru
que vous ayez accru
qu'ils/elles aient accru

• IMPARFAIT
que j'accrusse
que tu accrusses
qu'il/elle accrût
que nous accrussions
que vous accrussiez
qu'ils/elles accrussent

• PLUS-QUE-PARFAIT
que j'eusse accru
que tu eusses accru
qu'il/elle eût accru
que nous eussions accru
que vous eussiez accru
qu'ils/elles eussent accru

IMPÉRATIF

• PRÉSENT
accrois
accroissons
accroissez

• PASSÉ
aie accru
ayons accru
ayez accru

INFINITIF

• PRÉSENT
accroître

• PASSÉ
avoir accru

PARTICIPE

• PRÉSENT
accroissant

• PASSÉ
accru(e, s, es)
ayant accru

Notez bien !

• Les verbes en **-oître** qui se conjuguent sur ce modèle se différencient de *croître* → tableau **100** : ils ne reçoivent un accent circonflexe que devant un **t**, comme les verbes en **-aître**. Fait exception le participe passé de *recroître* qui est *recrû* (mais *recrue*, *recrus*, *recrues*).

N. ORTH. La réforme de 1990 autorise la suppression de l'accent circonflexe sur **i** devant **t**. Le participe passé *recrû* conserve son accent circonflexe.

conclure

exclure • inclure • occlure

3e groupe | verbes en **-clure**

INDICATIF

• PRÉSENT
je conclus
tu conclus
il/elle conclut
nous concluons
vous concluez
ils/elles concluent

• PASSÉ COMPOSÉ
j'ai conclu
tu as conclu
il/elle a conclu
nous avons conclu
vous avez conclu
ils/elles ont conclu

• IMPARFAIT
je concluais
tu concluais
il/elle concluait
nous concluions
vous concluiez
ils/elles concluaient

• PLUS-QUE-PARFAIT
j'avais conclu
tu avais conclu
il/elle avait conclu
nous avions conclu
vous aviez conclu
ils/elles avaient conclu

• PASSÉ SIMPLE
je conclus
tu conclus
il/elle conclut
nous conclûmes
vous conclûtes
ils/elles conclurent

• PASSÉ ANTÉRIEUR
j'eus conclu
tu eus conclu
il/elle eut conclu
nous eûmes conclu
vous eûtes conclu
ils/elles eurent conclu

• FUTUR SIMPLE
je conclurai
tu concluras
il/elle conclura
nous conclurons
vous conclurez
ils/elles concluront

• FUTUR ANTÉRIEUR
j'aurai conclu
tu auras conclu
il/elle aura conclu
nous aurons conclu
vous aurez conclu
ils/elles auront conclu

• CONDITIONNEL PRÉSENT
je conclurais
tu conclurais
il/elle conclurait
nous conclurions
vous concluriez
ils/elles concluraient

• CONDITIONNEL PASSÉ
j'aurais conclu
tu aurais conclu
il/elle aurait conclu
nous aurions conclu
vous auriez conclu
ils/elles auraient conclu

SUBJONCTIF

• PRÉSENT
que je conclue
que tu conclues
qu'il/elle conclue
que nous concluions
que vous concluiez
qu'ils/elles concluent

• PASSÉ
que j'aie conclu
que tu aies conclu
qu'il/elle ait conclu
que nous ayons conclu
que vous ayez conclu
qu'ils/elles aient conclu

• IMPARFAIT
que je conclusse
que tu conclusses
qu'il/elle conclût
que nous conclussions
que vous conclussiez
qu'ils/elles conclussent

• PLUS-QUE-PARFAIT
que j'eusse conclu
que tu eusses conclu
qu'il/elle eût conclu
que nous eussions conclu
que vous eussiez conclu
qu'ils/elles eussent conclu

IMPÉRATIF

• PRÉSENT
conclus
concluons
concluez

• PASSÉ
aie conclu
ayons conclu
ayez conclu

INFINITIF

• PRÉSENT
conclure

• PASSÉ
avoir conclu

PARTICIPE

• PRÉSENT
concluant

• PASSÉ
conclu(e, s, es)
ayant conclu

Notez bien !

• Notez la terminaison **-s**, **-s**, **-t** à l'indicatif présent : *je conclus*, *tu conclus*, *il conclut*. La forme ⊖ *il conclue* est une faute fréquente ; elle n'est exacte qu'au subjonctif : *qu'il conclue*.

• Les autres verbes en **-clure** se conjuguent sur ce modèle, mais *inclure* et *occlure* ont un participe passé avec **-s** : *inclus(e, es)*. L'adjectif *reclus* vient du participe passé du verbe *reclure* qui ne se conjugue plus.

103 suivre

3e groupe

s'ensuivre • poursuivre...

INDICATIF

• PRÉSENT

je suis
tu suis
il/elle suit
nous suivons
vous suivez
ils/elles suivent

• PASSÉ COMPOSÉ

j'ai suivi
tu as suivi
il/elle a suivi
nous avons suivi
vous avez suivi
ils/elles ont suivi

• IMPARFAIT

je suivais
tu suivais
il/elle suivait
nous suivions
vous suiviez
ils/elles suivaient

• PLUS-QUE-PARFAIT

j'avais suivi
tu avais suivi
il/elle avait suivi
nous avions suivi
vous aviez suivi
ils/elles avaient suivi

• PASSÉ SIMPLE

je suivis
tu suivis
il/elle suivit
nous suivîmes
vous suivîtes
ils/elles suivirent

• PASSÉ ANTÉRIEUR

j'eus suivi
tu eus suivi
il/elle eut suivi
nous eûmes suivi
vous eûtes suivi
ils/elles eurent suivi

• FUTUR SIMPLE

je suivrai
tu suivras
il/elle suivra
nous suivrons
vous suivrez
ils/elles suivront

• FUTUR ANTÉRIEUR

j'aurai suivi
tu auras suivi
il/elle aura suivi
nous aurons suivi
vous aurez suivi
ils/elles auront suivi

• CONDITIONNEL PRÉSENT

je suivrais
tu suivrais
il/elle suivrait
nous suivrions
vous suivriez
ils/elles suivraient

• CONDITIONNEL PASSÉ

j'aurais suivi
tu aurais suivi
il/elle aurait suivi
nous aurions suivi
vous auriez suivi
ils/elles auraient suivi

SUBJONCTIF

• PRÉSENT

que je suive
que tu suives
qu'il/elle suive
que nous suivions
que vous suiviez
qu'ils/elles suivent

• PASSÉ

que j'aie suivi
que tu aies suivi
qu'il/elle ait suivi
que nous ayons suivi
que vous ayez suivi
qu'ils/elles aient suivi

• IMPARFAIT

que je suivisse
que tu suivisses
qu'il/elle suivît
que nous suivissions
que vous suivissiez
qu'ils/elles suivissent

• PLUS-QUE-PARFAIT

que j'eusse suivi
que tu eusses suivi
qu'il/elle eût suivi
que nous eussions suivi
que vous eussiez suivi
qu'ils/elles eussent suivi

IMPÉRATIF

• PRÉSENT

suis
suivons
suivez

• PASSÉ

aie suivi
ayons suivi
ayez suivi

INFINITIF

• PRÉSENT

suivre

• PASSÉ

avoir suivi

PARTICIPE

• PRÉSENT

suivant

• PASSÉ

suivi(e, s, es)
ayant suivi

Notez bien !

• La 1re personne de l'indicatif présent *(je suis)* est homonyme de celle de *être* → tableau **1**.

104 vivre

3e groupe

revivre • survivre

INDICATIF

• PRÉSENT

je vis
tu vis
il/elle vit
nous vivons
vous vivez
ils/elles vivent

• PASSÉ COMPOSÉ

j'ai vécu
tu as vécu
il/elle a vécu
nous avons vécu
vous avez vécu
ils/elles ont vécu

• IMPARFAIT

je vivais
tu vivais
il/elle vivait
nous vivions
vous viviez
ils/elles vivaient

• PLUS-QUE-PARFAIT

j'avais vécu
tu avais vécu
il/elle avait vécu
nous avions vécu
vous aviez vécu
ils/elles avaient vécu

• PASSÉ SIMPLE

je vécus
tu vécus
il/elle vécut
nous vécûmes
vous vécûtes
ils/elles vécurent

• PASSÉ ANTÉRIEUR

j'eus vécu
tu eus vécu
il/elle eut vécu
nous eûmes vécu
vous eûtes vécu
ils/elles eurent vécu

• FUTUR SIMPLE

je vivrai
tu vivras
il/elle vivra
nous vivrons
vous vivrez
ils/elles vivront

• FUTUR ANTÉRIEUR

j'aurai vécu
tu auras vécu
il/elle aura vécu
nous aurons vécu
vous aurez vécu
ils/elles auront vécu

• CONDITIONNEL PRÉSENT

je vivrais
tu vivrais
il/elle vivrait
nous vivrions
vous vivriez
ils/elles vivraient

• CONDITIONNEL PASSÉ

j'aurais vécu
tu aurais vécu
il/elle aurait vécu
nous aurions vécu
vous auriez vécu
ils/elles auraient vécu

SUBJONCTIF

• PRÉSENT

que je vive
que tu vives
qu'il/elle vive
que nous vivions
que vous viviez
qu'ils/elles vivent

• PASSÉ

que j'aie vécu
que tu aies vécu
qu'il/elle ait vécu
que nous ayons vécu
que vous ayez vécu
qu'ils/elles aient vécu

• IMPARFAIT

que je vécusse
que tu vécusses
qu'il/elle vécût
que nous vécussions
que vous vécussiez
qu'ils/elles vécussent

• PLUS-QUE-PARFAIT

que j'eusse vécu
que tu eusses vécu
qu'il/elle eût vécu
que nous eussions vécu
que vous eussiez vécu
qu'ils/elles eussent vécu

IMPÉRATIF

• PRÉSENT

vis
vivons
vivez

• PASSÉ

aie vécu
ayons vécu
ayez vécu

INFINITIF

• PRÉSENT

vivre

• PASSÉ

avoir vécu

PARTICIPE

• PRÉSENT

vivant

• PASSÉ

vécu(e, s, es)
ayant vécu

Notez bien !

• Les formes de l'indicatif présent *(je vis, tu vis, il vit)* sont homonymes du passé simple de *voir* → tableau **50**.

105 clore

3e groupe

déclore • enclore • reclore...

INDICATIF

• PRÉSENT

je clos
tu clos
il/elle clôt
.
.
ils/elles closent

• PASSÉ COMPOSÉ

j'ai clos
tu as clos
il/elle a clos
nous avons clos
vous avez clos
ils/elles ont clos

• IMPARFAIT

.
.
.
.
.
.

• PLUS-QUE-PARFAIT

j'avais clos
tu avais clos
il/elle avait clos
nous avions clos
vous aviez clos
ils/elles avaient clos

• PASSÉ SIMPLE

.
.
.
.
.
.

• PASSÉ ANTÉRIEUR

j'eus clos
tu eus clos
il/elle eut clos
nous eûmes clos
vous eûtes clos
ils/elles eurent clos

• FUTUR SIMPLE

je clorai
tu cloras
il/elle clora
nous clorons
vous clorez
ils/elles cloront

• FUTUR ANTÉRIEUR

j'aurai clos
tu auras clos
il/elle aura clos
nous aurons clos
vous aurez clos
ils/elles auront clos

• CONDITIONNEL PRÉSENT

je clorais
tu clorais
il/elle clorait
nous clorions
vous cloriez
ils/elles cloraient

• CONDITIONNEL PASSÉ

j'aurais clos
tu aurais clos
il/elle aurait clos
nous aurions clos
vous auriez clos
ils/elles auraient clos

SUBJONCTIF

• PRÉSENT

que je close
que tu closes
qu'il/elle close
que nous closions
que vous closiez
qu'ils/elles closent

• PASSÉ

que j'aie clos
que tu aies clos
qu'il/elle ait clos
que nous ayons clos
que vous ayez clos
qu'ils/elles aient clos

• IMPARFAIT

.
.
.
.
.
.

• PLUS-QUE-PARFAIT

que j'eusse clos
que tu eusses clos
qu'il/elle eût clos
que nous eussions clos
que vous eussiez clos
qu'ils/elles eussent clos

IMPÉRATIF

• PRÉSENT

clos
.
.

• PASSÉ

aie clos
ayons clos
ayez clos

INFINITIF

• PRÉSENT

clore

• PASSÉ

avoir clos

PARTICIPE

• PRÉSENT

closant

• PASSÉ

clos(e, es)
ayant clos

Notez bien !

- Le verbe *clore* possède peu de formes vivantes, et la langue ordinaire préfère *fermer*. Notez l'accent circonflexe à la 3e personne de l'indicatif présent : *il clôt*.
- *Reclore* se conjugue comme *clore*.
- *Enclore* et *renclore* acceptent en outre *nous (r)enclosons*, *vous (r)enclosez*.
- *Éclore* se conjugue surtout, en raison de son sens, aux 3es personnes.
- *Déclore* et *forclore* existent surtout à l'infinitif et au participe passé : *déclos*, *forclos*.

LA CONJUGAISON EN CARTES MENTALES

3*

Le présent de l'indicatif

Si le verbe est du 1er groupe comme AIMER

j'utilise les terminaisons
-e, **-es**, **-e**, -ons, -ez, -ent
j'aim**e**, tu aim**es**, ils aim**ent**

Si le verbe est du 2e groupe comme FINIR

j'utilise les terminaisons
-s, **-s**, **-t**, -ons, -ez, -ent
je fini**s**, elle fini**t**, elles finiss**ent**

Le **radical** des verbes du 2e groupe se termine par -iss aux personnes du pluriel.

Si le verbe est du 3e groupe

j'utilise en général les terminaisons
-s, **-s**, **-t** **(**ou **–)**, -ons, -ez, -ent
je cour**s**, il cour**t**, nous cour**ons**
je prend**s**, elle prend_, vous pren**ez**

Le **radical** des verbes du 3e groupe varie souvent.
j'écris, nous écrivons

* Les cartes mentales 1 et 2 se trouvent au début de l'ouvrage.

Le passé simple

4

Si le verbe est du 1er groupe comme AIMER

j'utilise les terminaisons
-ai, **-as**, **-a**, -âmes, -âtes, **-èrent**
j'aim**ai**, elle aim**a**, ils aim**èrent**

Si le verbe est du 2e groupe comme FINIR

j'utilise les terminaisons
-is, **-is**, **-it**, -îmes, -îtes, **-irent**
je fin**is**, il fin**it**, elles fin**irent**

Si le verbe est du 3e groupe

j'utilise, selon le verbe :

-is, **-is**, **-it**, -îmes, -îtes, **-irent**
je sent**is**, elle sent**it**, ils sent**irent**

-us, **-us**, **-ut**, -ûmes, -ûtes, **-urent**
je cour**us**, il cour**ut**, elles cour**urent**

-ins, **-ins**, **-int**, -înmes, -întes, **-inrent**
je v**ins**, elle v**int**, ils v**inrent**

Pour tous les verbes, je fais attention aux 1re et 2e personnes du pluriel, qui prennent un **accent circonflexe**.

nous aimâmes, nous finîmes, vous courûtes...

5 Le futur simple et le conditionnel présent

Quelles sont les **terminaisons** ?

- Au **futur**, j'utilise les terminaisons -rai, -ras, -ra, -rons, -rez, -ront
  j'aime**rai**, il fini**ra**, nous prend**rons**
- Au **conditionnel**, j'utilise les terminaisons -rais, -rais, -rait, -rions, -riez, -raient
  j'aime**rais**, il fini**rait**, nous prend**rions**

À la 1re **personne du singulier**, je ne confonds pas la terminaison du futur **-rai** (**j'aimerai**) avec la terminaison du conditionnel **-rais** (**j'aimerais**).

Comment trouver le **radical** du verbe ?

- Je m'appuie souvent sur l'**infinitif** du verbe.
  j'**aimer**ai, j'**aimer**ais
- Mais le radical des verbes du 1er groupe peut varier.
  il appe**ll**era (appeler), il g**è**lera (geler)
  tu emplo**i**erais (employer)
- Et beaucoup de verbes du 3e groupe ne font pas apparaître l'infinitif.
  je **sau**rai, nous **sau**rions (savoir)
  il **fe**ra, vous **fe**riez (faire)

Je fais attention aux verbes qui prennent deux **r** au futur simple et au conditionnel présent.
tu verras, il enverra, je courrais, vous pourriez

6 Les emplois du conditionnel

Le conditionnel exprime une action **qui pourrait** ou aurait pu **se réaliser**

- L'action dépend ou dépendait d'une **condition** pour se réaliser.

  S'il faisait beau (condition), elle **irait** (cond. présent) se promener.

  S'il avait fait beau (condition), elle **serait allée** (cond. passé) se promener.

- Quand aucune condition n'est exprimée, l'action est présentée comme **incertaine**.

  Le beau temps **devrait** revenir demain.

Il peut aussi exprimer le **futur du passé**

- L'action est **à venir** par rapport à un **moment du passé**.

  Nous espérions tous qu'il **gagnerait** le match.

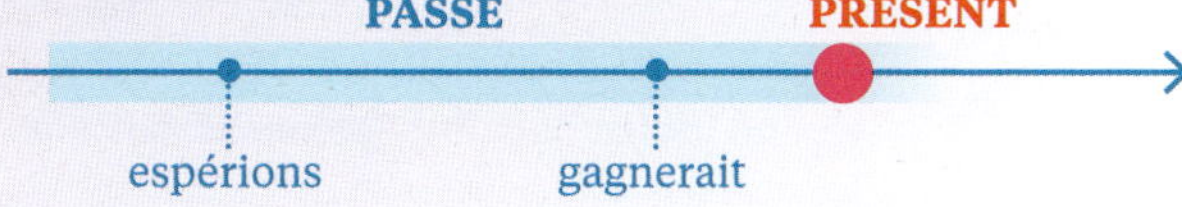

Les temps composés

7

Ils ont une **forme composée**

- auxiliaire **avoir** ou **être** + participe passé du verbe

J'**ai** oublié les clés.

Elle **était** partie la veille.

Chacun est **associé à un temps simple**

- Pour former un temps composé, on met **l'auxiliaire** au **temps simple** associé.

Temps composé	Temps simple associé
passé composé	présent
plus-que-parfait	imparfait
futur antérieur	futur simple

etc.

j'**ai** oublié

(Au passé composé, l'auxiliaire est au présent.)

Ils ont un **sens particulier**

- Ils expriment l'**aspect accompli**.

Demain, nous **serons** partis.

(L'action de partir est présentée comme achevée.)

- Ils marquent souvent l'**antériorité** par rapport à un autre temps dans la phrase.

Quand le chat **est** parti, les souris dansent.

(Le chat part avant que les souris ne dansent.)

8

La FORMATION DU participe passé

Si le verbe est du 1er groupe

comme **AIMER**

- j'utilise la terminaison **-é**

aimé, mangé, remercié

Si le verbe est du 2e groupe

comme **FINIR**

- j'utilise la terminaison **-i**

fini, grandi, averti

Si le verbe est du 3e groupe

- j'utilise les terminaisons

-i : dormi, senti

-u : couru, voulu

-s ou **-t** : pris, cuit, fait, peint

- je mets le participe au féminin pour savoir s'il se termine par une consonne

La fleur est cueillie. → Le fruit est cueilli.

mais Elle est assise. → Il est assis.

! Je fais attention aux verbes qui ont des **radicaux** particuliers.

ouvert (ouvrir), **pu** (pouvoir), **reçu** (recevoir), **su** (savoir)...

9

L'impératif PRÉSENT

Quand emploie-t-on l'impératif ?

On emploie l'impératif pour exprimer un **ordre**, une **interdiction**...

Ferme la porte.

Ne **marchez** pas sur la pelouse.

Comment conjugue-t-on un verbe à l'impératif ?

L'impératif n'existe qu'à **trois personnes** :
- la 2e personne du singulier
- les 1re et 2e personnes du pluriel

Nourris, **nourrissons**, **nourrissez** le poisson rouge !

Il n'a **pas de sujet exprimé**.

Quelles sont les terminaisons de l'impératif présent ?

Si le verbe est du **1er groupe**, comme **aimer**, j'utilise les terminaisons

-e, -ons, -ez

Avanc**e**, avanç**ons**, avanc**ez** !

Pour les **autres verbes**, j'utilise en général les terminaisons

-s, -ons, -ez

Cour**s**, cour**ons**, cour**ez** !

Je fais attention à la terminaison **-e** de la 2e personne du singulier.

Parle moins vite !
(impératif présent)

≠ Tu parles trop vite.
(indicatif présent)

10 Le subjonctif PRÉSENT

Quand emploie-t-on le subjonctif ?

- On emploie le subjonctif quand l'action est **simplement envisagée**, qu'elle n'est pas certaine.
  Je ne pense pas qu'il **pleuve**.

Quelles terminaisons utiliser au subjonctif présent ?

- J'utilise les terminaisons -e, -es, -e, -ions, -iez, -ent
  que je mang**e**, que tu finiss**es**, qu'il vienn**e**
- Je n'oublie pas le **i** des terminaisons -**i**ons et -**i**ez
  Il faudrait que vous pay**iez** la note.

Je fais attention aux verbes **avoir** et **être**.
qu'il ait, qu'il soit (avec un **t**)
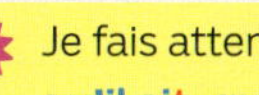
que nous ayons, que vous soyez (sans **i**)

Comment trouver le radical du verbe ?

- J'utilise **l'indicatif présent**
  je **mange** → que je **mange**
  souvent à la 1re personne du pluriel
  nous **atterriss**ons → que j'**atterriss**e
  nous **écriv**ons → que j'**écriv**e

Le radical d'un même verbe peut varier.
que je fuie, que nous fuyions
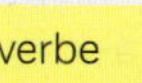
Certains verbes sont irréguliers.
que je fasse (faire), **que je puisse** (pouvoir)...

11 La voix passive

Qu'est-ce que la voix passive ?

- Si le sujet effectue l'action, le verbe est à la **voix active**.

Le garagiste (sujet) **répare** la voiture.

- Si au contraire le sujet subit l'action, le même verbe est à la **voix passive**.

La voiture (sujet) **est réparée** par le garagiste.

Comment former la voix passive ?

- J'associe ces deux éléments :

auxiliaire **être + participe passé** du verbe

Le repas **est servi**.

- Je mets l'**auxiliaire être au temps voulu**.

Je **suis reçu**(e) (présent). J'**ai été reçu**(e) (passé composé).

- Je fais attention à **accorder le participe passé** avec le sujet du verbe.

La marchandise (sujet) a été expédiée hier.

12 La forme pronominale

Qu'est-ce que la forme pronominale ?

Un verbe est à la forme pronominale quand il est précédé d'un **pronom réfléchi**. (pronom réfléchi = pronom qui renvoie au sujet)

Il **se regarde** dans la glace.
(= Il regarde lui-même.)

Les différentes formes pronominales

Le **verbe pronominal**

- existe uniquement à la forme pronominale

Il **s'est absenté** quelques instants.
(Le verbe **absenter* n'existe pas. *S'absenter* est essentiellement pronominal.)

- ou a un sens particulier

Je **me suis aperçu** de mon erreur.
(≠ J'ai aperçu les montagnes.)

La **construction pronominale** conserve le sens du verbe.

- Il **se regarde** dans la glace.
(= Il regarde lui-même.)
- Elles **se sont parlé** tous les jours.
(= Elles ont parlé à elles-mêmes.)

La construction pronominale peut avoir une **valeur passive**.

Les produits bio se vendent bien.
(= Ils sont bien vendus.)

13 Le CHOIX DE L'auxiliaire

Pour conjuguer un verbe à un temps composé

- j'utilise **avoir** si le verbe est **transitif** (il peut recevoir un complément d'objet)

  J'**ai** **mangé** une pomme.

- j'utilise **avoir** ou parfois **être** si le verbe est **intransitif** (il ne peut pas recevoir de complément d'objet)

  J'**ai** **bondi**, je **suis** **tombée**.

- j'utilise **être** si le verbe est à la **forme pronominale**

  Kim et Marie **se sont** **rencontrés** chez des amis.

Pour conjuguer un verbe à la voix passive

- j'utilise **être**

  La façade du café **est** **repeinte** tous les ans.

Pour conjuguer un verbe à un temps composé et à la voix passive

- j'utilise **être** en le mettant au temps composé

  La façade du café **a été** **repeinte** cette année.

  (L'auxiliaire ***être*** de la voix passive est au passé composé.)

14 Les temps du passé dans un récit

J'utilise le **passé simple** et l'**imparfait** comme temps de base

- le **passé simple** pour les actions principales
- l'**imparfait** pour les descriptions, les actions secondaires

Quand ils **arrivèrent** (p. simple) au sommet, ils **s'arrêtèrent** (p. simple) pour regarder la vue. Le paysage **était** (imparfait) magnifique.

J'utilise le **passé antérieur** et le **plus-que-parfait** pour des actions antérieures à celles qui sont exprimées aux temps de base

- Elle **voulut** (p. simple) revoir le village où elle **avait passé** (plus-que-parfait) son enfance.
- Quand il **eut repris** (p. antérieur) ses sens, il **raconta** (p. simple) ce qui venait de lui arriver.

Je peux utiliser le **passé composé**

- à la place du **passé simple** (à l'oral mais aussi à l'écrit)

Dès qu'il m'**a vu**, il **est venu** à ma rencontre.

15* Accorder un verbe

Quelle est la règle générale ?

Le verbe s'accorde
en **personne** et en **nombre**
avec son **sujet**.

j'écoute, tu écoutes, elle écoute
nous écoutons, vous écoutez, elles écoutent

Si le verbe comporte un **participe passé**,
celui-ci peut aussi varier
en **genre** et en **nombre**.

il s'est approché, elle s'est approchée
elles se sont approchées

Je fais attention à l'accord
quand le sujet est le pronom **qui**.
C'est toi qui conduis ? (et non **conduit*)

Comment accorder le verbe quand il y a plusieurs sujets ?

Lorsque le verbe a plusieurs sujets,
le verbe se met au **pluriel**.

Alex et Calypso composent leurs chansons.

Lorsque ces sujets ne sont
pas de la même personne,

- la 1re personne l'emporte sur les deux autres

Kenza et moi partons étudier en Espagne.

- la 2e personne l'emporte sur la 3e

Lui et toi vous entendez bien.

* La carte mentale 16 se trouve en fin d'ouvrage.

TOUTES LES RÈGLES DE CONJUGAISON ET D'ACCORD

Qu'est-ce qu'un verbe ?

En bref

Selon la grammaire traditionnelle, le verbe est un mot qui exprime une action faite ou subie par le sujet. Ce critère de sens permet bien de dire pourquoi danser est un verbe, mais certains noms expriment aussi des actions (le nom danse) et certains verbes n'expriment aucune action (être).
Ce sont donc d'autres propriétés qui distinguent le verbe des autres catégories grammaticales (nom, adjectif, adverbe...).

LA DÉFINITION DU VERBE

1 Le verbe est un mot qui se conjugue

- Le verbe est un mot qui présente différentes formes.

  Tu danses. La fille danse. Les filles dansent.

- D'autres catégories de mots que le verbe peuvent connaître plusieurs formes (la fille / les filles). Cependant, seul le verbe présente un aussi grand nombre de formes différentes. L'ensemble des formes prises par un verbe définit sa **conjugaison**.

2 Le verbe est un élément structurant de la phrase

- Les deux catégories grammaticales les plus importantes en français sont le **nom** et le **verbe**. Elles suffisent pour construire une phrase complète.

  Ariane (nom propre (sujet)) dansait. (verbe)

- Le verbe constitue le **pivot** autour duquel s'organise le reste de la phrase.

  Ariane a envoyé une carte postale à ses parents.

  Le verbe ***a envoyé*** distribue les fonctions du nom propre ***Ariane*** (sujet), du groupe nominal ***une carte postale*** (COD) et du groupe prépositionnel ***à ses parents*** (COS).

  Le verbe, en tant que pivot, **est ce qui permet d'affirmer quelque chose à propos du sujet**.

  Dans la phrase précédente, ce qui est affirmé à propos d'Ariane est précisé par le COD et le COS.

LES CONSTRUCTIONS DU VERBE

Les verbes diffèrent entre eux par la façon dont ils se construisent dans la phrase. On distingue ainsi trois grands types de verbes.

3 Les verbes intransitifs

- **Ils se construisent sans complément d'objet** : trembler, ronfler, tousser, récidiver...

  Pierre tremble.

- Un verbe intransitif peut néanmoins être suivi d'un complément qui n'est pas un complément d'objet.

  Pierre tremble ce soir.

  L'expression ***ce soir*** n'est pas un COD, mais un complément circonstanciel. Un complément circonstanciel peut être déplacé en début de phrase ***(Ce soir, Pierre tremble)***, au contraire d'un COD qui dépend toujours étroitement de son verbe (on ne peut pas dire ⊖ ***Un livre, Pierre lit***). Le verbe ***trembler***, dans cette phrase, est donc bien intransitif.

4 Les verbes transitifs

- **Ils se construisent avec un complément d'objet** : lire, regarder, aimer...

  Pierre lit le journal.

  À la différence de ***trembler***, le verbe ***lire*** suppose un COD : on lit nécessairement quelque chose. Le verbe ***lire*** est transitif.

- On distingue :
  - les verbes **transitifs directs**, qui se construisent avec un complément d'objet direct (COD) (lire un livre) ;
  - les verbes **transitifs indirects**, qui se construisent avec un complément d'objet indirect (COI) (penser : on pense nécessairement à quelqu'un ou à quelque chose) ;
  - les verbes **doublement transitifs**, qui se construisent avec deux compléments d'objet, dont l'un est en général un complément d'objet direct et l'autre un complément d'objet indirect (alors appelé complément d'objet second [COS]).

  Pierre a prêté le journal à Marie.

  Le verbe ***prêter*** suppose à la fois un COD désignant ce qui est prêté ***(le journal)*** et un COI, ou complément d'objet second, désignant la personne à qui quelque chose est prêté ***(à Marie)***. C'est un verbe doublement transitif.

	Verbe intransitif	Verbe transitif direct	Verbe transitif indirect	Verbe doublement transitif
Verbe sans complément d'objet	Pierre **tremble.**			
Verbe avec complément d'objet		Pierre **lit** le journal. (COD)	Pierre **pense** à Marie. (COI)	
Verbe avec deux compléments d'objet				Pierre **a prêté** le journal à Marie. (COD + COI/COS)

REMARQUE

La plupart des verbes transitifs peuvent s'employer sans complément d'objet tout en gardant le même sens. On parle alors d'**emploi absolu** du verbe transitif.

Pierre lit.

Le verbe ***lire*** est transitif (direct), mais il est employé sans COD. La phrase peut signifier, par exemple, que Pierre aime lire toutes sortes de livres, ou bien que celui qui parle voit Pierre lire sans pouvoir préciser ce qu'il lit.

5 Les verbes attributifs

- **Ils introduisent un attribut** : être, devenir...

Ariane est une danseuse.

Le verbe ***être*** est ici attributif. Il sert à exprimer une propriété, une caractéristique d'Ariane. ***Une danseuse*** n'est pas COD du verbe, il est attribut du sujet ***Ariane***.

LES VERBES *ÊTRE* ET *AVOIR*

Les verbes ***être*** et ***avoir*** peuvent avoir deux rôles distincts.

6 *Être* et *avoir* : des verbes ordinaires

Les verbes ***être*** et ***avoir*** peuvent, comme n'importe quel verbe, constituer le pivot de la phrase → 2.

- Le verbe **être** peut avoir le sens de ***vivre, exister***.

L'avenir n'est pas encore.

Il peut aussi, en tant que verbe attributif, relier un attribut à son sujet.

Ariane est une danseuse.

- Le verbe ***avoir*** est transitif direct et signifie généralement que le sujet possède l'objet désigné par le COD.

Ariane a une belle robe rose.

7 *Être* et *avoir* : des verbes auxiliaires

- Les verbes ***être*** et ***avoir*** fonctionnent aussi comme verbes auxiliaires. Ils servent alors à conjuguer un verbe en s'associant au participe passé de ce verbe.

Ariane est encore arrivée en retard.

Le verbe ***être*** s'associe au participe passé du verbe ***arriver*** pour construire le passé composé de ce verbe.

Ariane avait dansé ce soir-là.

Le verbe ***avoir*** ne signifie pas la possession de quelque chose par Ariane, mais permet de construire le plus-que-parfait du verbe ***danser***.

- Dans ces emplois, le pivot de la phrase n'est pas seulement l'auxiliaire, mais l'ensemble formé par l'auxiliaire et le participe passé qui le suit.

REMARQUES

- Les **formes simples** combinent uniquement un radical et sa terminaison → 36-37.
  danse, dansait, dansera.
- Les **formes composées** font apparaître également l'auxiliaire ***être*** ou ***avoir*** → 76.

Les valeurs des formes simples et des formes composées sont examinées plus loin.

LES VERBES *ALLER, VENIR, COMMENCER, FAIRE...*

Comme les auxiliaires, les verbes ***aller, venir, commencer, faire***... peuvent avoir deux rôles distincts.

8 *Aller, venir, commencer, faire...* : des verbes ordinaires

- Ces verbes peuvent, comme n'importe quel verbe, constituer le pivot de la phrase → 2.

Marie va à la plage tous les matins.

Le verbe ***aller*** indique que le sujet se déplace dans une certaine direction.

Marie fait des tours de magie.

Le verbe ***faire*** indique que le sujet produit ou accomplit quelque chose.

9 *Aller, venir, commencer, faire...* : des verbes semi-auxiliaires

- Ces verbes sont parfois employés comme semi-auxiliaires. Ils précèdent alors un infinitif et portent une indication grammaticale (temps, aspect...).

Ariane va venir cet après-midi.

Le verbe ***aller*** situe la venue d'Ariane dans le futur proche. Il est employé comme semi-auxiliaire de temps.

L'ensemble formé par un semi-auxiliaire et un infinitif constitue une **périphrase verbale**. Le pivot de la phrase n'est pas seulement le semi-auxiliaire, mais la périphrase verbale.

Ariane va venir cet après-midi.

Le verbe ***venir*** n'est pas un complément de ***va***. On a un seul verbe, ***va venir***, qui est une périphrase verbale.

REMARQUE

Toutes les périphrases verbales ne font pas apparaître un infinitif.

La situation va empirant.

- On distingue quatre types de semi-auxiliaires :
  - des semi-auxiliaires de **temps** : aller, venir de + infinitif ;
  - des semi-auxiliaires d'**aspect** → 25, qui envisagent le début, le déroulement ou la fin de l'action : commencer à, être en train de, finir de, etc. + infinitif ;
  - des semi-auxiliaires (dits **modaux**) qui expriment la possibilité ou l'impossibilité, l'obligation ou l'interdiction, la nécessité : pouvoir, devoir, sembler, etc. + infinitif ;
  - les semi-auxiliaires **de voix** faire, laisser + infinitif qui indiquent que le sujet ne fait pas l'action exprimée par l'infinitif, mais la fait faire ou la laisse faire par quelqu'un d'autre.

Les catégories associées au verbe

En bref

Six catégories permettent de décrire un verbe : la personne, le nombre, le mode, le temps, l'aspect et la voix.
Ces catégories expliquent la variété des formes que peut prendre un verbe dans une phrase.

LA PERSONNE

10 La personne du verbe dépend du sujet

- **Le verbe s'accorde avec le sujet.** Il peut donc être à la première, à la deuxième ou à la troisième personne.

  J'irai à la piscine demain.

  irai, qui a pour sujet *j'*, est à la première personne.

  Tu iras à la piscine demain.

  iras, qui a pour sujet *tu*, est à la deuxième personne.

- Au singulier, les tableaux de conjugaison d'un verbe présentent ainsi successivement :
  - la première personne, qui parle ***(je)*** ;
  - la deuxième personne, à qui l'on parle ***(tu)*** ;
  - la troisième personne, dont on parle ***(il, elle)***.

11 Les personnes et la situation de communication

Les première et deuxième personnes se distinguent de la troisième.

- Les **première** et **deuxième personnes** correspondent à des personnes de la situation de communication :
  - ***je*** fait référence à celui qui parle : le **locuteur** ;
  - ***tu*** fait référence à celui à qui parle ce locuteur : le **destinataire** (ou l'allocutaire).
- La **troisième personne**, elle, n'est pas un partenaire de la communication. Un sujet de troisième personne désigne simplement la personne ou la chose dont parle le locuteur.

LES RÈGLES

REMARQUE

Le fait que la troisième personne n'est pas un partenaire de la communication explique aussi qu'un sujet de troisième personne puisse avoir toutes sortes de natures grammaticales : pronom, nom, groupe nominal, etc.

Ce champignon a une jolie couleur.

Le verbe ***a*** exprime la troisième personne, qui est celle de son sujet, le groupe nominal ***ce champignon***.

12 Les verbes impersonnels et les constructions impersonnelles

- Les **verbes impersonnels** ne s'emploient qu'à la troisième personne du singulier : il pleut, il vente, il neige. Le pronom ***il***, qui représente la personne unique de ces verbes, est bien le sujet du verbe, mais il ne désigne pas un agent précis qui ferait l'action de pleuvoir, de venter ou de neiger. Il permet seulement de fournir un point de départ à la phrase.
- Les **constructions impersonnelles** associent ce pronom impersonnel ***il*** à un verbe qui connaît par ailleurs des emplois personnels.

Il lui est arrivé quelque chose de terrible.

Le verbe ***arriver*** n'est pas en emploi personnel, comme dans la phrase : ***Ariane est encore arrivée en retard cet après-midi***. Associé au pronom impersonnel ***il***, il est en construction impersonnelle.

- Une construction impersonnelle résulte toujours d'une transformation.

Quelque chose de terrible lui est arrivé.

→ Il lui est arrivé quelque chose de terrible.

quelque chose de terrible est le sujet du verbe en emploi personnel.

Une telle transformation est impossible avec les verbes impersonnels.

LE NOMBRE

13 Le nombre du verbe dépend du sujet

- Le nombre, **singulier** ou **pluriel**, du verbe dépend, comme la personne, de son sujet.

Il ira à la piscine demain.

ira est au singulier (sujet : ***il***) ; un seul individu ira à la piscine demain.

Ils iront à la piscine demain.

iront est au pluriel (sujet : ***ils***) ; au moins deux individus iront à la piscine demain.

14 Personnes du singulier et personnes du pluriel

- Les tableaux de conjugaison distinguent :
  • trois personnes du singulier : ***je, tu, il/elle*** ;
  • trois personnes du pluriel : ***nous, vous, ils/elles***.
- La **troisième personne du pluriel** est le vrai pluriel de la troisième personne du singulier : le pluriel d'***il***, comme celui d'***elle***, se forme en ajoutant un ***s (ils/elles)*** ; les êtres et les choses auxquels renvoie ce pluriel sont tous de troisième personne.
- Les **pronoms** ***nous*** et ***vous*** ne sont pas, eux, formés par l'ajout d'un ***s*** à ***je*** et à ***tu***, et ***nous*** ne désigne jamais plusieurs ***je*** (puisque ***je*** est unique), tandis que ***vous*** peut désigner un ou plusieurs ***tu*** et un ou plusieurs ***ils***.

  Pierre et toi, vous irez chercher des œufs chez l'épicier.

  Ici, ***vous*** ne désigne pas deux ***tu***. Il désigne ***tu*** (le destinataire) et ***Pierre***, qui est une troisième personne.

LE MODE

Le tableau de conjugaison d'un verbe fait aussi apparaître différents modes. Les **modes impersonnels** regroupent des formes qui ne varient pas en fonction de la personne, tandis que les **modes personnels** regroupent des formes qui varient en fonction de la personne.

15 Les modes impersonnels

- Les modes impersonnels sont l'**infinitif** (danser), le **participe** (présent : dansant ; passé : dansé) et le **gérondif** (en dansant).
- Les modes impersonnels ne marquent ni la personne – ils n'ont donc pas un « vrai » sujet – ni le temps. Ainsi, l'infinitif danser est utilisé quelle que soit la personne qui est supposée faire l'action de danser et quelle que soit l'époque (passée, présente ou future).

  Je voulais aller à la piscine. Tu veux aller à la piscine.
  Il voudra aller à la piscine.

  L'infinitif ***aller*** ne varie pas. Seul le verbe ***vouloir*** est conjugué.

16 Les modes personnels

- Les modes personnels sont l'**indicatif**, le **subjonctif** et l'**impératif**.
- Ces modes distinguent différentes personnes grammaticales et présentent donc une conjugaison fournie.

  Je vais, tu vas, il va, nous allons, vous allez, ils vont... à la piscine.

17 Modes personnels et expression du temps

- De tous les modes personnels, seul l'**indicatif** est un **mode temporel** : lui seul permet de faire la **distinction entre le passé, le présent et le futur**.
- Le **subjonctif** est un mode personnel, mais il n'est **pas un mode temporel**. Il ne possède, par exemple, aucun futur, et une forme dite de subjonctif « présent » peut évoquer indistinctement le présent ou le futur.

  J'espère qu'il viendra demain. (indicatif)

  Je veux qu'il vienne demain. (subjonctif)

  L'indicatif possède un futur ***(viendra)***, mais pas le subjonctif ***(vienne)***.
- L'**impératif** est un mode personnel qui ne comporte que la deuxième personne du singulier et les première et deuxième personnes du pluriel. Il n'est **pas non plus un mode temporel**.

  Ouvre ton manuel. Ouvrons nos manuels. Ouvrez vos manuels.

18 Le conditionnel

- Le conditionnel a été souvent considéré comme un mode à part entière. Cependant, les grammairiens le classent aujourd'hui, pour des raisons de forme et de sens, dans l'indicatif.

  Elle m'a dit : « J'aurai du retard. »

  Elle m'a dit qu'elle aurait du retard.

  Le conditionnel « présent » ***aurait*** équivaut à un futur simple transposé dans le passé.

19 Tableau récapitulatif des modes

Modes impersonnels	Modes personnels	
Modes non temporels		Mode temporel
infinitif participe (présent et passé) gérondif	subjonctif impératif	indicatif

LE TEMPS

20 Le temps du verbe et le temps de l'action

- Le mot **temps** désigne à la fois :
  - le **moment** où l'action se réalise (passé, présent, futur) ;
  - la **forme** que peut prendre le verbe (imparfait, passé simple, futur simple, etc.) pour marquer ce moment.
- Le **moment où l'on parle** (ou présent de l'énonciation) constitue le **principal repère** par rapport auquel on situe chronologiquement une action. L'action peut se dérouler :
  - **avant** le moment où l'on parle (passé) ;

    Ils ont installé de nouveaux logiciels hier.

  - **au moment** où l'on parle (présent) ;

    En ce moment, ils installent de nouveaux logiciels.

  - **après** le moment où l'on parle (futur).

    Ils installeront bientôt de nouveaux logiciels.

21 Les temps simples et les temps composés

- Le français distingue les temps simples et les temps composés :
  - les **temps simples** sont constitués d'un seul mot à la voix active ;

    je chante, je chantais, je chanterais, que je chante

  - les **temps composés** sont constitués de l'auxiliaire ***être*** ou ***avoir*** suivi du participe passé.

    j'ai chanté, j'avais chanté, j'aurais chanté, que j'aie chanté

- Chaque temps composé est associé à un temps simple : le temps de son auxiliaire.

LES RÈGLES

	Temps simples		Temps composés	
Indicatif	Présent	il change	Passé composé	il a changé (auxiliaire au présent)
	Imparfait	il changeait	Plus-que-parfait	il avait changé (auxiliaire à l'imparfait)
	Passé simple	il changea	Passé antérieur	il eut changé (auxiliaire au passé simple)
	Futur simple	il changera	Futur antérieur	il aura changé (auxiliaire au futur simple)
	Conditionnel présent	il changerait	Conditionnel passé	il aurait changé (auxiliaire au conditionnel présent)
Subjonctif	Présent	qu'il change	Passé	qu'il ait changé (auxiliaire au présent)
	Imparfait	qu'il changeât	Plus-que-parfait	qu'il eût changé (auxiliaire à l'imparfait)
Impératif	Présent	change	Passé	aie changé (auxiliaire au présent)
Infinitif	Présent	changer	Passé	avoir changé (auxiliaire au présent)
Participe	Présent	changeant	Passé	ayant changé (auxiliaire au présent)

22 Les temps surcomposés

- Il existe des formes surcomposées, formées de l'auxiliaire ***être*** ou ***avoir*** à un temps composé et du participe passé. Ces formes sont essentiellement utilisées dans le sud de la France. La forme surcomposée la plus employée est le passé surcomposé.

Quand il a eu gravi son premier sommet, il a su qu'il ne quitterait plus la montagne.

A eu gravi est formé de l'auxiliaire ***avoir*** au passé composé suivi du participe passé de ***gravir***. Le passé surcomposé ***a eu gravi*** marque l'antériorité par rapport au passé composé ***a su***.

L'ASPECT

La forme d'un verbe donne également des indications sur le déroulement de l'action. Ces indications constituent l'**aspect du verbe**.

23 L'aspect accompli et l'aspect inaccompli

- Une action peut être envisagée alors qu'elle est en train de se dérouler (aspect inaccompli) ou lorsqu'elle est achevée (aspect accompli) :
  • les **temps simples** marquent l'aspect **inaccompli** ;

  Ce soir-là, le saxophoniste jouait merveilleusement bien.

  Le concert était en train de se dérouler : l'imparfait (temps simple) marque l'aspect inaccompli.

  • les **temps composés** marquent l'aspect **accompli**.

  Ce soir-là, le saxophoniste avait joué merveilleusement bien.

  Le concert est présenté comme achevé dans le passé : le plus-que-parfait (temps composé) marque l'aspect accompli.

- Dans une même phrase, l'action du temps composé, parce qu'elle est accomplie, se passe avant l'action du temps simple, qui est inaccomplie. C'est pourquoi l'on dit parfois que le temps composé marque l'antériorité par rapport au temps simple.

  Quand le saxophoniste aura joué, nous partirons.

  C'est seulement lorsque le saxophoniste aura fini de jouer (aspect accompli du futur antérieur) que nous partirons. Par conséquent, le saxophoniste jouera d'abord, et ensuite nous partirons.

- L'aspect **accompli** peut également être marqué par la **voix passive**.

  On construit une nouvelle salle de concert.

  La construction est en train de se faire : aspect inaccompli du temps simple à la voix active.

  La nouvelle salle de concert est construite.

  La construction est terminée : aspect accompli de la voix passive.

REMARQUE

Avec un complément d'agent, la voix passive perd sa valeur d'aspect accompli.

La nouvelle salle de concert est construite par des ouvriers chevronnés.

La voix passive suggère ici que les ouvriers sont encore à l'œuvre.

LES RÈGLES

24 L'aspect global et l'aspect sécant

- Une action peut être envisagée dans sa globalité, avec **un début et une fin** précis : c'est l'aspect **global**. Elle peut être envisagée **sans fin précise** et comme coupée en deux, avec une partie qu'on ne peut pas limiter dans le temps : c'est l'aspect **sécant**.
- Cette opposition vaut notamment pour le couple passé simple/imparfait.

  Le saxophoniste joua un dernier morceau avant de quitter la scène.

  Il le joua après tous les autres morceaux et juste avant la fin du concert : aspect global du passé simple.

  Lorsque nous avons quitté la salle, le saxophoniste jouait encore.

  Il jouait avant notre départ et il a continué après, mais on ignore combien de temps : aspect sécant de l'imparfait.

25 L'aspect inchoatif, l'aspect duratif et l'aspect terminatif

- Une action peut être envisagée :
  - au moment où elle commence : aspect **inchoatif** ;
  - dans son déroulement : aspect **duratif** ;
  - au moment où elle finit : aspect **terminatif**.
- Dans les trois cas, le français a recours à des **semi-auxiliaires d'aspect** → 9 : se mettre à, commencer à ; être en train de ; cesser de, terminer de…

  Je commence à jouer du saxophone.

  Commence à jouer est une périphrase verbale composée du semi-auxiliaire d'aspect ***commencer à*** et du verbe ***jouer***.

VOIX ACTIVE ET VOIX PASSIVE

26 La notion de voix

La voix d'un verbe indique de quelle façon le sujet prend part à l'action.

- Si le sujet **effectue** l'action, le verbe est à la voix **active**.

  L'entraîneur (sujet) sélectionnera (voix active) bientôt ses joueurs (COD).

  Le sujet ***l'entraîneur*** effectue la sélection. Il est l'agent de l'action : voix active.

- Si le sujet **subit** l'action, le même verbe est à la voix **passive**.

  Les joueurs (sujet) seront sélectionnés (voix passive) par l'entraîneur (complément d'agent).

  Le sujet ***les joueurs*** subit la sélection. Il est le patient de l'action : voix passive.

- Les verbes transitifs directs (construits avec un complément d'objet direct) ont une voix passive, puisque leur complément d'objet direct peut devenir sujet à la voix passive.

REMARQUES

1. Quelques verbes transitifs directs comme ***avoir, comporter*** ne s'emploient jamais à la voix passive.

2. Quelques verbes transitifs indirects (construits avec un complément d'objet indirect) comme ***obéir à, désobéir à, pardonner à*** se construisaient autrefois avec un complément d'objet direct. C'est pourquoi ils peuvent encore aujourd'hui se mettre à la voix passive.

Autrefois, les parents (sujet) étaient obéis (voix passive).

27 La formation de la voix passive

- Le verbe à la voix passive est constitué de l'**auxiliaire *être*** suivi du **participe passé**. C'est l'auxiliaire qui porte la marque du temps et du mode.

je suis aimé

Auxiliaire ***être*** au présent + participe passé → indicatif présent à la voix passive.

j'avais été aimé

Auxiliaire ***être*** au plus-que-parfait + participe passé → indicatif plus-que-parfait à la voix passive.

LA FORME PRONOMINALE

On parle de forme pronominale lorsque le verbe est précédé d'un **pronom réfléchi**, c'est-à-dire d'un pronom qui représente la même personne que le sujet.

Je me perds dans la ville, tu te perds dans la ville, il se perd dans la ville.

Il faut distinguer les verbes pronominaux et les constructions pronominales.

28 Les verbes pronominaux

- Les verbes qui n'existent qu'à la forme pronominale sont appelés **verbes essentiellement pronominaux** (notés **Esp** dans le répertoire des verbes).

Les voyageurs se méfiaient du soleil au zénith.

Le verbe ⊖ ***méfier*** n'existe pas. ***Se méfier*** est un verbe essentiellement pronominal.

LES RÈGLES

- Les verbes qui changent de sens à la forme pronominale sont appelés **verbes pronominaux autonomes**.

Ils s'aperçurent tardivement que le bateau était reparti.

Le verbe ***apercevoir*** existe, mais il a le sens concret de ***voir***, alors que ***s'apercevoir*** a le sens abstrait de ***se rendre compte que***. ***S'apercevoir*** est un verbe pronominal autonome.

- Le pronom réfléchi des verbes essentiellement pronominaux et des verbes pronominaux autonomes est inanalysable (il n'est ni COD ni COI).

29 La construction pronominale

- Certains verbes non pronominaux peuvent se mettre à la forme pronominale tout en conservant le même sens. On parle alors de **construction pronominale**.

Les touristes se sont perdus.

Le verbe ***perdre*** existe. Il conserve le même sens dans la forme ***se perdre*** : ***se sont perdus*** est une construction pronominale.

REMARQUE

Certaines grammaires parlent de « voix pronominale », considérant que la construction pronominale est une sorte d'intermédiaire entre la voix active et la voix passive.

Les touristes se sont perdus.

Les touristes sont à la fois acteurs et victimes de leur égarement.

30 La construction pronominale à valeur réfléchie

- Dans une construction pronominale réfléchie, le sujet exerce l'action sur lui-même. Le pronom réfléchi est l'**objet** ou le **bénéficiaire** de l'action. Il peut être analysé comme le COD ou le COI (ou COS) du verbe.

Le jeune homme se prépara à visiter le centre historique de la ville.

On pourrait à la limite écrire : ***Il prépara lui-même à visiter le centre historique de la ville.***

Nous nous sommes accordé huit jours pour découvrir la capitale.

On pourrait à la limite écrire : ***Nous avons accordé à nous-mêmes huit jours pour découvrir la capitale.***

31 La construction pronominale à valeur réciproque

- Dans une construction pronominale réciproque, les éléments qui composent le sujet exercent leur action **les uns sur les autres**. Le pronom réfléchi peut être analysé comme le COD ou le COI du verbe.

  Les deux hommes s'observaient depuis longtemps.

  Il faut comprendre : ***L'un observait l'autre, et l'autre observait l'un.***

32 La construction pronominale à valeur passive

- La construction pronominale peut avoir une valeur passive.

  La traversée du fleuve ne se fit pas sans mal.

  On pourrait écrire : ***La traversée du fleuve ne fut pas faite sans mal.***

- Dans cette construction, le pronom réfléchi est inanalysable.

33 Tableau récapitulatif des formes pronominales

Pronom réfléchi	Formes pronominales	Exemples
Inanalysable	Verbe essentiellement pronominal	Elle s'est évanouie. Le verbe ⊖ *évanouir* n'existe pas.
	Verbe pronominal autonome	Tu te défies de tout le monde. *Défier* signifie *provoquer quelqu'un*, et non *se méfier*.
COD	Réfléchie	Il s'abrite sous un auvent.
	Réciproque	Nous nous retrouverons au sommet.
COI (ou COS)	Réfléchie	Je me suis acheté un parapluie.
	Réciproque	Ils se prêtent leurs affaires.
Inanalysable	Passive	Cette habitude se transmet de père en fils.

LES VERBES DÉFECTIFS

Certains verbes ne peuvent pas être conjugués à tous les temps, à tous les modes ou à toutes les personnes. Ils appartiennent à la catégorie des verbes défectifs.

34 Les verbes impersonnels

- Par définition, les verbes impersonnels → 12 sont des verbes défectifs car ils ne peuvent s'employer qu'à la **troisième personne du singulier**. Par exemple, falloir ne s'emploie que dans la tournure impersonnelle il faut ; ici, il ne représente pas une personne à part entière : c'est un pronom impersonnel. Falloir ne s'utilise jamais aux autres personnes.

35 Les autres verbes défectifs

- Certains verbes sortis de l'usage courant ne s'emploient plus que dans des tournures ou des expressions particulières. Ils n'existent alors qu'à certains temps (voir le répertoire des verbes). Par exemple, accroire existe uniquement à l'infinitif dans les expressions : faire, laisser accroire. De même, quérir existe uniquement à l'infinitif après un verbe de mouvement : aller, envoyer quérir quelqu'un.

Classer les verbes

En bref

Certaines similitudes de formes permettent de classer les verbes en trois groupes. Pour les repérer, il faut savoir décomposer une forme verbale.

LA STRUCTURE D'UNE FORME VERBALE

Une forme verbale simple combine deux éléments : le **radical** et la **terminaison**.
Le radical porte le sens lexical du verbe.
La terminaison porte la marque du temps, du mode, de la personne et du nombre.

36 Identifier le radical des verbes

- De nombreux verbes ont un **radical qui ne change pas**. Pour l'identifier, il suffit donc de retrancher de la forme verbale l'élément qui varie.

je	rentre
nous	rentrons
il	rentrait

Si l'on compare ces trois formes verbales de ***rentrer***, on constate que l'élément invariable est ***rentr-*** : ***rentr-*** est le radical du verbe ***rentrer***.

- D'autres verbes ont un **radical qui varie** d'un mode à l'autre, d'un temps à l'autre, d'une personne à l'autre. Un même radical peut ainsi prendre jusqu'à sept formes différentes.

je	dois
tu	dois
il	doit

nous	devons
je	devrai
ils	devaient

• Si l'on compare ***je dois*** et ***je devrai***, il est difficile de déterminer le radical.
• En revanche, si l'on compare ***je dois, tu dois, il doit***, on peut facilement affirmer que l'une des formes du radical de ***devoir*** est ***doi-***.
• Si l'on compare ***nous devons, je devrai, ils devaient***, on constate qu'une autre forme du radical de ***devoir*** est ***dev-***.
• Par comparaisons successives, on pourra ainsi conclure que le radical du verbe ***devoir*** connaît quatre formes : ***doi-, dev-, doiv-, du-***.

37 Analyser la terminaison des verbes

- La terminaison est composée de différents éléments que l'on appelle des **affixes** et qui portent les marques du mode et du temps, de la personne et du nombre. Pour différencier les **affixes de mode** et **de temps**, les **affixes de personne** et les **affixes de nombre**, on peut procéder par comparaisons successives.

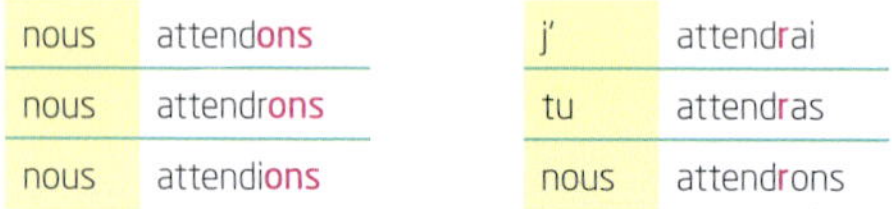

nous	attendons
nous	attendrons
nous	attendions

j'	attendrai
tu	attendras
nous	attendrons

• Si l'on compare les trois formes verbales de la première personne du pluriel, on constate qu'elles se terminent toutes par ***-ons***: ***-ons*** est l'affixe de la première personne du pluriel.
• Si l'on compare les trois formes verbales du futur simple, on constate qu'entre le radical et l'affixe de personne, on trouve systématiquement ***-r-*** : ***-r-*** est l'affixe du futur.

LES TROIS GROUPES DE VERBES

Le classement traditionnel des verbes se fait en **trois groupes**. Il tient compte à la fois de la terminaison des infinitifs et des variations du radical. Il est loin de faire l'unanimité chez les grammairiens, qui lui reprochent notamment d'être déséquilibré. Il reste néanmoins le plus utilisé. Ce classement est donc retenu ici.

38 Les verbes du premier groupe

- Les verbes du premier groupe ont un **infinitif en *-er***. À quelques exceptions près, leur radical est fixe. Même lorsqu'il connaît des variations, celles-ci sont faibles et il reste en général très facile à reconnaître.

aimer

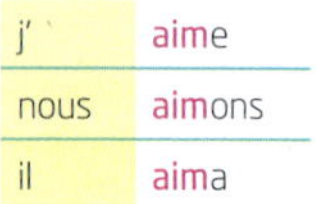

j'	aime
nous	aimons
il	aima

La terminaison de l'infinitif est ***-er***. Le radical est ***aim-***.

voyager

je	voyage
nous	voyageons

La terminaison de l'infinitif est ***-er***. La variation du radical se limite à l'ajout d'un **e** à certaines personnes.

REMARQUES

1. Le verbe ***aller*** ne fait pas partie des verbes du premier groupe, puisqu'il présente d'importantes variations de radical. Ce verbe irrégulier du troisième groupe est le seul verbe en ***-er*** à ne pas être classé dans le premier groupe.

2. Les verbes du premier groupe, qui sont les plus faciles à conjuguer, sont largement majoritaires. Leur nombre a par ailleurs toutes les raisons d'augmenter, puisque les verbes nouvellement créés (***budgéter, zoomer, stariser,*** etc.) appartiennent surtout à ce groupe.

39 Les verbes du deuxième groupe

- Les verbes du deuxième groupe ont un **infinitif en *-ir***, un participe présent en ***-issant***, ainsi qu'une première et une deuxième personnes du pluriel en ***-issons*** et ***-issez***.

finir

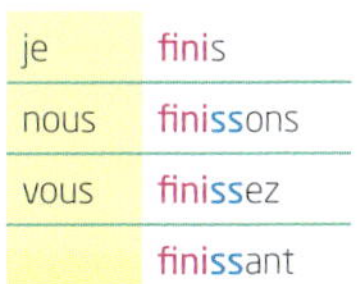

je	finis
nous	finissons
vous	finissez
	finissant

- Le radical des verbes du deuxième groupe connaît deux formes : une forme en ***i*** et une forme en ***iss***.

REMARQUE

Les verbes du deuxième groupe sont beaucoup moins nombreux que les verbes du premier groupe. Certaines formations récentes comme ***alunir, atterrir, amerrir*** ont pu se faire sur leur modèle, mais ce n'est plus la tendance actuelle.

40 Les verbes du troisième groupe

- Le troisième groupe réunit tous les autres verbes. Il comporte :
  - les verbes en ***-ir*** qui ne font pas leur participe présent en **-issant** (courir, partir…) ;
  - les verbes en ***-oir*** (devoir, pouvoir…) ;
  - les verbes en ***-re*** (conclure, prendre, vaincre…).

LES RÈGLES

41 Les verbes irréguliers

- On appelle en général verbes irréguliers les verbes être, avoir, aller, dire, faire, parce que :

  • leur radical connaît des formes à la fois nombreuses et très différentes les unes des autres ;

je	suis	il	sera
tu	es	qu'il	soit
ils	sont		soyons
il	était	il	fut

Le radical du verbe ***être*** compte huit variantes, et le lien entre des formes aussi différentes que ***se-***, ***e-*** et ***f-*** n'est pas évident.

  • l'affixe et le radical sont parfois difficiles à séparer ;

il	a
il	va

Si l'on rapproche ***a*** de ***va***, la troisième personne du singulier du verbe ***avoir*** ressemble à un affixe. Mais un verbe ne peut pas se réduire à un affixe. On considère que ce genre de formes résulte de la fusion du radical et de l'affixe.

  • certains affixes ont des formes inattendues.

ils	sont
nous	sommes

Si l'on rapproche ***nous sommes*** de ***ils sont***, l'affixe est bien ***-ommes***, mais c'est un affixe unique, que l'on ne retrouve dans aucune autre forme verbale.

Conjuguer un verbe

LES TEMPS FONDAMENTAUX

En bref

Si l'on excepte quelques verbes, dont les verbes irréguliers → 41, il existe quatre temps fondamentaux à partir desquels il est possible de former tous les autres temps.

42 Tableau de la formation des temps

Les temps fondamentaux		Les autres temps formés à partir des temps fondamentaux	
Indicatif présent	j'écris	Indicatif imparfait	j'écrivais
	nous écrivons	Impératif présent	écris !
		Subjonctif présent	que j'écrive
		Participe présent et gérondif	(en) écrivant
Passé simple	j'écrivis	Subjonctif imparfait	que j'écrivisse
Futur simple	j'écrirai	Conditionnel présent	j'écrirais
Participe passé	écrit	Tous les temps composés du verbe :	
		Passé composé	j'ai écrit
		Plus-que-parfait	j'avais écrit
		Passé antérieur	j'eus écrit
		Futur antérieur	j'aurai écrit
		Subjonctif passé	que j'aie écrit
		Subjonctif plus-que-parfait	que j'eusse écrit
		etc.	

LES TEMPS SIMPLES DE L'INDICATIF

L'indicatif présent

43 Les valeurs de l'indicatif présent

- L'indicatif présent est le temps le plus employé. En général, il indique que l'action ou l'événement sont **contemporains du moment où l'on parle**.

  Gabrielle danse maintenant dans le salon.

- Un verbe à l'indicatif présent peut aussi couvrir un **intervalle de temps large**.

  Gabrielle a les cheveux châtains.

- Le **présent de vérité générale** couvre tout le passé et tout le futur imaginables.

  Quand le chat n'est pas là, les souris dansent.

- L'indicatif présent peut évoquer le **passé récent** ou le **futur proche**.

  Elle arrive à l'instant de Brest.
  Elle repart demain pour Marseille.

- Il peut aussi exprimer un **passé lointain**. C'est le **présent de narration**.

  Il lui donna un grand coup du plat de son épée sur le visage.
  Candide dans l'instant tire la sienne. (VOLTAIRE, *Candide*)

44 L'indicatif présent des verbes du premier groupe

- Il se forme sur le radical de l'indicatif présent auquel on ajoute les terminaisons ***-e, -es, -e, -ons, -ez, -ent***.

  AIMER : j'aim**e**, tu aim**es**, il/elle aim**e**,
  nous aim**ons**, vous aim**ez**, ils/elles aim**ent**

- La plupart des verbes du premier groupe ont un **radical unique**, mais certains verbes présentent un radical variable.

- La variation du radical peut se produire uniquement **à l'écrit**. Dans les verbes en ***-cer***, il faut mettre une cédille sous le ***c*** devant ***o*** : nous pla**ç**ons. Dans les verbes en ***-ger***, il faut garder le ***e*** devant ***o*** : nous mang**e**ons.

- La variation du radical peut se produire **à l'écrit et à l'oral**. Dans les verbes du type ***céder***, le ***é*** se change en ***è*** devant une syllabe finale comportant un ***e*** muet : je c**è**de, tu c**è**des, il c**è**de, ils c**è**dent.

- **Les verbes en *-eler* et en *-eter*** doublent en général la consonne ***l*** ou ***t*** devant un ***e*** muet : je jette, tu jettes, il jette, ils jettent.
Quelques verbes, cependant, ne doublent pas la consonne devant un ***e*** muet, mais prennent un accent grave sur le ***e*** du radical : j'achète, tu achètes, il achète, ils achètent.

N. ORTH. La réforme de 1990 autorise l'utilisation de l'accent grave pour tous les verbes en ***-eler*** et en ***-eter***, sauf pour appeler, jeter et les verbes de leurs familles.

- **Les verbes en *-yer* transforment le *y* en *i*** quand disparaît le son [j] ***(y)*** : nous employons mais j'emploie, tu emploies, il emploie… Les verbes en ***-ayer*** acceptent deux prononciations et deux graphies devant un ***e*** muet : je paie / je paye, tu paies / tu payes, il paie / il paye, ils paient / ils payent.

REMARQUE

Quand, dans la langue écrite, le pronom ***je*** est placé après le verbe, **-e** devient sonore et s'écrit avec un accent aigu ***(-é)***.

Me trompé-je vraiment ?

N. ORTH. Cet ***-é*** est en fait souvent prononcé [ɛ] (è). Aussi la réforme de 1990 autorise-t-elle l'accent grave : me trompè-je vraiment ?

45 L'indicatif présent des verbes du deuxième groupe

- Il se forme sur le radical de l'indicatif présent auquel on ajoute les terminaisons ***-s, -s, -t, -ons, -ez, -ent***.

FINIR : je finis, tu finis, il/elle finit,
nous finissons, vous finissez, ils/elles finissent

- Un verbe du deuxième groupe a un **radical variable** au présent : en ***i*** au singulier, en ***iss*** au pluriel.

46 L'indicatif présent des verbes du troisième groupe

- Il se forme sur le radical de l'indicatif présent auquel on ajoute les terminaisons. On distingue **quatre séries de terminaisons** :
• **les terminaisons en *-s, -s, -t, -ons, -ez, -ent*** se retrouvent dans la plupart des verbes du troisième groupe ;

COURIR : je cours, tu cours, il/elle court,
nous courons, vous courez, ils/elles courent

LES RÈGLES

• **les terminaisons en *-s*, *-s*, *-*, *-ons*, *-ez*, *-ent*** se retrouvent dans les verbes en ***-cre***, en ***-dre*** et en ***-tre***, à l'exception des verbes en ***-indre*** ou en ***-soudre***. Ces verbes n'ont pas de terminaison à la troisième personne du singulier. La consonne ***t*** disparaît en effet derrière la consonne muette ;

il vain**c** (et non ⊖ il vainct) ; il pren**d** (et non ⊖ il prendt) ; il ba**t**

Dans ***il prend***, le ***d*** final fait partie du radical. De même, le ***t*** de ***il bat*** n'est pas la terminaison ***t***, mais la consonne finale du radical ***bat-*** (on n'écrit pas ⊖ ***il batt***).

• **les terminaisons en *-x*, *-x*, *-t*, *-ons*, *-ez*, *-ent*** se retrouvent dans les verbes pouvoir (je peu**x**), vouloir (je veu**x**), valoir (je vau**x**) ;

• **les terminaisons en *-e*, *-es*, *-e*, *-ons*, *-ez*, *-ent*** se retrouvent dans quelques verbes du troisième groupe dont le radical se termine par deux ***l*** ou par un groupe de consonnes.

OUVRIR : j'ouvr**e**, tu ouvr**es**, il/elle ouvr**e**,
nous ouvr**ons**, vous ouvr**ez**, ils/elles ouvr**ent**

- **Le radical d'un verbe du troisième groupe est rarement unique.** Beaucoup de verbes présentent au moins deux formes.

j'**écri**s, nous **écriv**ons

La conjugaison au présent de l'indicatif du verbe ***écrire*** fait apparaître deux formes de radical, une courte, qu'on trouve aux personnes du singulier, et une longue (avec la consonne ***v***), qu'on trouve aux personnes du pluriel.

Les verbes en ***-aître*** et en ***-oître*** reçoivent à l'écrit un accent circonflexe sur le ***i*** quand cette voyelle précède un ***t*** : il para**î**t.

N. ORTH. La réforme de 1990 autorise il para**i**t sans accent circonflexe. Seules font exception certaines formes du verbe ***croître***, car on pourrait alors les confondre avec celles du verbe ***croire***.

L'indicatif imparfait

47 Les valeurs de l'indicatif imparfait

- L'indicatif imparfait est employé le plus souvent comme **temps du passé**. Il sert, dans un récit, à évoquer les circonstances secondaires, à décrire les personnages, les lieux, les objets, ou à commenter l'action principale qui est, elle, au passé simple.

Nous marchions déjà depuis de nombreuses heures quand, tout d'un coup, nous vîmes à l'est une étrange lumière.

- Cependant, il est fréquent que l'imparfait ne prenne **aucune valeur temporelle**. Dans un système conditionnel, il sert à exprimer un fait possible ou impossible selon les contextes. On dit alors que l'imparfait n'est pas temporel mais **modal**. La modalité est la manière dont le locuteur conçoit le degré de réalité de ce qu'il dit.

  Que feriez-vous si vous receviez à 14 h un dossier à traiter pour le soir ?

  L'imparfait ***receviez*** ne place pas l'événement dans le passé, mais indique simplement que cet événement est envisagé comme possible.

48 La formation de l'imparfait

- L'imparfait se forme, pour tous les groupes, sur le **radical de la première personne du pluriel de l'indicatif présent** auquel on ajoute les terminaisons *-ais*, *-ais*, *-ait*, *-ions*, *-iez*, *-aient*.
- Ces terminaisons combinent l'affixe de temps, ***ai*** ou ***i***, et l'affixe de personne : *-s*, *-s*, *-t*, *-ons*, *-ez*, *-ent*.

  CÉDER : je céd**ais**, tu céd**ais**, il/elle céd**ait**,
  nous céd**ions**, vous céd**iez**, ils/elles céd**aient**

  Le verbe ***céder*** (premier groupe) adopte la forme ***céd-*** présente dans ***nous cédons***. Cette forme sert à construire toutes les personnes de l'imparfait du verbe.

  FINIR : je finiss**ais**, tu finiss**ais**, il/elle finiss**ait**,
  nous finiss**ions**, vous finiss**iez**, ils/elles finiss**aient**

  Le verbe ***finir*** (deuxième groupe) adopte la forme élargie ***finiss-*** présente dans ***nous finissons***.

  ÉCRIRE : j'écriv**ais**, tu écriv**ais**, il/elle écriv**ait**,
  nous écriv**ions**, vous écriv**iez**, ils/elles écriv**aient**

  Le verbe ***écrire*** (troisième groupe) adopte la forme ***écriv-*** présente dans ***nous écrivons***.

49 L'imparfait des verbes dont le radical se termine par *i* ou *y*

- Les verbes dont le radical se termine par ***i*** ou ***y*** conservent ce ***i*** ou ce ***y*** même lorsqu'il doit être **suivi d'un *i* aux première et deuxième personnes du pluriel**. À l'oral, on ne prononce pas toujours nettement ce ***i***. Il ne faut pourtant pas l'oublier à l'écrit : nous pri**ions**, vous pri**iez**, nous croy**ions**, vous croy**iez**.

LES RÈGLES

L'indicatif passé simple

50 Les valeurs de l'indicatif passé simple

- Le passé simple a une pure **valeur temporelle de passé**. Un événement ou un état évoqués au passé simple sont toujours situés dans le passé, sans aucun lien avec le présent du locuteur. C'est le **temps du récit écrit**.

  Ensuite, il ferma la porte, et s'alla coucher dans le lit de la Mère-grand, en attendant le Petit Chaperon rouge, qui quelque temps après vint heurter à la porte. Toc, toc. (CHARLES PERRAULT, *Le Petit Chaperon rouge)*

51 Le passé simple des verbes du premier groupe

- Il se forme sur le radical du passé simple auquel on ajoute les terminaisons ***-ai, -as, -a, -âmes, -âtes, -èrent***.
- Ces terminaisons combinent l'affixe de temps, ***a*** (ou ***è***), et l'affixe de personne.

  AIMER : j'aim**ai**, tu aim**as**, il/elle aim**a**,
  nous aim**âmes**, vous aim**âtes**, ils/elles aim**èrent**
- Il ne faut pas oublier l'accent circonflexe sur le ***a*** aux première et deuxième personnes du pluriel : nous aim**â**mes, vous aim**â**tes.

Le conseil

Passé simple ou imparfait ?
Comment choisir la bonne terminaison ?

- Pour les verbes du premier groupe, les terminaisons des premières personnes du singulier du passé simple et de l'imparfait sont très proches : j'aim**ai** / j'aim**ais**. Il faut donc bien veiller à distinguer les deux temps, qui peuvent intervenir tous deux dans un contexte passé.
- Dans la phrase suivante, le verbe du premier groupe est associé à un verbe du troisième groupe qui est au passé simple.

  J'attendis une demi-heure, puis je regardai ma montre.

  Il faut écrire ***-ai***, car l'événement évoqué par le verbe, mis sur le même plan que ***attendis***, constitue un événement important du récit. Si l'on remplace le verbe ***regarder*** par un verbe du troisième groupe, par exemple ***voir***, il apparaît clairement que le passé simple est requis :
  J'attendis une demi-heure, puis je la vis (et non ⊖ ***voyais***) ***arriver***.

52 Le passé simple des verbes du deuxième groupe

- Il se forme sur le radical du passé simple auquel on ajoute les terminaisons *-is, -is, -it, -îmes, -îtes, -irent*.
- Ces terminaisons combinent l'affixe de temps, ***i***, et l'affixe de personne. L'affixe ***i*** se confond cependant avec le ***i*** qui termine le radical du verbe.

  FINIR : je fin**is**, tu fin**is**, il/elle fin**it**,
  nous fin**îmes**, vous fin**îtes**, ils/elles fin**irent**

- Il ne faut pas oublier l'accent circonflexe sur le ***i*** aux première et deuxième personnes du pluriel. Cet accent est remplacé par un tréma dans nous ha**ï**mes, vous ha**ï**tes.

53 Le passé simple des verbes du troisième groupe

- Il se forme sur le radical du passé simple auquel on ajoute les terminaisons.
- Ces terminaisons combinent l'affixe de temps, ***i***, ***u***, ou ***in***, et l'affixe de personne :

  • **les terminaisons reposant sur l'affixe *i* sont :** ***-is, -is, -it, -îmes, -îtes, -irent*** ; elles se retrouvent dans les verbes en ***-ir*** (sauf courir, mourir, tenir et venir), la majorité des verbes en ***-re*** et dans asseoir, voir et les verbes de leurs familles (sauf pourvoir) ;

  SENTIR : je sent**is**, tu sent**is**, il/elle sent**it**,
  nous sent**îmes**, vous sent**îtes**, ils/elles sent**irent**

  • **les terminaisons reposant sur l'affixe *u* sont :** ***-us, -us, -ut, -ûmes, -ûtes, -urent*** ; elles se retrouvent dans les verbes en ***-oir*** (sauf ceux qui prennent ***i***), dans courir et mourir, et dans quelques verbes en ***-re*** et ceux de leurs familles (boire, conclure, connaître, croire, lire, vivre, etc.) ;

  COURIR : je cour**us**, tu cour**us**, il/elle cour**ut**,
  nous cour**ûmes**, vous cour**ûtes**, ils/elles cour**urent**

  • **les terminaisons reposant sur l'affixe *in* sont :** ***-(in)s, -(in)s, -(in)t, -(în)mes, -(în)tes, -(in)rent*** ; elles se retrouvent dans tenir, venir et les verbes de leurs familles.

  VENIR : je vin**s**, tu vin**s**, il/elle vin**t**,
  nous vîn**mes**, vous vîn**tes**, ils/elles vin**rent**

- Un accent circonflexe porté sur la voyelle ***i***, ***u*** ou ***i*** de l'affixe ***in*** caractérise les deux premières personnes du pluriel.

LES RÈGLES

54 Quel radical permet de former le passé simple ?

- Le radical peut être obtenu par suppression de la terminaison de l'infinitif : sent- pour le verbe sentir.
- Il peut présenter une forme réduite, en particulier pour les verbes dont le passé simple est en *u* : je **pus**, tu **pus** pour le verbe pouvoir.
- D'autres verbes présentent des radicaux encore plus singuliers : naître donne je **naqu**is ; vivre donne je **véc**us. On peut conseiller de retenir la **troisième personne du singulier** (il vint, il put, il naquit…), la conjugaison entière du verbe pouvant être restituée à partir de cette forme.

L'indicatif futur simple

55 Les valeurs du futur simple

- Le plus souvent, le futur simple a une **valeur temporelle** et il évoque **l'avenir à partir du présent du locuteur**. Bien que l'avenir soit, par nature, incertain, le futur simple pose l'événement à venir comme certain.

  Demain, nous irons à la piscine.

- Le futur simple peut avoir d'autres valeurs. Il n'est pas temporel, mais **modal** dans les phrases, fréquentes à l'oral, qui servent à atténuer poliment une demande, un reproche, etc.

  Je vous demanderai de ne pas fumer dans le bureau.

56 La formation du futur simple : cas général

- Le futur simple se forme sur le radical du futur auquel on ajoute les terminaisons ***-rai, -ras, -ra, -rons, -rez, -ront***.
- Ces terminaisons combinent l'affixe de temps, ***r***, et l'affixe de personne.

  SENTIR : je senti**rai**, tu senti**ras**, il/elle senti**ra**,
  nous senti**rons**, vous senti**rez**, ils/elles senti**ront**

- Historiquement, le futur est formé à partir de l'infinitif. On ajoute donc souvent les terminaisons à l'infinitif (je **sentir**ai) ou à une forme proche de l'infinitif (je **prendr**ai).

57 La formation du futur simple : cas particuliers

- **Les futurs de plusieurs verbes du premier groupe présentent certaines particularités :**
  • pour les verbes en *-eler* ou en *-eter*, les mêmes règles s'appliquent au présent de l'indicatif et au futur. On écrit donc nous ach**è**terons, mais nous je**tt**erons ;
  • on ne doit pas oublier le ***e*** devant les terminaisons des verbes créer, prier, etc. : nous cré**e**rons, nous pri**e**rons ;
  • les verbes en *-yer* transforment le ***y*** en ***i*** à toutes les personnes du futur simple : j'emplo**i**erai, nous emplo**i**erons. Font exception envoyer et renvoyer, dont le futur est imité de celui de voir : j'enve**rr**ai, nous enve**rr**ons (avec deux ***r***) ;
  • les verbes en *-ayer* acceptent, eux, ***i*** et ***y*** à toutes les personnes : je bala**i**erai/bala**y**erai.

- **Beaucoup de verbes du troisième groupe ne font pas apparaître l'infinitif du verbe :**
  • cueillir forme son futur avec la voyelle ***e*** : je cueill**e**rai ;
  • courir et mourir ne font pas entendre le ***i*** final, mais se conjuguent avec deux ***r***, le premier appartenant au radical, le second étant l'affixe de futur : je cou**rr**ai ;
  • acquérir donne j'acque**rr**ai, avec deux ***r*** également ;
  • le futur des verbes en *-voir* (devoir, recevoir…) est formé à partir du radical de la première personne du pluriel de l'indicatif présent : nous **dev**rons. Font exception pouvoir (je **pour**rai), pourvoir (je **pourvoi**rai), savoir (je **sau**rai), voir (je **ver**rai) ;
  • asseoir donne j'**assié**rai ;
  • d'autres verbes présentent un radical spécifique : aller (j'**i**rai), avoir (j'**au**rai), être (je **se**rai), faire (je **fe**rai), falloir (il **faud**ra), tenir (je **tiend**rai), valoir (je **vaud**rai), venir (je **viend**rai), vouloir (je **voud**rai).

L'indicatif conditionnel présent

58 Les valeurs du conditionnel présent

- Le conditionnel sert souvent à exprimer la **conséquence d'une condition**.

  Si les vacances étaient plus longues, nous resterions une semaine de plus.

  Cette phrase envisage une hypothèse, ***si les vacances étaient plus longues***, et le conditionnel n'a pas une valeur temporelle mais modale. L'événement est seulement possible, pouvant même être irréalisable.

LES RÈGLES

- Le conditionnel a aussi une **valeur temporelle**. Il sert à exprimer **le futur à partir du passé**.

  Mes parents avaient alors décidé que nous resterions une semaine de plus.

  La forme simple du conditionnel, bien mal appelée « conditionnel présent », n'exprime pas un présent, mais un futur repéré par rapport à un point du passé, ici le moment où les parents ont décidé de prolonger les vacances.

  Le conditionnel « présent » est ainsi le temps complémentaire du futur simple de l'indicatif, qui exprime, lui, le futur à partir du présent.

- Le conditionnel, en conséquence, n'est pas un mode particulier. Il se rattache à l'indicatif. Comme l'imparfait → 47 ou le futur → 55, le conditionnel « présent » (ou « passé ») possède des emplois temporels et des emplois non temporels, ou **modaux**.

59 La formation du conditionnel présent

- Le conditionnel présent se forme sur le **radical du futur** auquel on ajoute les terminaisons ***-rais, -rais, -rait, -rions, -riez, -raient***.

  RECEVOIR : je recev**rais**, tu recev**rais**, il/elle recev**rait**, nous recev**rions**, vous recev**riez**, ils/elles recev**raient**

- Les terminaisons combinent l'affixe temporel du futur, ***r***, et les terminaisons de l'imparfait : ***-ais, -ais, -ait, -ions, -iez, -aient***. Cette combinaison indique bien que, fondamentalement, le « conditionnel présent » n'est pas un « présent », mais un **futur situé dans le passé**.

Le conseil

Futur simple ou conditionnel présent ?
Comment choisir la bonne terminaison ?

- Les terminaisons des premières personnes du singulier du futur simple et du conditionnel présent sont très proches : je rester**ai** / je rester**ais**. Il faut donc bien veiller à distinguer les deux temps.

  Si les vacances étaient plus longues, je resterais une semaine de plus.

  Cette phrase comporte un conditionnel.

  Comme les vacances sont plus longues cette année, je resterai une semaine de plus.

  L'action exprimée au futur se réalisera. La substitution d'une deuxième personne indique bien que c'est un futur qui est requis, non un conditionnel : ***Comme les vacances sont plus longues cette année, tu resteras*** (et non ⊖ ***tu resterais***) ***une semaine de plus.***

LE SUBJONCTIF

60 Les valeurs du subjonctif

- Le subjonctif est un mode lié à la **notion de possibilité**. Il est essentiellement employé dans :
  • les propositions principales et indépendantes pour marquer l'ordre, la défense, le souhait, l'indignation ou la supposition ;
  • les subordonnées complétives après un verbe, un nom ou un adjectif exprimant un jugement, un souhait, un sentiment, une possibilité, une nécessité ou un doute (il craint que, il veut que, il faut que...) ;
  • les subordonnées temporelles introduites par avant que et jusqu'à ce que ;
  • les subordonnées concessives (quoique, bien que...) ;
  • les subordonnées finales (afin que, pour que...) ;
  • les subordonnées causales exprimant la cause rejetée (non que...) ou l'alternative (soit que... soit que...) ;
  • les subordonnées conditionnelles introduites par à moins que, pourvu que...

Le subjonctif présent

61 Les valeurs du subjonctif présent

- Dans les propositions principales ou indépendantes, le subjonctif présent exprime généralement la **postériorité** par rapport au présent de l'énonciation.

  Qu'il patiente ! Qu'il revienne demain.

- Le subjonctif présent indique la **simultanéité** ou la **postériorité** de l'action de la subordonnée par rapport à l'action de la principale lorsque celle-ci est au présent ou au futur.

  Il faut que vous les emmeniez un jour au cirque.

- Le subjonctif présent s'emploie également pour **remplacer le subjonctif imparfait**, qui est devenu rare.

  Il fallait que ces enfants découvrent le cirque. (au lieu de ***découvrissent***)

62 Le subjonctif présent des verbes du premier groupe

- Il se forme sur le **radical de l'indicatif présent** auquel on ajoute les terminaisons ***-e, -es, -e, -ions, -iez, -ent***.

  j'aim**e** → que j'aim**e**, que tu aim**es**, qu'il/elle aim**e**,
  que nous aim**ions**, que vous aim**iez**, qu'ils/elles aim**ent**

LES RÈGLES

- Lorsque le radical présente de légères variations (ajout d'un accent ou d'une double consonne, *i* transformé en *y* devant certaines voyelles), on applique au subjonctif présent les mêmes règles qu'à l'indicatif présent.

  je c**è**de, nous c**é**dons → que je c**è**de, que nous c**é**dions

63 Le subjonctif présent des verbes du deuxième groupe

- Il se forme sur le **radical de l'indicatif présent en *iss*** auquel on ajoute les terminaisons ***-e, -es, -e, -ions, -iez, -ent***.

  nous finissons → que je finiss**e**, que tu finiss**es**, qu'il/elle finiss**e**, que nous finiss**ions**, que vous finiss**iez**, qu'ils/elles finiss**ent**

64 Le subjonctif présent des verbes du troisième groupe

- Les terminaisons sont ***-e, -es, -e, -ions, -iez, -ent***.
- Pour le radical, on distingue trois cas.

Un seul radical à l'indicatif présent → Le subjonctif présent utilise le radical de l'indicatif présent.	je couvre → que je couvr**e**, que tu couvr**es**, qu'il couvr**e**, que nous couvr**ions**, que vous couvr**iez**, qu'ils couvr**ent**
Deux formes de radical à l'indicatif présent → Le subjonctif présent utilise le radical de la première personne du pluriel de l'indicatif présent.	je dors, nous dormons → que je dorm**e**, que tu dorm**es**, qu'il dorm**e**, que nous dorm**ions**, que vous dorm**iez**, qu'ils dorm**ent**
Verbes en *-oir* et en *-oire*; *fuir, tenir, quérir, traire* et leurs dérivés; *mourir* et *ouïr* → Le subjonctif alterne deux radicaux de l'indicatif présent.	je meurs, tu meurs, il meurt, nous mourons, vous mourez, ils meurent. → que je meur**e**, que tu meur**es**, qu'il meur**e**, que nous mour**ions**, que vous mour**iez**, qu'ils meur**ent**

REMARQUES

• Le verbe ***falloir*** n'emprunte pas son radical à l'indicatif présent : ***qu'il faille.***

• Les verbes ***aller, valoir*** et ***vouloir*** n'empruntent pas leur radical à l'indicatif présent, sauf aux deux premières personnes du pluriel : ***que j'aille, que je vaille, que je veuille***.

• Les verbes ***faire, pouvoir, savoir, être, avoir*** ont un radical particulier à toutes les personnes : ***que je fasse, que je puisse, que je sache, que je sois, que j'aie***.

Le conseil

Il faut que tu coures ou ⊖ _Il faut que tu cours ?_
Comment distinguer le subjonctif présent de l'indicatif présent ?

- Pour certains verbes du troisième groupe, la différence entre le subjonctif présent et l'indicatif présent ne s'entend pas à l'oral. Pour choisir la bonne terminaison, on peut utiliser un verbe pour lequel l'indicatif présent et le subjonctif présent diffèrent nettement à l'oral (prendre, descendre, tenir, etc.).

Il faut que tu descendes.

On ne peut pas dire : ⊖ ***Il faut que tu descends.*** La phrase réclame donc le subjonctif : ***Il faut que tu coures.***

Le subjonctif imparfait

65 L'emploi du subjonctif imparfait

- Le subjonctif imparfait devrait s'employer dans une proposition subordonnée, pour indiquer la simultanéité ou la postériorité d'une action par rapport à l'action de la principale, lorsque celle-ci est au passé. Mais, en dehors de la troisième personne du singulier, il est **devenu rare**. Il est généralement remplacé par le subjonctif présent.

Je craignais que la tempête ne se levât (ne se lève) ce soir.

À la troisième personne du singulier, on peut conserver le subjonctif imparfait, notamment à l'écrit, pour un registre soutenu.

Je craignais que les tuiles ne s'envolent (ne s'envolassent) du toit.

Aux autres personnes, pour des raisons d'euphonie, on emploie souvent le présent.

66 La formation du subjonctif imparfait

- Il se forme à partir du **radical et** de l'**affixe temporel du passé simple**, auxquels on ajoute les affixes ***-sse, -sses, -^t, -ssions, -ssiez, ssent***.

Groupe	Affixe	Formation	Exemples
Premier	a	radical + -asse, -asses, -ât, -assions, -assiez, assent	tu aimas → que j'aim**asse**, que tu aim**asses**, qu'il aim**ât**, que nous aim**assions**, que vous aim**assiez**, qu'ils aim**assent**
Deuxième	i	radical + -isse, -isses, -ît, -issions, -issiez, -issent	tu finis → que je fin**isse**, que tu fin**isses**, qu'il fin**ît**, que nous fin**issions**, que vous fin**issiez**, qu'ils fin**issent**
Troisième	i, in ou u	radical + -isse, -insse ou -usse…	tu pris → que je pr**isse**, que tu pr**isses**, qu'il pr**ît**, que nous pr**issions**, que vous pr**issiez**, qu'ils pr**issent**

Le conseil

Indicatif passé simple ou subjonctif imparfait ?
Comment choisir la bonne terminaison ?

- Doit-on écrire : ***Je la décrivis en détail afin qu'il la reconnût facilement*** ou ⊖ ***Je la décrivis en détail afin qu'il la reconnut facilement*** ?

  L'oral ne marque pas la différence entre le passé simple et l'imparfait du subjonctif à la troisième personne du singulier. À l'écrit, pour les deuxième et troisième groupes, la différence consiste en un simple accent circonflexe au subjonctif. Pour éviter toute erreur, il est possible de transposer la phrase au subjonctif présent. Dans la majorité des cas, on entendra la différence. Si on ne l'entend pas, on utilisera un autre verbe (***prendre*** ou ***tenir***, par exemple).

  Je la décris en détail afin qu'il la reconnaisse facilement.

  On ne peut pas dire : ⊖ ***Je la décris en détail afin qu'il la reconnaît facilement.*** La phrase réclame le subjonctif : ***Je la décrivis en détail afin qu'il la reconnût facilement.***

L'IMPÉRATIF

67 Les valeurs de l'impératif présent

- L'impératif n'existe qu'à la deuxième personne du singulier et aux première et deuxième personnes du pluriel. C'est le **mode de l'injonction**.
- Il permet d'exprimer, à la forme positive, un **ordre**, une **exhortation**, une **prière**, un **conseil** ou une **suggestion**.

  Rangez immédiatement vos chambres ! (ordre)

- Il permet d'exprimer, à la forme négative, la **défense**.

  Ne vous penchez pas par la fenêtre.

68 La formation de l'impératif présent

- Il se forme à partir du **radical du présent de l'indicatif** auquel on ajoute les terminaisons ***-e / -s, -ons, -ez***.
- Le pronom personnel sujet n'est pas exprimé.
- La terminaison de la deuxième personne du singulier est **-e** pour les verbes du premier groupe et pour certains verbes du troisième groupe.

  Écoute. Offre des fleurs.

Les autres verbes se terminent par **-s**.

Viens à Nantes !

- L'impératif de aller ne prend pas de **-s** à la deuxième personne du singulier.

Va courir.

REMARQUE

Pour des raisons d'euphonie, ***-e*** devient ***-es***, et ***va*** prend un ***-s*** devant ***en*** et ***y***.

Pense à prendre son adresse. → Penses-y.
Garde quelques gâteaux pour le voyage. → Gardes-en.
Va chercher les enfants. → Vas-y.

- Les verbes ***avoir, être*** et ***savoir*** forment leur impératif présent sur le radical du subjonctif et non sur le radical de l'indicatif. Ils ont les mêmes terminaisons d'impératif que les autres verbes.

que tu aies, que nous ayons → aie, ayons, ayez

LES MODES IMPERSONNELS

69 Qu'appelle-t-on modes impersonnels ?

- On appelle modes impersonnels les modes qui ne varient pas en personne. Les trois modes impersonnels sont l'**infinitif** (partir, être parti), le **participe** (partant, étant parti, parti) et le **gérondif** (en partant).

Il veut partir dès demain. Je veux partir dès demain.

Seul le verbe à l'indicatif porte la marque de la personne : ***il veut, je veux. Partir*** ne varie pas.

70 Les valeurs des modes impersonnels

Les trois modes impersonnels n'ont pas la même valeur dans la phrase.

L'infinitif est la forme nominale du verbe.

- Il permet au verbe de fonctionner **comme un nom**, tout en conservant ses propriétés de verbe.

Nous espérons entreprendre un long voyage.

Entreprendre un long voyage est complément d'objet direct du verbe ***espérons***. Il a la fonction qui serait celle du groupe nominal ***sa venue*** dans ***Nous espérons sa venue***. Par ailleurs, ***un long voyage*** est COD de ***entreprendre***, comme il le serait dans la phrase ***Nous entreprendrons un long voyage***.

LES RÈGLES

Le participe est la forme adjective du verbe.

- Il permet au verbe de fonctionner **comme un adjectif**, tout en conservant ses propriétés de verbe.

  Nous recherchons un guide parlant la langue du pays.

  Parlant la langue du pays est épithète de ***guide***. Il a la fonction qui serait celle de ***bilingue*** dans ***Nous recherchons un guide bilingue***. Par ailleurs, ***la langue du pays*** est COD de ***parlant***, comme il le serait dans la phrase ***Le guide parle la langue du pays***.

Le gérondif est la forme adverbiale du verbe.

- Il joue le **rôle d'un adverbe** complément circonstanciel, tout en conservant les propriétés d'une forme verbale.

  Elles cheminaient en se racontant leur vie.

  En se racontant leur vie est complément circonstanciel de ***cheminaient***. Il a la fonction qui serait celle de ***joyeusement*** dans ***Elles cheminaient joyeusement***. Par ailleurs, ***se*** et ***leur vie*** sont les compléments de ***en racontant***, comme ils le seraient dans la phrase ***Elles se racontèrent leur vie.***

L'infinitif et le participe en fonction de verbe

- L'infinitif peut avoir une pleine fonction de verbe lorsqu'il est :
  - infinitif **de narration** ;
    Et tous d'applaudir.
    Ils applaudirent.
  - infinitif **délibératif** ;
    Que penser de cette affaire ?
    Que puis-je penser ?
  - infinitif **injonctif** ;
    Faire cuire à feu doux.
    Faites cuire à feu doux.
  - infinitif **exclamatif** ;
    Moi, traverser ce fleuve à la nage !
    Moi, que je traverse ce fleuve à la nage !
  - dans une **proposition infinitive** ;
    Il observe les enfants s'ébattre dans le fleuve.
  - dans une **subordonnée relative** ;
    Elle cherche un hôtel où dormir.
  - dans une **interrogation indirecte**.
    Il ne sait que faire.

- Le participe peut également avoir une pleine fonction de verbe quand il est le **noyau verbal de la proposition participiale**.

  Tous les touristes ayant quitté l'hôtel, il se sentit bien seul.
  Après que tous les touristes eurent quitté l'hôtel, il se sentit bien seul.

71 La formation de l'infinitif présent

- Il se forme sur le **radical du présent de l'indicatif**, suivi de l'**affixe de groupe** ***(e, i, oi, -)*** et de l'**affixe de mode** (*r* ou ***re***).

Groupe	Terminaison	Exemples
Premier	er	aim-e-r
Deuxième	ir	fin-i-r
Troisième	ir, oir ou re	part-i-r, dev-oi-r, prend-re

Le conseil

***-er* ou *-é(e, s, es)* ?**
Comment écrire une forme verbale qui se termine par le son [e] ?

- L'infinitif des verbes du premier groupe se termine en ***-er***. Le participe passé du même groupe se termine en ***-é***. À l'oral, on entend donc difficilement la différence entre l'infinitif et le participe, et les erreurs d'orthographe sont fréquentes à l'écrit.
- Pour éviter la confusion, on peut remplacer la forme verbale du premier groupe par une forme verbale du deuxième ou du troisième groupe, pour lesquels on entend la différence.

Nous avons failli manquer notre avion.
→ Nous avons failli prendre un autre avion.
On ne peut pas dire : ⊖ ***Nous avons failli pris un autre avion.*** Il faut utiliser l'infinitif.

72 La formation du participe présent

- Il se forme sur le **radical de la première personne du pluriel de l'indicatif présent** suivi de la terminaison ***-ant***.

Groupe	Indicatif présent	Participe présent
Premier	nous aimons	aimant
Deuxième	nous finissons	finissant
Troisième	nous buvons	buvant

REMARQUE
Trois verbes ont un participe présent irrégulier : ***être (étant)*** ; ***avoir (ayant)*** ; ***savoir (sachant)***.

LES RÈGLES

Le conseil

Comment écrire une forme en *-ant* ?

- À partir de certains participes, le français forme des adjectifs verbaux, c'est-à-dire de véritables adjectifs qui ne peuvent plus recevoir de compléments verbaux. Les deux mots ne s'orthographient pas de la même manière : l'adjectif verbal s'accorde en genre et en nombre, pas le participe ; certains adjectifs verbaux n'ont pas la même terminaison que le participe.

  provoquant → provocant ; fatiguant → fatigant ; négligeant → négligent

- Pour savoir si l'on se trouve face à un participe présent ou face à un adjectif verbal, on peut avoir recours à la négation. Seul le participe présent admet la négation en « ne... pas ».

  Il gardait le silence, provoquant ses camarades.

  On peut dire : ***ne provoquant pas ses camarades*** ; ***provoquant*** est un participe présent.

  Il est sorti dans une tenue provocante.

  On ne peut pas dire : ⊖ ***dans une tenue ne pas provocante*** ; ***provocant*** est un adjectif verbal.

73 La formation du gérondif

- Le gérondif a exactement la même forme que le participe présent, mais il est précédé de la préposition ***en***.

LES TEMPS COMPOSÉS

74 Le choix de l'auxiliaire dans les temps composés

- On emploie l'**auxiliaire *être*** pour des **verbes intransitifs perfectifs**, c'est-à-dire des verbes exprimant une action qui n'acquiert d'existence véritable que lorsqu'elle est parvenue à son terme. Il s'agit de verbes de mouvement ou de changement d'état, comme aller, arriver, devenir, entrer, mourir, naître, partir, rester, sortir, tomber, venir, etc.

  Elle est arrivée avant tout le monde.

  Pour les autres verbes, on emploie l'**auxiliaire *avoir***.

  Il a couru jusqu'à la maison.

- À la **forme pronominale**, on emploie également l'**auxiliaire *être***.

  Je me suis ouvert le front.

REMARQUE
L'***auxiliaire être*** sert aussi à former la **voix passive**.

Son sérieux est reconnu de tous.

75 Le participe passé

La forme composée du participe passé

- Elle est constituée de l'auxiliaire ***avoir*** ou ***être*** au participe présent, suivi du participe passé : ayant aimé, étant sorti.
Pour le choix de l'auxiliaire, le participe passé suit les mêmes principes que tous les temps composés → **74**.

La forme simple du participe passé

- Elle est constituée du participe passé sans auxiliaire : aimé, sorti.

Quelle terminaison pour le participe passé ?

Groupe	Terminaison	Exemples
Premier	**é**	aim**é**
Deuxième	**i**	fin**i**
Troisième	**i**	sort**i**
	u	cour**u**
	s ou **t**	mi**s**, cui**t**, crain**t**
	Attention : certains participes passés ont des radicaux particuliers : vu, offert, mort...	

Le conseil

Comment trouver la consonne finale d'un participe passé ?

- Pour savoir si un participe passé possède ou non une consonne finale, il faut l'employer avec un nom féminin, ce qui permet d'entendre la consonne finale.

Une victoire n'est pas exclue. → Un heureux succès n'est pas exclu.
L'assurance est incluse. → Le mode d'emploi est inclus.

Pour l'accord en genre et en nombre des participes passés → **90-100**.

76 Les règles de formation des formes composées

- À la **voix active** et dans les **formes pronominales**, les temps composés sont formés de l'auxiliaire au temps simple correspondant → 21, suivi du participe passé. Par exemple :

Temps	Formation	Exemples
Passé composé de l'indicatif	Auxiliaire à l'indicatif présent + participe passé	j'ai aimé ; je suis parti ; je me suis excusé
Conditionnel passé	Auxiliaire au conditionnel présent + participe passé	j'aurais aimé ; je serais parti ; je me serais excusé
Subjonctif plus-que-parfait	Auxiliaire au subjonctif imparfait + participe passé	que j'eusse aimé ; que je fusse parti ; que je me fusse excusé
Infinitif passé	Auxiliaire à l'infinitif présent + participe passé	avoir aimé ; être parti ; s'être excusé

- À la **voix passive**, toutes les formes verbales sont composées. Elles sont formées de l'auxiliaire ***être*** au temps recherché, suivi du participe passé. Par exemple :

Temps	Formation	Exemples
Indicatif présent	Auxiliaire *être* à l'indicatif présent + participe passé	je suis aimé
Subjonctif imparfait	Auxiliaire *être* au subjonctif imparfait + participe passé	que je fusse aimé
Impératif présent	Auxiliaire *être* à l'impératif présent + participe passé	sois aimé
Futur antérieur	Auxiliaire *être* au futur antérieur + participe passé	j'aurai été aimé
Conditionnel passé	Auxiliaire *être* au conditionnel passé + participe passé	j'aurais été aimé
Infinitif passé	Auxiliaire *être* à l'infinitif passé + participe passé	avoir été aimé

Accorder le verbe avec le sujet

En bref

Le verbe change de forme selon son sujet : on dit qu'il s'accorde avec son sujet.

RÈGLE GÉNÉRALE

77 L'accord du verbe avec le sujet

- Le verbe conjugué à un mode personnel **s'accorde en personne et en nombre avec son sujet**.
- Lorsque la forme verbale est simple, la terminaison du verbe porte la marque de la personne et du nombre.

  J'entends des bruits suspects.

  Les sirènes de la police retentissent.
- Lorsque la forme verbale est composée, la terminaison de l'auxiliaire porte la marque de la personne et du nombre. Le participe passé peut aussi varier en genre et en nombre → **90-100**.

  Les voleurs se sont déjà enfuis.

LE VERBE A UN SEUL SUJET : CAS PARTICULIERS

78 L'accord du verbe avec *nous* et *vous* désignant une personne unique

- Les pronoms ***nous*** et ***vous*** désignent parfois une personne unique :
  - le *nous* **de majesté**, employé à la place de ***je*** par un souverain ou toute personne qui détient l'autorité pour marquer son importance ;
  - le *nous* **de modestie**, employé à la place de ***je*** par un auteur ;
  - le *vous* **de politesse**, employé à la place de ***tu*** pour marquer une distance respectueuse vis-à-vis de son interlocuteur.

LES RÈGLES

- Dans tous ces cas, le verbe porte la marque du pluriel.

  Avez-vous votre billet ?

  Cependant, pour les formes composées, le participe passé ne porte pas la marque du pluriel : il s'accorde selon le sens, comme le font les adjectifs qualificatifs.

  Avez-vous été contrôlé dans le train ?

79 L'accord du verbe avec le pronom relatif *qui*

- Quand le sujet est le pronom relatif ***qui***, il faut identifier son **antécédent** et accorder le verbe à la même personne et au même nombre que cet antécédent.

  Moi qui l'ai toujours cru honnête, je suis déçue.

  L'antécédent est ***moi***, première personne du singulier : l'accord est à la première personne du singulier.

REMARQUE

Avec les expressions ***je suis le premier qui, le seul qui, celui qui***, on admet aussi bien :

Je suis le seul qui ai toujours cru à son innocence.

Je suis le seul qui a toujours cru à son innocence.

80 L'accord du verbe avec un pronom neutre : *ce, cela, ça*

- Les pronoms neutres ***ce***, ***cela*** et ***ça*** entraînent un accord du verbe à la **troisième personne du singulier** et un accord du participe passé au **masculin singulier**.

  Cela fit beaucoup de bruit dans la presse.

  C'est convenu ainsi entre eux.

- Lorsque le pronom neutre ***ce*** est utilisé dans la forme ***c'est*** et que l'expression qui suit est au pluriel, l'accord se fait plutôt au pluriel.

  Ce sont des sujets qui sont rarement abordés.

  Cependant, dans la langue courante, on rencontre également le singulier.

  C'est des sujets qui sont rarement abordés.

81 L'accord du verbe avec un sujet comportant une indication de quantité : *peu, trop...*

- Lorsque les adverbes de quantité (beaucoup, peu, trop, assez, moins, tant, autant, combien...) sont suivis de ***de***, ils jouent le rôle de déterminants du nom. Si le nom est au pluriel, le verbe s'accorde **au pluriel**.

  Beaucoup de réalisateurs utilisent aujourd'hui des effets spéciaux.

  Le pluriel est obligatoire.

- Cependant, lorsque l'adverbe ***peu*** est précédé d'un déterminant (le peu, ce peu...), il devient un nom et peut entraîner l'accord du verbe au singulier. L'accent est mis sur « la petite quantité » et non sur les éléments qui la composent.

  Le peu de réalisateurs qui tournent encore en noir et blanc passent pour élitistes.

  On veut dire ***les quelques réalisateurs***. Le pluriel est fréquent.

  Le peu de réalisateurs qui tourne encore en noir et blanc passe pour élitiste.

  On veut dire ***la petite quantité de réalisateurs***. Le singulier est possible.

82 L'accord du verbe avec un sujet comportant un nom collectif

- Lorsqu'un nom collectif (foule, tas, multitude, majorité, dizaine...) est suivi d'un groupe nominal au pluriel, le verbe s'accorde au singulier si l'on veut mettre l'accent sur le nom collectif ou au pluriel si l'on veut mettre l'accent sur le groupe nominal.

  Une dizaine de spectateurs resta dans la salle.

  Une dizaine de spectateurs restèrent dans la salle.

- Avec la plupart de, le verbe, le plus souvent, s'accorde au pluriel.

  La plupart des spectateurs restèrent dans la salle.

83 L'accord du verbe avec un sujet formé à partir d'une fraction ou d'un pourcentage

- Lorsqu'un nom de fraction au singulier (la moitié, un tiers, un quart...) est suivi d'un groupe nominal au pluriel, le verbe s'accorde avec ce groupe nominal au **pluriel**. Cependant, si l'on veut mettre l'accent sur le nom de fraction, le verbe s'accorde au singulier.

  La moitié des invités sont partis avant minuit.
  Le pluriel est le plus courant.

  La moitié des invités est partie avant minuit.
  Le singulier est possible.

- Lorsqu'un nom de fraction au pluriel (les deux tiers, les trois quarts, les quatre cinquièmes...) est complété par un groupe nominal au singulier, le verbe s'accorde en général au **pluriel**. L'accord du verbe au singulier est admis lorsque l'on ne cherche pas à mettre l'accent sur la proportion exacte.

  Les deux tiers de notre lectorat sont des femmes.
  Le pluriel est le plus courant.

  90 % de notre lectorat est féminin.
  Le singulier est possible.

84 L'accord de *vive, soit, qu'importe, peu importe, reste...*

- Certains verbes, comme vive, soit, qu'importe, reste, sont utilisés en tête de phrase dans des expressions figées. Ils peuvent s'accorder avec leur sujet ou rester invariables.

  Qu'importe / Qu'importent les reproches qu'on pourra me faire.
  Le verbe figure dans une expression figée en tête de phrase : on peut l'accorder ou non.

  Il me demande si les reproches qu'on pourra me faire m'importent.
  Le verbe n'est pas employé dans une expression figée : l'accord est obligatoire.

REMARQUE
En tête de phrase, ***soit*** (au sens de ***supposons***) et ***vive*** (au sens de ***honneur à***) ne sont plus considérés comme des verbes et ils sont rarement accordés.

Vive les vacances !
Soit deux segments [*AB*] et [*CD*].

LE VERBE A PLUSIEURS SUJETS

85 L'accord du verbe avec plusieurs sujets qui sont de la même personne

- Lorsque le verbe a plusieurs sujets de la même personne, il s'accorde au **pluriel** de cette personne.

  La boulangerie, la boucherie et le bar-tabac maintiennent une vie dans le village.

- Quand plusieurs sujets sont repris ou annoncés par un pronom indéfini (rien, personne, tout...), le verbe s'accorde avec ce pronom.

  Boulanger, boucher, buraliste, chacun contribuait à la vie du village.

86 L'accord du verbe avec plusieurs sujets qui ne sont pas de la même personne

- Si les sujets du verbe ne sont pas tous de la même personne, on applique les règles suivantes :
  - la première personne l'emporte sur les deux autres ;

    Ton frère, toi et moi avions toujours rêvé de faire le tour du monde.

  - la deuxième personne l'emporte sur la troisième.

    Ton frère et toi avez toujours rêvé de faire le tour du monde.

87 L'accord du verbe avec des sujets coordonnés par *ou* ou par *ni*

- Avec des sujets coordonnés par ***ou*** ou par ***ni***, l'accord du verbe au pluriel est le plus fréquent, mais l'accord au singulier est également admis. L'accord au singulier se justifie en particulier lorsque ***ou*** est exclusif, c'est-à-dire lorsqu'un des deux sujets exclut l'autre.

  Un médecin ou une infirmière vous recevront.

  L'accord au pluriel est le plus fréquent.

  Le médecin ou une infirmière vous remettra votre dossier.

  Soit le médecin, soit une infirmière remettra le dossier, mais pas les deux. ***Ou*** est exclusif ; l'accord au singulier est possible.

LES RÈGLES

88 L'accord du verbe avec des sujets qui désignent une même réalité

- Lorsque le verbe a plusieurs sujets et que ces sujets désignent la même personne ou la même chose, c'est la règle générale qui s'applique et l'accord se fait au **pluriel**.

  La satisfaction, la fierté, l'orgueil se lisent sur son visage.

- Lorsque, pour des raisons stylistiques, on cherche à souligner que les sujets ne renvoient qu'à une seule et même réalité, l'accord se fait au **singulier**.

  La satisfaction, la fierté, l'orgueil se lit sur son visage.

  L'énumération vise à préciser la nature du sentiment : l'accord au singulier met en valeur le procédé stylistique de la gradation.

89 L'accord du verbe avec un seul ou plusieurs sujets ? Le cas des expressions unies par *comme, ainsi que...*

- Lorsque les mots comme, ainsi que, autant que expriment une **comparaison d'égalité**, ils n'entraînent pas l'accord au pluriel.

  Son mari, comme beaucoup de jeunes cadres, fait de sa carrière une priorité.

  Le mot ***comme*** sert à comparer ***son mari*** et ***beaucoup de jeunes cadres***. Le sujet du verbe est ***son mari*** : l'accord se fait au singulier.

- Lorsque comme, ainsi que, autant que sont l'équivalent d'une conjonction de coordination reliant deux sujets, le verbe s'accorde au pluriel.

  Sa femme comme son fils aimeraient le voir travailler moins.

  On comprend ***sa femme et son fils*** : l'accord se fait au pluriel.

Accorder le participe passé

En bref

Le participe passé est un mot qui varie en genre et en nombre sous certaines conditions.

LE PARTICIPE PASSÉ EMPLOYÉ SEUL

90 Le participe passé employé sans auxiliaire

- Le participe passé relève à la fois de la catégorie du verbe et de celle de l'adjectif. Employé sans auxiliaire, il **s'accorde comme un adjectif**, et reçoit donc les marques de genre et de nombre du nom, du groupe nominal ou du pronom dont il dépend. Cette règle est valable quelle que soit la fonction du participe passé (épithète, apposé, attribut).

  Ils vivent dans une maison construite sur pilotis.
  épithète

  Arrivées en retard, elles ont trouvé porte close.
  apposé (ou épithète détachée)

  Les joueurs semblent fatigués par les efforts des premiers jours.
  attribut (du sujet)

91 L'accord du participe passé dans les expressions *ci-joint, ci-inclus, ci-annexé...*

Il est fréquent que, dans ces expressions, le participe passé ne s'accorde pas.

Ci-joint, ci-inclus, ci-annexé

- Les participes passés ci-joint, ci-inclus et ci-annexé sont **invariables** quand ils sont placés en tête d'une phrase nominale ou devant un nom **sans déterminant**. Ils fonctionnent alors comme des adverbes.

  Ci-joint les documents. Vous trouverez ci-joint copie des documents.

- Ces participes passés redeviennent **variables** :
  - quand, placés après un nom **avec déterminant**, ils sont épithètes de ce nom ;

    Veuillez observer les documents ci-joints. (épithète)

  - quand ils sont attributs du sujet.

    Les documents sont ci-joints. (attribut du sujet)

LES RÈGLES

- Dans les autres constructions, on est libre d'accorder ou non le participe passé.

  Veuillez trouver ci-joint / ci-joints les documents.

  L'expression ***ci-joint*** est traitée soit comme un adverbe, soit comme un adjectif : ***ci-joints*** accordé au pluriel est attribut du COD ***les documents***.

Vu, attendu, excepté, compris, non compris

- Les participes passés vu, attendu, excepté, compris, non compris sont **invariables** quand, placés devant un mot ou un groupe de mots, ils fonctionnent comme des prépositions.

  Toutes les maisons ont été détruites, excepté celle de Pierre.

  Le participe passé ***excepté*** a ici le sens de la préposition ***sauf***.

- Placés après le mot ou le groupe de mots, ces participes passés **s'accordent**.

  Toutes les maisons ont été détruites, celle de Pierre exceptée.

Étant donné, passé, mis à part

- Le participe passé étant donné est en général **invariable** quand il précède le mot ou le groupe de mots.

  Étant donné les problèmes de circulation, il est conseillé d'utiliser le bus.

- Les participes passés mis à part et passé peuvent rester **invariables ou s'accorder** quand ils précèdent le mot ou le groupe de mots.

  Mis à part celle de Pierre, toutes les maisons sont détruites.

  Mise à part celle de Pierre, toutes les maisons sont détruites.

- Placé après le mot ou le groupe de mots, le participe passé **s'accorde**.

  Celle de Pierre mise à part, toutes les maisons sont détruites.

LE PARTICIPE PASSÉ EMPLOYÉ AVEC UN AUXILIAIRE : RÈGLES GÉNÉRALES

92 Le participe passé conjugué avec l'auxiliaire *être*

- Le participe passé conjugué avec l'auxiliaire ***être*** **s'accorde en genre et en nombre avec le sujet**, aussi bien à la voix active qu'à la voix passive.

  Des astéroïdes sont tombés sur la Terre. (voix active)

  Des restrictions sont imposées par le gouvernement. (voix passive)

- Le participe passé d'un verbe à la forme pronominale ne s'accorde pas toujours avec le sujet → **94-96**.

93 Le participe passé conjugué avec l'auxiliaire *avoir*

- Le participe passé conjugué avec l'auxiliaire ***avoir*** **ne s'accorde pas avec le sujet**.

  Ils ont acheté une belle maison.

- Le participe passé **s'accorde avec le COD** quand celui-ci est placé avant lui.

  La maison qu'ils ont achetée domine la mer.

  Le pronom relatif ***qu'*** représente ***la maison***, et le participe passé ***achetée***, en conséquence, reçoit la marque **-*e*** du féminin.

Le COD est le pronom personnel *l'*

- Le COD placé avant le participe passé peut être un **pronom personnel**.

  Leur maison, ils l'ont construite sur une colline.

  Le participe passé ***construite*** s'accorde avec le pronom personnel ***l'*** représentant ***leur maison***.

- Le participe passé reste au masculin singulier quand le pronom ***l'***, mis pour ***le*** à valeur de neutre, équivaut à une **proposition**.

  La journée s'est passée comme on l'avait prévu.

  Le pronom COD ***l'*** ne renvoie pas uniquement à ***la journée***, mais à l'idée que cette journée se passerait d'une certaine manière : ***comme on l'avait prévu*** signifie ***comme on avait prévu qu'elle se passerait***.

Le COD est le pronom *en*

- Quand le COD est le pronom ***en***, le participe passé **ne s'accorde pas**.

  Des gens, il en a vu au cours de ses voyages !

  Le pronom ***en*** est bien COD de ***a vu*** et il représente ***des gens***, mais le participe passé reste invariable.

LES RÈGLES

LE PARTICIPE PASSÉ D'UN VERBE À LA FORME PRONOMINALE

94 Le participe passé d'un verbe à la forme pronominale : règle générale

Il existe **deux grands types de formes pronominales** → 28-33.

- Quand le pronom réfléchi peut être analysé comme un COD (se laver = laver soi-même) ou un COI (se parler = parler à soi-même), on applique la règle du participe passé conjugué avec ***avoir***.

- Quand le pronom réfléchi ne peut pas être analysé comme un COD ou un COI (se souvenir), on applique la règle du participe passé conjugué avec ***être***.

95 Le pronom réfléchi peut être analysé

Le pronom réfléchi peut être analysé comme un COD ou un COI.

Le pronom réfléchi est un COD

- Un verbe tel que se laver est une variante de laver quelqu'un. En conséquence, la forme composée s'être lavé(e, s, es) comporte, malgré l'auxiliaire ***être***, un COD, le pronom **s'**. Dans ce cas, **le participe passé s'accorde avec ce COD**.

Elle s'est lavée ce matin.

Le pronom ***s'*** est COD. Cette phrase signifie : ***elle a lavé elle-même***.

Le pronom réfléchi est un COI

- Un verbe tel que s'écrire est une variante de écrire à quelqu'un. Le pronom réfléchi **s'** est COI du verbe, et **le participe passé ne s'accorde donc pas avec ce pronom**.

Ils se sont écrit pendant toutes les vacances.

Cette phrase ne signifie pas : ***ils ont écrit eux-mêmes*** ; elle signifie : ***ils ont écrit à eux-mêmes***, ou ***l'un à l'autre***.

REMARQUES

1. Si le verbe à la forme pronominale reçoit un COD et si ce COD est placé avant, le participe passé de ce verbe s'accorde avec ce COD.

Ils relisent les lettres qu'ils se sont écrites.

Le pronom relatif ***qu'***, qui représente ***les lettres***, est COD du verbe à la forme pronominale, alors que ***se*** est COI (ou COS) : le participe passé s'accorde avec ***qu'*** et prend donc le pluriel et le genre féminin de ***les lettres***.

2. En revanche, si le COD est placé après le verbe à la forme pronominale, le participe passé de ce verbe reste invariable.

Ils se sont envoyé des cartes postales.

Le COD ***des cartes postales*** est placé après le participe passé, qui reste donc invariable.

96 Le pronom réfléchi ne peut pas être analysé

- Quand le pronom réfléchi ne peut pas être analysé comme un COD ou un COI (se souvenir, s'échapper), le participe passé **s'accorde avec le sujet**.

Elle s'est souvenue de ce concert.

Cette phrase ne signifie pas ⊖ ***elle a souvenu elle-même*** ni ⊖ ***elle a souvenu à elle-même*** : le pronom réfléchi ne reçoit aucune fonction. Le participe passé s'accorde donc avec le sujet.

- Quatre verbes font exception : se rire, se plaire, se déplaire et se complaire. Le participe passé de ces verbes est toujours **invariable**, quel que soit le sens de la construction pronominale.

  Ils se sont plu à réécouter tout le disque.

LE PARTICIPE PASSÉ SUIVI D'UN INFINITIF

97 Le participe passé suivi d'un infinitif

- Lorsque le participe passé est suivi d'un infinitif, le COD qui précède peut être COD, non pas de la forme verbale composée avec ce participe passé, mais de l'infinitif seul. Dans ce cas, le participe passé reste **invariable**.

  Voici les mesures que le gouvernement a souhaité prendre.

  Le pronom relatif ***que*** est COD de ***prendre***, et non pas de ***a souhaité***.

- En revanche, dès que le COD est COD de la forme composée avec le participe passé, ce participe passé s'accorde avec ce COD.

  Les acteurs, qu'on a enfin autorisés à jouer la pièce, ont remporté un vif succès.

  Le COD ***qu'***, qui représente ***les acteurs***, est bien COD de ***a autorisés***, et le participe passé s'accorde avec ce COD placé avant lui.

- De même, on écrit différemment :

  Cette pièce de théâtre, je l'ai vu jouer une dizaine de fois.

  Cette actrice, je l'ai vue jouer une dizaine de fois.

  Dans la première phrase, le pronom ***l'***, qui représente ***cette pièce de théâtre***, est interprété comme le COD de ***jouer*** et non de ***ai vu***. Dans la seconde phrase, ***l'***, qui représente ***cette actrice***, est COD du verbe conjugué seul.

98 Le participe passé de *faire* suivi d'un infinitif

- Le participe passé de faire suivi d'un infinitif est toujours **invariable**.

  Les tartes qu'il a fait préparer sont délicieuses.

  Le semi-auxiliaire ***faire*** → 9 forme avec l'infinitif une périphrase verbale et le COD ***qu'***, qui représente ***les tartes***, n'est pas COD de ce semi-auxiliaire seul, mais de l'ensemble formé par la périphrase verbale : il n'a pas fait les tartes, il les a ***fait préparer***.

N. ORTH. La réforme de 1990 recommande aussi l'invariabilité de laisser quand il est employé comme semi-auxiliaire.

Mangez la tarte que vous avez laissé tiédir.

LES RÈGLES

- Quand faire et laisser sont employés seuls, la règle d'accord ordinaire s'applique.

  Les tartes qu'il a faites sont délicieuses.

AUTRES CAS D'ACCORD DU PARTICIPE PASSÉ

99 Le participe passé des verbes de mesure

- Dans la phrase suivante, le complément n'est pas, malgré les apparences, un COD. Il s'agit d'un complément de mesure. Le participe passé ne s'accorde pas avec ce complément.

  La construction de l'école a coûté trois millions d'euros.

  Contrairement à un COD, le complément ***trois millions d'euros***, appelé complément de mesure, ne peut devenir le sujet d'une phrase passive (on ne peut pas dire ⊖ ***Trois millions d'euros ont été coûtés par la construction de l'école***).

  Il faut comparer cette dépense aux trois millions d'euros qu'a coûté la construction de l'école.

- Les verbes de mesure sont peser, mesurer, valoir, coûter, durer, etc. Avec un sens différent de son sens premier, un verbe de ce type peut recevoir un COD et s'accorder avec ce complément.

  Le cinéaste raconte les difficultés que lui a coûtées le tournage du film.

  Le verbe ***coûter*** n'a pas ici son sens propre, mais signifie ***causer*** (une difficulté, une peine, un effort, etc.). Le pronom ***que***, qui représente ***les difficultés***, est un COD du verbe et le participe passé s'accorde avec ce COD placé avant lui.

100 Le participe passé des verbes impersonnels et des constructions impersonnelles

- Le participe passé d'un verbe impersonnel ou d'une construction impersonnelle → 12 est toujours **invariable**, même quand il est précédé par un complément qui semble faire fonction de COD.

  La chaleur qu'il a fait cet été !

  Le pronom relatif ***qu'***, qui représente ***la chaleur***, est un complément de ***a fait*** mais il n'est pas traité comme un COD. La phrase ne signifie pas que quelqu'un a fait quelque chose, puisque le pronom ***il*** ne renvoie à aucun agent précis, mais qu'il s'est produit quelque chose.

LE RÉPERTOIRE DES VERBES

COMMENT UTILISER LE RÉPERTOIRE DES VERBES ?

Ce répertoire de 8 200 verbes recense tous les verbes de la langue française contemporaine d'un usage courant ou recherché, hors lexiques très spécialisés. Les nouveaux verbes entrés dans les dictionnaires au cours des dernières années y figurent.

La référence au tableau modèle

- Chaque verbe est précédé d'un numéro en bleu : celui du tableau modèle sur lequel se forme sa conjugaison. Ce numéro renvoie à la première partie de ce livre.
- Les 105 verbes modèles apparaissent dans la liste en blanc sur un fond bleu.

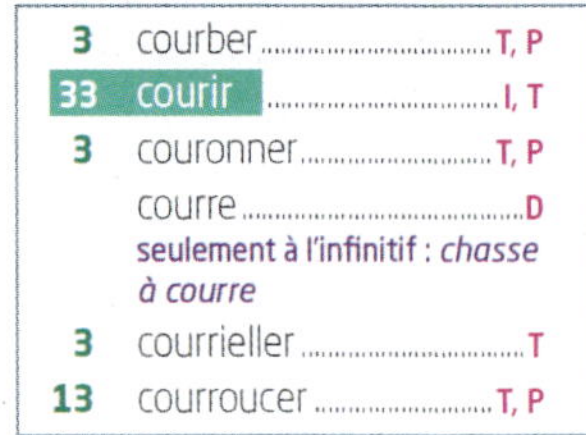

3	courber	T, P
33	courir	I, T
3	couronner	T, P
	courre seulement à l'infinitif : *chasse à courre*	D
3	courrieller	T
13	courroucer	T, P

Informations et abréviations

La construction du verbe

Chaque verbe est suivi d'indications en rose : **T** indique que le verbe est transitif direct, **Ti** qu'il est transitif indirect, **I** qu'il est intransitif.

REMARQUE

Il est en fait fréquent qu'un verbe ait des constructions différentes. Le verbe ***cuire*** dans ***Le rôti cuit*** est un verbe intransitif, mais il devient transitif direct dans ***Marie cuit le rôti*** : ***cuire*** est donc marqué **I, T**.

Les verbes pronominaux

- Ne sont recensées que les constructions pronominales les plus fréquentes.
- Les verbes essentiellement pronominaux sont marqués **Esp** ; les verbes pouvant être à la forme pronominale sont simplement marqués **P**.
- Pour ces verbes essentiellement pronominaux, le tableau cité en référence est celui du verbe non pronominal présentant les mêmes particularités morphologiques, sauf pour les verbes du premier groupe du type *aimer* pour lesquels le tableau de référence est celui des verbes pronominaux (→ tableau **5**).

Les autres abréviations

D	verbe dont la conjugaison est défective
imp.	verbe impersonnel ou qui s'emploie fréquemment à la forme impersonnelle
afr	africanisme
belg	belgicisme
helv	helvétisme
québ	québécisme
être	verbe qui se conjugue, aux temps composés, avec l'auxiliaire *être*
être ou *avoir*	verbe qui peut se conjuguer, aux temps composés, avec les deux auxiliaires
cond.	conditionnel
impft	imparfait
ind.	indicatif
inf.	infinitif
part.	participe
p. p.	participe passé
pers.	personne
sing.	singulier
subj.	subjonctif

Les dictionnaires utilisés

Pour l'inventaire des verbes ont été utilisés les dictionnaires suivants :

Dictionnaires généraux

- le *Trésor de la langue française*
- le *Littré*
- le *Dictionnaire général de la langue française*
- le *Grand Larousse*
- le *Grand Robert*

Dictionnaires spécialisés

- *Belgicismes. Inventaire des particularités lexicales du français en Belgique*, Duculot.
- *Dictionnaire de l'argot*, Larousse.
- *Dictionnaire du français non conventionnel,* Jacques Cellard et Alain Rey, Hachette.
- *Inventaire des particularités lexicales du français en Afrique noire,* Édicef-Aupelf.

A

3 abader [helv] T, P
3 abaisser T, P
30 abalourdir T
5 s'abander [québ] Esp
3 abandonner T, P
30 abasourdir T
30 abâtardir T, P
94 abattre T, P
15 abcéder I, P
12 abdiquer T
30 s'abeaudir [québ] Esp
12 abecquer T
17 abéquer [helv] T, P
30 abêtir T, P
3 abhorrer T, P
3 abîmer T, P
3 abjurer T
3 ablutionner T, P
8 s'abnier Esp
30 abolir T
3 abominer T
3 abonder I, T
3 abonner T, P
30 abonnir T, P
3 aborder I, T, P
3 aboucher T, P
3 abouler I, T, P
30 aboutir I, Ti
être ou *avoir*
28 aboyer I, T
3 abraser T
19 abréger T, P
3 abreuver T, P
3 abricoter T
8 abrier [québ] T, P
3 abriter T, P
14 abroger T
30 abrutir T, P
5 s'absenter Esp
3 absorber T, P
92 absoudre T
40 s'abstenir Esp
70 abstraire T, D, P
pas de passé simple
ni de subj. impft
3 abuser T, Ti, P
3 académiser T
5 s'acagnarder Esp
5 s'acarêmer [québ] Esp
3 accabler T
3 accaparer T, P
15 accéder Ti
15 accélérer T, I, P
7 accentuer T, P
3 accepter T, P
3 accessoiriser T
3 accidenter T
3 acclamer T
3 acclimater T, P
3 accointer T, P
3 accoler T, P
3 accommoder T, P
10 accompagner T, P
30 accomplir T, P
3 accorder T, P
3 accoster T, P
3 accoter T, P
3 accoucher T, Ti
être ou *avoir*
5 s'accouder Esp
3 accoupler T, P
30 accourcir T
33 accourir I
être ou *avoir*
3 accoutrer T, P
3 accoutumer T, P
3 accouver T
3 accréditer T, P
3 accrocher T, P
accroire T, D
seulement à l'infinitif
101 accroître T, P
être ou *avoir*
30 s'accroupir Esp
44 accueillir T
3 acculer T
3 acculturer T
3 accumuler T, P
3 accuser T, P
15 acérer T
3 achalander T
3 achaler [québ] T
3 acharner T, P
3 acheminer T, P
24 acheter T, P
20 achever T, P
3 achopper Ti
5 s'achotter [helv] Esp
8 acidifier T, P
3 aciduler T
15 aciérer T
21 aciseler T
3 acoquiner T, P
41 acquérir T, P
13 acquiescer I, Ti
3 acquitter T, P
3 acter T
3 actionner T
3 activer T, P
3 actualiser T
3 adapter T, P
3 additionner T, P
75 adduire [belg] T
15 adhérer Ti
adirer T, D
seulement à l'infinitif
et au p. p. *(adiré)*
3 adjectiver T
3 adjectiviser T
89 adjoindre T, P
14 adjuger T, P

T : transitif direct **Ti :** transitif indirect **I :** intransitif **Esp :** verbe essentiellement pronominal
P : forme pronominale **imp. :** impersonnel **D :** défectif

3	adjurer	T
95	admettre	T
3	administrer	T, P
3	admirer	T, P
3	admonester	T
3	adoduler helv	T
3	adonner	I, P
3	adopter	T
3	adorer	T, P
3	adosser	T, P
3	adouber	T
30	adoucir	T, P
3	adresser	T, P
14	adroger	T
3	adsorber	T
3	aduler	T
15	adultérer	T, P
40	advenir *être*, seulement à l'infinitif et aux 3es personnes	I, D, imp.
3	adverbialiser	T
15	aérer	T, P
3	aéroporter	T
3	affabuler	I, T
30	affadir	T, P
30	affaiblir	T, P
5	s'affairer	Esp
3	affaisser	T, P
3	affaler	T, P
3	affamer	T
3	affaner helv	T
14	afféager	T
3	affecter	T, P
3	affectionner	T
15	afférer	Ti
3	affermer	T
30	affermir	T, P
3	afficher	T, P
3	affiler	T
8	affilier	T, P
3	affiner	T, P
3	affirmer	T, P
3	affleurer	T, Ti, I
14	affliger	T, P
6	afflouer	T
7	affluer	I
3	affoler	T, P
14	affouager	T
9	affouiller	T
14	affour(r)ager	T
30	affranchir	T, P
15	affréter	T
3	affriander	T
3	affrioler	T
3	affronter	T, P
3	affubler	T, P
3	affûter	T
3	africaniser	T, P
13	agacer	T, P
13	agencer	T, P
3	agender helv	T
9	s'agenouiller	Esp
15	agglomérer	T, P
3	agglutiner	T, P
3	aggraver	T, P
3	agioter	I
30	agir	I, T, P, imp.
3	agiter	T, P
22	agneler	I
30	agonir	T
3	agoniser	I
3	agrafer	T
30	agrandir	T, P
11	agréer	T, Ti
19	agréger	T, P
3	agrémenter	T
3	agresser	T
3	agriffer	T, P
3	agripper	T, P
30	aguerrir	T, P
3	aguicher	T
9	aguiller helv	T
3	ahaner	I
30	ahurir	T
3	aider	T, Ti, P
30	aigrir	I, T, P
9	aiguiller	T
25	aiguilleter	T
3	aiguillonner	T
3	aiguiser	T, P
9	ailler	T
3	aimanter	T, P
3	**aimer**	T, P
3	ajointer	T
3	ajourer	T
3	ajourner	T
3	ajouter	T, Ti, P
3	ajuster	T, P
12	alambiquer	T
30	alanguir	T, P
3	alarmer	T, P
3	alcaliniser	T
3	alcooliser	T, P
30	alentir	T, P
3	alerter	T
15	aléser	T
3	aleviner	T, I
3	algébriser	T
3	algérianiser	T
3	algériser	T
15	aliéner	T, P
10	aligner	T, P
3	alimenter	T, P
3	aliter	T, P
3	allaiter	T
15	allécher	T
19	alléger	T
30	allégir	T
3	allégoriser	T
17	alléguer	T
32	**aller** *être*	I
32	s'en aller	P

T : transitif direct **Ti** : transitif indirect **I** : intransitif **Esp** : verbe essentiellement pronominal
P : forme pronominale **imp.** : impersonnel **D** : défectif

8 allier .... T, P
15 allitérer I
3 allocutionner .... T
14 allonger .... I, T, P
30 allotir .... T
6 allouer .... T
3 allumer .... T, P
3 alluvionner I
30 alourdir .... T, P
12 alpaguer .... T
3 alper helv .... T
3 alphabétiser .... T
15 altérer .... T, P
3 alterner .... I, T
3 aluminer .... T
3 aluner .... T
30 alunir I
être ou *avoir*
6 amadouer .... T
30 amaigrir .... T, P
3 amalgamer .... T, P
3 amancher québ .... T, P
3 amariner .... T, P
3 amarrer .... T, P
3 amasser .... T, P
30 amatir .... T
13 ambiancer afr I
8 s'ambifier afr .... Esp
3 ambitionner .... T
3 ambler I
3 ambrer .... T
3 améliorer .... T, P
14 aménager .... T
3 amender .... T, P
20 amener .... T, P
3 amenuiser .... T, P
3 américaniser .... T, P
30 amerrir I
être ou *avoir*
30 ameublir .... T
3 ameuter .... T

3 amiauler québ .... T
3 amidonner .... T
30 amincir .... I, T, P
8 amnistier .... T
3 amocher .... T, P
8 amodier .... T
30 amoindrir .... T, P
30 amollir .... T, P
22 amonceler .... T, P
13 amorcer .... T, P
13 amordancer .... T
30 amortir .... T, P
9 amouiller I
5 s'amouracher .... Esp
3 amourer .... T
8 amplifier .... T, P
3 amputer .... T
30 s'amuïr .... Esp
3 amuser .... T, P
8 analgésier .... T
3 analyser .... T, P
3 anastomoser .... T, P
3 anathématiser .... T
3 ancrer .... T, P
3 andainer helv et québ I
30 anéantir .... T, P
8 anémier .... T, P
8 anesthésier .... T
3 angler .... T
3 angliciser .... T
3 angoisser .... I, T, P
3 anguler I
15 anhéler I
3 animaliser .... T
3 animer .... T, P
3 aniser .... T
3 ankyloser .... T, P
22 anneler .... T
3 annexer .... T, P
3 annihiler .... T, P
13 annoncer .... T, P

3 annoter .... T
3 annualiser .... T
3 annuler .... T, P
30 anoblir .... T
3 anodiser .... T
3 ânonner .... T
3 anonymiser .... T
3 anser .... T
5 s'antagoniser .... Esp
3 antéposer .... T
3 anthropomorphiser .... T
3 anticiper .... I, T, Ti
3 antidater .... T
3 antiparasiter .... T
3 antivoler afr .... T
3 aoûter .... T, I, P
3 apaiser .... T, P
14 apanager .... T
3 apatamer afr I
49 apercevoir .... T, P
3 apeurer .... T
3 apigeonner helv .... T
12 apiquer .... T
28 apitoyer .... T, P
30 aplanir .... T, P
30 aplatir .... T, P
3 aplomber québ .... T, P
3 apologiser I
8 apostasier I
9 apostiller .... T
3 apostropher .... T
3 appairer .... T
97 apparaître I
être ou *avoir*
9 appareiller .... I, T, P
3 apparenter .... T, P
8 apparier .... T, P
apparoir .... I, D
seulement à l'infinitif
et à la 3e personne du sing.
de l'ind. présent *(il appert)*
40 appartenir .... Ti, P

T : transitif direct **Ti** : transitif indirect **I** : intransitif **Esp** : verbe essentiellement pronominal
P : forme pronominale **imp.** : impersonnel **D** : défectif

3 appâter ... T
30 appauvrir ... T, P
22 appeler ... T, Ti, P
84 appendre ... T
3 appertiser ... T
30 appesantir ... T, P
15 appéter ... T
30 applaudir ... T, Ti, P
12 appliquer ... T, P
3 appogiaturer ... T
3 appointer ... T
30 appointir ... T, P
3 apponter ... I
3 apporter ... T
3 apposer ... T
8 apprécier ... T, P
3 appréhender ... T
85 apprendre ... T, P
3 apprêter ... T, P
3 apprivoiser ... T, P
3 approcher ... I, T, Ti, P
30 approfondir ... T, P
8 approprier ... T, P
3 approuver ... T, P
3 approvisionner ... T, P
27 appuyer ... I, T, Ti, P
3 apurer ... T
3 aquareller ... T
14 a(c)quiger [helv] ... I
3 arabiser ... T
3 araser ... T
14 arbitrager ... T
3 arbitrer ... T
3 arborer ... T, P
3 arboriser ... I, T, P
3 arc-bouter ... T, P
3 archaïser ... I
3 architecturer ... T, P
3 archiver ... T
3 ardoiser ... T

3 argenter ... T
3 argotiser ... I, T, P
12 arguer ... T, Ti
3 argumenter ... I, T, Ti
3 armer ... T, P
8 armorier ... T
12 arnaquer ... T
3 aromatiser ... T
19 arpéger ... T
3 arpenter ... T
3 arquebuser ... T, P
12 arquer ... I, T, P
3 arracher ... T, P
3 arraisonner ... T
14 arranger ... T, P
14 arrérager ... I, P
3 arrêter ... I, T, P
15 arriérer ... T, P
3 arrimer ... T, P
3 arriver ... I
être
14 s'arroger ... Esp
30 arrondir ... T, P
3 arroser ... T, P
9 s'arsouiller ... Esp
3 articuler ... I, T, P
3 artificialiser ... T
3 ascensionner ... T
3 ascétiser ... T
3 aseptiser ... T
14 asperger ... T, P
3 asphalter ... T
8 asphyxier ... T, P
3 aspirer ... T, Ti
3 assabler ... T
30 assagir ... T, P
45 assaillir ... T
30 assainir ... T, P
3 assaisonner ... T
3 assassiner ... T

assavoir ... T, D
seulement à l'infinitif
15 assécher ... I, T, P
3 assembler ... T, P
20 assener ... T
15 asséner ... T
60/61 asseoir ... T, P
3 assermenter ... T
30 asservir ... T, P
19 assiéger ... T
10 assigner ... T
3 assimiler ... T, P
3 assister ... T, Ti
8 associer ... T, P
3 assoiffer ... T
3 assoler ... T
30 assolir ... I
30 assombrir ... T, P
3 assommer ... T, P
13 assonancer ... T
30 assortir ... T, P
30 assoupir ... T, P
30 assouplir ... T, P
30 assourdir ... T, P
30 assouvir ... T, P
30 assujettir ... T, P
3 assumer ... T, P
3 assurer ... I, T, P
3 asticoter ... T
12 astiquer ... T
87 astreindre ... T, P
28 atermoyer ... I, T, P
3 athéiser ... T
3 atomiser ... T, P
8 atrophier ... T, P
3 attabler ... T, P
3 attacher ... T, P
12 attaquer ... T, P
5 s'attarder ... Esp
87 atteindre ... T, Ti
22 atteler ... T, P

LE RÉPERTOIRE

T : transitif direct **Ti** : transitif indirect **I** : intransitif **Esp** : verbe essentiellement pronominal
P : forme pronominale **imp.** : impersonnel **D** : défectif

84 attendre ... T, P
30 attendrir ... T, P
40 attenir ... I, D
surtout au part. présent (attenant) et parfois à l'imparfait
3 attenter ... Ti
7 atténuer ... T, P
3 atterrer ... T
30 atterrir ... I, T
être ou avoir
3 attester ... T, Ti
30 attiédir ... T, P
3 attifer ... T, P
14 at(t)iger ... T, I
3 attirer ... T, P
3 attiser ... T
3 attitrer ... T
3 attoucher ... T
3 attraper ... T, P
7 attribuer ... T, P
12 attriquer ... T
3 attrister ... T, P
3 attrouper ... T, P
3 aubader ... I, T, P
3 audiovisualiser ... T
3 auditer ... T
3 auditionner ... I, T
3 augmenter ... I, T, P
être ou avoir
3 augurer ... T
3 aumôner ... T
3 auréoler ... T, P
8 aurifier ... T
3 ausculter ... T
8 authentifier ... T
12 authentiquer ... T
5 s'autoanalyser ... Esp
5 s'autocensurer ... Esp
12 s'autocritiquer ... Esp
5 s'autodéterminer ... Esp
75 s'autodétruire ... Esp

5 s'autoéditer ... Esp
7 auto-évoluer ... I
5 s'autoféconder ... Esp
13 autofinancer ... T, P
5 s'autoflageller ... Esp
8 autographier ... T
5 s'autoguider ... Esp
5 s'autolimiter ... Esp
3 automatiser ... T
5 s'automutiler ... Esp
5 s'autoproclamer ... Esp
75 s'autoproduire ... Esp
8 autopsier ... T
5 s'autoréguler ... Esp
3 autoriser ... T, P
5 s'autosuggestionner ... Esp
30 avachir ... T, P
3 avaler ... T, I
3 avaliser ... T
13 avancer ... I, T, P
14 avantager ... T
8 avarier ... T, P
87 aveindre ... T
40 avenir ... I, Ti, D
seulement au part. présent et à la 3e pers. du singulier
3 aventurer ... T, P
15 avérer ... T, P
30 avertir ... T
3 aveugler ... T, P
30 aveulir ... T, P
30 avilir ... T, P
3 aviner ... T
3 avironner [québ] ... T
3 aviser ... T, Ti, P
9 avitailler ... T, P
3 aviver ... T, P
3 avoiner ... T
2 avoir ... T
3 avoisiner ... T
3 avorter ... I, T
être ou avoir

6 avouer ... T, P
28 avoyer ... T
3 axer ... T
3 axiomatiser ... T
3 azimut(h)er ... T
3 azorer [helv] ... T
3 azurer ... T

B

22 babeler [belg] ... I
9 babiller ... I
3 baboler [helv] ... I
3 babouner [québ] ... I
3 bâcher ... T
3 bachoter ... I
3 bâcler ... T
3 bader ... I, T
14 badger ... I
3 badigeonner ... T, P
3 badiner ... I
3 baffer ... T
6 bafouer ... T
9 bafouiller ... T, I
3 bâfrer ... T, I, P
3 bagarrer ... I, P
3 baguenauder ... I
12 baguer ... T
10 baigner ... T, I, P
9 bailler ... T
la bailler belle
9 bâiller ... I
bâiller d'ennui
3 bâillonner ... T
3 baiser ... I, T
3 baisser ... I, T, P
être ou avoir
3 bakéliser ... T
3 balader ... T, P
3 baladodiffuser ... T
3 balafrer ... T

T : transitif direct **Ti** : transitif indirect **I** : intransitif **Esp** : verbe essentiellement pronominal
P : forme pronominale **imp.** : impersonnel **D** : défectif

13 balancer ...... I, T, P
3 balanciner [québ] ...... I, P
26 balayer ...... T
8 balbutier ...... I, T
3 baleiner ...... T
3 baligander [belg] I
3 baliser ...... I, T
3 baliverner ...... T, I
3 balkaniser ...... T, P
3 ballaster ...... T
3 baller I
3 ballonner ...... T
3 ballotter ...... I, T
3 bal(l)uchonner ...... T, P
3 balter [belg] ...... T
3 bambocher I
3 banaliser ...... T, P
3 bananer ...... T, P
3 bancher ...... T
3 bander ...... I, T, P
30 bannir ...... T
12 banquer I
25 banqueter I
3 baptiser ...... T
12 baquer [belg] ...... T, P
25 baqueter ...... T
3 baragouiner ...... I, T
3 baratiner ...... T, I
3 baratter ...... T
3 barbariser ...... T
3 barber ...... T, P
8 barbifier ...... T, P
3 barboter ...... I, T
9 barbouiller ...... T
3 bardasser [québ] ...... I, T
3 barder ...... T
3 barder ...... I, imp.
ça barde
15 baréter I
10 barguigner I
3 barioler ...... T
12 barjaquer [helv] I
12 barloquer [belg] I
5 se baroquiser ...... Esp
3 barouder I
3 barrer ...... T, P
3 barricader ...... T, P
30 barrir I
3 basaner ...... T
3 basculer ...... I, T
3 baser ...... T, P
3 bassiner ...... T
9 bassouiller [helv] I
3 baster [helv] I
3 bastionner ...... T
3 bastonner ...... T, P
9 batailler ...... I, P
22 bateler ...... I, T
3 bâter ...... T
3 batifoler I
3 bat(t)iker ...... T
30 bâtir ...... T, P
3 bâtonner ...... T
9 batoiller [helv] I
94 battre ...... I, T, Ti, P
14 bauger ...... I, P
3 bavarder I
3 bavasser I
3 baver ...... I, T, Ti
3 bavocher I
26 bayer I
bayer aux corneilles
3 bazarder ...... T
8 béatifier ...... T
3 bêcher ...... T
25 bêcheveter ...... T
3 bécoter ...... T, P
12 becquer ...... T
25 becqueter ...... T
3 becter ...... T, D
employé surtout à l'infinitif
et au participe passé
3 bedonner I
11 béer ...... I, D
surtout à l'infinitif, à l'ind.
imparfait, au part. présent
(béant) et dans l'expression
bouche bée
26 bégayer ...... I, T
17 béguer [afr] I
24 bégueter I
3 bêler ...... I, T
3 belot(t)er I
3 bémoliser ...... T
8 bénéficier ...... Ti
30 bénir ...... T
p. p. : *béni, e, is, ies,*
à ne pas confondre
avec l'adjectif : *eau bénite*
3 benner [belg] ...... T
17 béquer [québ] ...... T, P
25 béqueter ...... T
9 béquiller ...... I, T
13 bercer ...... T, P
3 berdeller [belg] ...... I, T
12 berloquer [belg] I
3 berner ...... T
10 besogner ...... I, T
3 bestialiser ...... T
8 bêtifier ...... I, T, P
3 bétonner ...... I, T
3 beugler ...... I, T
12 beuguer I
3 beurrer ...... T, P
3 beutcher [helv] I
3 biaiser I
3 bibarder ...... I, T
3 biberonner I
3 bicher I
3 bichonner ...... T, P
3 bidonner ...... T, P
9 bidouiller ...... T
bienvenir ...... I, D
seulement à l'infinitif
et au participe passé
(bienvenu, e, s, es)

LE RÉPERTOIRE

T : transitif direct **Ti :** transitif indirect **I :** intransitif **Esp :** verbe essentiellement pronominal
P : forme pronominale **imp. :** impersonnel **D :** défectif

N°	Verbe	Construction
3	biffer	T
3	bif(fe)tonner	I
12	bifurquer	I
3	bigarrer	T
3	bigler	I, T
3	bigophoner	I, Ti
3	bigorner	T, P
3	bigrer [afr]	I
3	bilaner [afr]	I
5	se biler	Esp
3	bilinguiser [québ]	T
9	biller	I, T
3	biner	I, T
3	binoter	T
8	biographier	T
3	biologiser	T
13	biosourcer	T
3	biper	T
12	biquer [belg]	I
3	biscuiter	T
3	biseauter	T
3	bisegmenter	T
3	biser	I, T
12	bisquer	I
3	bisser	T
3	bistourner	T
3	bistrer	T
3	bitumer	T
3	bituminer	T
5	se bit(t)urer	Esp
12	bivouaquer	I
3	bizuter	T
3	blablater	I
3	blackbouler	T
3	black(-)lister	T
12	blaguer	I, T, Ti
3	blairer	T
3	blâmer	T, P
30	blanchir	I, T, P
3	blaser	T, P
3	blasonner	T
15	blasphémer	I, T
15	blatérer	I
3	bleffer [belg]	I
30	blêmir	I
15	bléser	I
3	blesser	T, P
30	blettir	I
30	bleuir	I, T
3	bleuter	T
3	blinder	T, P
12	blinquer [belg]	I
3	blistériser	T
3	blobloter	I
12	bloguer	I
30	blondir	I, T
28	blondoyer	I
12	bloquer	T, P
30	se blottir	Esp
3	blouser	T, I
3	bluffer	I, T
3	bluter	T
3	bobiner	T
3	boboïser	T, P
3	boconner [helv]	I
12	boguer	I
74	**boire**	T, I, P
3	boiser	T
3	boiter	I
9	boitiller	I
3	bolcheviser	T
3	bombarder	T
3	bomber	I, T
3	bonder	T
30	bondir	I
8	bonifier	T, P
3	bonimenter	I
3	bonjourer [québ]	I
30	bon(n)ir	T
3	booster	T
3	booter	I, T
3	bordéliser	T
3	border	T
3	bordurer	T
3	borner	T, P
28	bornoyer	T
22	bosseler	T
3	bosser	I, T
7	bossuer	T
3	botaniser	I
22	botteler	T
3	botter	I, T, P
3	bottiner	I, T
3	boucaner	T, I
3	boucharder	T
3	boucher	T, P
3	bouchonner	I, T, P
28	bouchoyer	T
3	boucler	I, T, P
3	bouder	I, T, P
3	boudiner	T, I
3	bouffer	I, T, P
30	bouffir	I, T
3	bouffonner	I
14	bouger	I, T, P
3	bougonner	I, T
42	**bouillir**	I, T
3	bouillonner	I, T
3	bouillotter	I
14	boulanger	I, T
3	bouler	I, T
3	bouleverser	T
3	boulocher	I
3	boulonner	I, T
3	boulotter	I, T
3	boumer *ça boume*	I, imp.
3	bouquiner	I, T
3	bourdonner	I, T
3	bourgeonner	I
12	bourlinguer	I
3	bouronner [helv]	I
3	bourrasser [québ]	I, T

T : transitif direct **Ti** : transitif indirect **I** : intransitif **Esp** : verbe essentiellement pronominal
P : forme pronominale **imp.** : impersonnel **D** : défectif

22 bourreler .... T
3 bourrer .... I, T, P
3 boursicoter I
3 boursouf(f)ler .... T, P
3 bousculer .... T, P
3 bouser .... T, I
9 bousiller .... I, T
9 boustifailler I
9 bouteiller I
3 bouter .... T
12 boutiquer .... T
3 boutonner .... I, T, P
3 bouturer .... T
3 boxer .... I, T
5 se boyauter .... Esp
3 boycotter .... T
3 braconner .... I, T
3 brader .... T
9 brailler .... I, T
70 braire .... I, T, D
surtout aux 3es pers. à l'ind. présent, futur et cond. présent
3 braiser .... T
9 braisiller I
3 bramer I
3 brancarder .... T
3 brancher .... T, I, P
9 brandiller .... I, T
30 brandir .... T
3 branler .... I, T
12 braquer .... T, P
3 braser .... T
9 brasiller .... I, T
3 brasser .... T
26 brasseyer .... T
3 bravader I
3 braver .... T
26 brayer .... T
9 bredouiller .... I, T
3 brêler .... T
9 brésiller .... I, T
22 bretteler .... T
25 breveter .... T
3 bricoler .... I, T
3 brider .... T
14 bridger I
3 briefer .... T
8 brier .... T
3 brif(f)er .... T, I
3 brigander [helv] .... T
12 briguer .... T
3 brillanter .... T
3 brillantiner .... T
9 briller I
3 brimbaler .... I, T
3 brimer .... T
3 bringuebaler .... I, T
12 bringuer [helv] .... T
3 brinquebal(l)er .... I, T
3 briocher .... T
12 briquer .... T
25 briqueter .... T
3 briser .... I, T, P
3 broadcaster .... T
3 brocanter .... I, T
3 brocarder .... T
3 brocher .... T
3 broder .... I, T
3 broncher I
3 bronzer .... I, T, P
3 brosser .... I, T, P
3 brouetter .... T
3 brouillasser .... I, imp.
il brouillasse
9 brouiller .... T, P
3 brouillonner .... T, I
3 brouter .... I, T
28 broyer .... T
3 bruiner .... I, imp.
il bruine
30 bruir .... T
30 bruire .... I, D
surtout au part. présent *(bruissant)* et aux 3es pers. de l'ind. présent et impft *(il bruit / ils bruissent ; il bruissait / ils bruissaient)*, au subj. présent *(qu'il bruisse / qu'ils bruissent)*
3 bruisser I
3 bruiter .... T
3 brûler .... I, T, P
3 brumasser .... I, imp.
il brumasse
3 brumer .... I, imp.
il brume
3 brumiser .... T
30 brunir .... I, T
12 brusquer .... T
3 brutaliser .... T
3 bûcher .... I, T
3 bûcheronner I
3 bucoliser I
15 budgéter .... T
3 budgétiser .... T
7 buer .... T, I
3 bugger I
12 buguer I
3 buissonner I
3 buller I
3 bureaucratiser .... T, P
3 buriner .... T
3 buser [belg] .... T
12 busquer .... T, I, P
3 buter .... I, T, P
3 butiner .... I, T
3 butter .... T
3 buvoter I
3 buzzer I

C

3 cabaler I
3 cabaner .... T
3 cabiner [afr] I
3 câbler .... T

T : transitif direct **Ti** : transitif indirect **I** : intransitif **Esp** : verbe essentiellement pronominal
P : forme pronominale **imp.** : impersonnel **D** : défectif

LE RÉPERTOIRE

3 cabosser T
3 caboter I
3 cabotiner I
3 cabrer T, P
3 cabrioler I
3 cacaber I
3 cacarder I
3 cacher T, P
25 cacheter T
3 cachetonner I
3 cachotter I, T
3 cadastrer T
5 se cadavériser Esp
3 cadeauner afr T
3 cadeauter afr T
3 cadenasser T
13 cadencer T
3 cadonner afr T
3 cadoter afr T
3 cadrer I, T
3 cafarder I, T
9 cafouiller I
3 caf(e)ter T
3 cagnarder I
10 cagner belg I
12 caguer I
3 cahoter I, T
3 caillasser T
9 cailler I, T, P
25 cailleter I
3 caillouter T
3 caïmanter afr T
3 cajoler T
5 se calaminer Esp
3 calamistrer T
3 calancher I
3 calandrer T
3 calciner T
3 calculer T
3 calencher I
3 caler I, T, P
25 caleter I, P
3 calfater T
3 calfeutrer T, P
3 calibrer T
3 câliner T
8 calligraphier T
3 calmer T, P
30 calmir I
8 calomnier T
14 calorifuger T
3 caloriser T
3 calotter T
12 calquer T
3 calter I, P
14 caluger helv I
3 camber helv T
3 cambrer T, P
3 cambrioler T
3 cameloter I
15 camembérer afr I
5 se camer Esp
3 camionner T
3 camisoler T
3 camoufler T, P
3 camper I, T, P
être ou *avoir*
3 camphrer T, P
3 canaliser T, P
3 canarder I, T
3 cancaner I
3 canceller T
5 se cancériser Esp
3 candidater I
30 candir I, T, P
3 caner I
12 canguer afr T
22 canneler T
3 canner T
25 can(n)eter I
3 cannibaliser T
3 canoniser T
3 canonner T
3 canoter I
5 se canter québ Esp
3 cantiner I, T
3 cantonaliser helv T
3 cantonner I, T, P
3 canuler T
3 caoutchouter T
3 caparaçonner T, P
11 capéer I
22 capeler T
26 capeyer I
3 capitaliser T, I
3 capitonner T, P
3 capituler I
3 caporaliser T
3 capoter I, T
3 capsuler T
3 capter T
3 captiver T
3 capturer T
3 capuchonner T
12 caquer T
25 caqueter I
3 caracoler I
3 caractériser T, P
3 carafer T
3 caramboler I, T, P
3 caraméliser I, T, P
5 se carapater Esp
3 carbonater T
3 carboniser T, P
3 carburer I, T
9 carcailler I
3 carder T
3 cardinaliser T
13 carencer T
15 caréner I, T
3 caresser T, P
12 carguer T
3 caricaturer T
8 carier T, P

T : transitif direct **Ti** : transitif indirect **I** : intransitif **Esp** : verbe essentiellement pronominal
P : forme pronominale **imp.** : impersonnel **D** : défectif

N°	Verbe	Emploi
3	carillonner	I, T
3	carminer	T
8	se carnifier	Esp
3	carotter	I, T
22	carreler	T
3	carrer	T, P
3	carrosser	T
28	carroyer	T
26	cartayer	I
3	carter	T
8	cartographier	T
3	cartonner	I, T
3	cartoucher	I, T
3	cascader	I
8	caséifier	T
3	casemater	T
3	caser	T, P
3	caserner	T, I
12	casquer	I, T
3	casse-croûter	I
3	casser	I, T, P
10	castagner	I, T, P
3	caster	T
3	castrer	T
3	cataboliser	T
12	cataloguer	T
3	catalyser	T
3	catapulter	T
3	catastropher	T
3	catcher	I
3	catéchiser	T
3	catégoriser	T
3	catiner [québ]	I, T
30	catir	T
3	cauchemarder	I, T
3	causer	I, T
8	caustifier	T
3	cautériser	T
3	cautionner	T
3	cavalcader	I
3	cavaler	I, T, P
3	caver	T, I, P
3	caviarder	T
15	**céder**	T, Ti, I
87	ceindre	T, P
3	ceinturer	T
15	célébrer	T, P
21	celer	T
3	cémenter	T
3	cendrer	T
3	censurer	T
3	centrafricaniser	T
3	centraliser	T
3	centrer	T
14	centrifuger	T
3	centupler	I, T
3	cercler	T
3	cerner	T
8	certifier	T
3	césariser	T
3	cesser	I, T, Ti
3	chagriner	T
3	chahuter	I, T
3	chaîner	T
14	challenger	T
	chaloir *surtout à la 3e personne du sing. de l'ind. présent (peu lui chaut)*	D
3	chalouper	I
9	se chamailler	Esp
3	chamarrer	T
3	chambarder	T
3	chambouler	T
3	chambrer	T, I, P
3	chameauser [afr]	I
3	chamoiser	T
3	champagniser	T
3	champignonner	I
20	champlever	T
3	champouiner	T
22	chanceler	I
12	chancetiquer	I, T
30	chancir	I, P
3	chanfreiner	T
14	changer *être ou avoir*	I, T, Ti, P
3	chansonner	T
12	chanstiquer	I, T
3	chanter	I, T, P
3	chantonner	T, I
3	chantourner	T
3	chaparder	T
3	chapeauter	T
22	chapeler	T
3	chaperonner	T
3	chapitrer	T
3	chaponner	T
3	chaptaliser	T
3	charbonner	I, T
3	charcuter	T, P
14	charger	I, T, P
3	charioter	T
3	charlater [afr]	I
3	charmer	T
10	charogner	I
3	charpenter	T
8	charrier	I, T
28	charroyer	T
3	chartériser	T
3	chasser	I, T
10	châtaigner	I
8	châtier	T
3	chatonner	I
9	chatouiller	T
28	chatoyer	I
3	châtrer	T
3	chatter	I
3	chauffer	I, T, P
3	chauler	T
3	chaumer	I, T
3	chausser	T, P
30	chauvir	I
3	chavirer *être ou avoir*	I, T

T : transitif direct **Ti** : transitif indirect **I** : intransitif **Esp** : verbe essentiellement pronominal
P : forme pronominale **imp.** : impersonnel **D** : défectif

LE RÉPERTOIRE

Modèle	Verbe	Construction
3	checker	T
12	ch(e)linguer	I
3	cheminer	I
3	chemiser	T
3	chenaler	I
3	chercher	T, P
15	chérer	I
30	chérir	T
3	chevaucher	I, T, P
20	chever	T
9	cheviller	T
25	chevreter	I
3	chevronner	T
3	chevroter	I, T
3	chiader	T, I
3	chialer	I
3	chicaner	I, T, Ti, P
5	se chicorer	Esp
5	se chicorner	Esp
3	chicoter	I, T
3	chicotter [afr]	T
8	chier	I, T
3	chiffonner	T, P
3	chiffrer	I, T, P
10	chigner	I
3	chiner	T
3	chinoiser	I
3	chiper	T
3	chipoter	I
12	chiquer	T, I
8	chirographier	T
3	chlorer	T
3	chloroformer	T
3	chlorurer	T
66	**choir** *être* ou *avoir*	I, D
30	choisir	T, P
3	chômer	I, T
3	choper	T
3	chopiner	I
3	chopper	I
12	choquer	T
8	chorégraphier	T
3	choser	I, T
8	chosifier	T
3	chouchouter	T
3	chouraver	T
3	chourer	T
28	choyer	T
3	christianiser	T, P
3	chromatiser	T
3	chromer	T
12	chroniquer	I, T
15	chronométrer	T
3	chuchoter	I, T
3	chuinter	I
3	chuter	I
3	cibler	T
3	cicatriser	I, T, P
3	cigler	T
9	ciller	I, T
3	cimenter	T, P
8	cinématographier	T
3	cingler	I, T
3	cintrer	T
83	circoncire p. p. : *circoncis, se, ses*	T
81	circonscrire	T
8	circonstancier	T
40	circonvenir	T
3	circonvoisiner	T
3	circuler	I
3	cirer	T
9	cisailler	T
21	ciseler	T
3	citer	T
3	citronner	T
3	civiliser	T, P
3	clabauder	I
3	claboter	I
3	clacher [belg]	T
3	clairer	T, I
3	claironner	I, T
20	clairsemer	T, P
13	clamecer 3e pers. du sing. à l'ind. présent : *il clamece*	I
3	clamer	T
3	clamper	T
3	clamser	I
3	clancher [québ]	I, T, P
30	clapir	I
3	clapoter	I
3	clapper	I
3	claquemurer	T, P
12	claquer	I, T, P
25	claqueter	I
8	clarifier	T, P
3	clasher	T, I
3	classer	T
8	classifier	T
12	claudiquer	I
3	claustrer	T, P
3	clavarder [québ]	I
3	claveliser	T
3	claver	T
25	clavet(t)er	T
3	clayonner	T
3	cléricaliser	T
3	clicher	T
10	cligner	I, T, Ti
3	clignoter	I, Ti
3	climatiser	T
3	clipper	T
3	clipser	T
12	cliquer	I, T
25	cliqueter	I
3	cliquoter [belg]	I
3	clisser	T
3	cliver	T, P
3	clochardiser	T, P
3	clocher	I, T
25	clocheter	I

T : transitif direct **Ti** : transitif indirect **I** : intransitif **Esp** : verbe essentiellement pronominal
P : forme pronominale **imp.** : impersonnel **D** : défectif

3	cloisonner	T
3	cloîtrer	T, P
3	cloner	T
3	cloper	I
3	clopiner	I
12	cloquer	I, T
105	**clore**	T, D
3	clôturer	T, I, P
6	clouer	T
3	clouter	T
3	coacher	T
3	coaguler	I, T, P
9	coailler	I
3	coaliser	T, P
3	coanimer	T
3	coasser	I
9	cocheniller	T, I
3	cocher	T
3	cochonner	I, T
3	cocoler [helv]	T
3	coconner	I
3	cocooner	T, I
3	cocot(t)er	I
8	cocufier	T
3	codécider	T
3	coder	T
8	codifier	T
14	codiriger	T
81	coécrire	T
3	coéditer	T
3	coexister	I
3	coffrer	T
13	cofinancer	T
15	cogérer	T
3	cogiter	I, T
10	cogner	I, T, P
3	cohabiter	I
15	cohérer	I, T
3	cohériter	I, Ti
3	cohober	T
3	coiffer	T, P
13	coincer	T, I, P
3	coïncider	I
3	coïter	I
8	cokéfier	T
3	cokoter [belg]	I
3	coliser	T
3	collaborer	I, Ti
3	collapser	I
3	collationner	I, T
3	collecter	T, P
3	collectionner	T
3	collectiviser	T
3	coller	I, T, Ti, P
25	colleter	T, P
14	colliger	T
3	collisionner	T
12	colloquer	T
3	colmater	T
3	coloniser	T
3	colophaner	T
3	colorer	T, P
8	colorier	T
3	coloriser	T
3	colporter	T
3	coltiner	T, P
3	comater	I
94	combattre	I, T, Ti
3	combiner	T, P
3	combler	T
3	comburer	T
3	commander	T, Ti, P
3	commanditer	T
3	commémorer	T
13	commencer *être* ou *avoir*	I, T, Ti, P
3	commenter	T
13	commercer	I
3	commercialiser	T
15	commérer	I
95	commettre	T, P
3	commissionner	T
3	commiter	T
3	commotionner	T
7	commuer	T
3	communaliser	T
3	communautariser	T
8	communier	I
12	communiquer	I, T, P
3	communiser	T
3	commuter	I, T
3	compacter	T
97	comparaître	I
3	comparer	T, P
	comparoir seulement à l'infinitif *(être assigné à comparoir)* et au part. présent *(comparant)*	I, D
3	compartimenter	T
3	compasser	T
30	compatir	Ti
15	compénétrer	T, P
3	compenser	T, P
15	compéter	Ti
3	compiler	T
3	compisser	T
72	complaire	Ti, P
3	complanter	T
3	complémenter	T
15	compléter	T, P
3	complexer	T, P
8	complexifier	T, P
3	complimenter	T
12	compliquer	T, P
3	comploter	T, Ti, I
3	comporter	T, P
3	composer	I, T
3	composter	T
3	compoter	T
85	comprendre	T, P
3	compresser	T
3	comprimer	T
95	compromettre	I, T, P

LE RÉPERTOIRE

T : transitif direct **Ti** : transitif indirect **I** : intransitif **Esp** : verbe essentiellement pronominal
P : forme pronominale **imp.** : impersonnel **D** : défectif

Modèle	Verbe	Construction
3	comptabiliser	T
3	compter	I, T, Ti, P
3	compulser	T
3	computer	T
3	concasser	T
15	concaténer	T
15	concéder	T
15	concélébrer	T
3	concentrer	T, P
3	conceptualiser	T, I
3	concerner ne s'emploie qu'aux 3es pers. à la voix active et à toutes les personnes à la voix passive	T
3	concerter	I, T, P
49	concevoir	T, P
8	concilier	T, P
102	**conclure**	T, Ti, P
3	concocter	T
3	concorder	I
33	concourir	I, Ti
24	concréter	T
3	concrétiser	T, P
13	concurrencer	T
3	condamner	T
3	condenser	T, P
84	condescendre	Ti
3	condimenter	T
3	conditionner	T
75	**conduire**	T, P
3	confectionner	T, P
15	confédérer	T
15	conférer	I, T
3	confesser	T, P
13	confiancer afr	T
8	confier	T, P
3	configurer	T
3	confiner	T, Ti, P
83	**confire**	T, P
3	confirmer	T, P
12	confisquer	T
3	confiturer	T
7	confluer	I
84	confondre	T, P
3	conformer	T, P
3	conforter	T, P
3	confronter	T
8	congédier	T
21	congeler	T, P
3	congestionner	T, P
15	conglomérer	T
3	conglutiner	T
3	congratuler	T, P
11	congréer	T
3	conjecturer	T
89	conjoindre	T
12	conjuguer	T, P
3	conjurer	T, P
97	**connaître**	T, P
3	connecter	T, P
3	connoter	T
41	conquérir	T, P
3	consacrer	T, P
3	conscientiser	T
9	conseiller	T, Ti
37	consentir	T, Ti, I
3	conserver	T, P
15	considérer	T, P
10	consigner	T
3	consister	Ti
3	consoler	T, P
3	consolider	T, P
3	consommer	T, P
3	conson(n)er	I
3	conspirer	T, Ti
7	conspuer	T
3	constater	T
3	consteller	T
3	consterner	T
3	constiper	T
7	constituer	T, P
3	constitutionnaliser	T
75	construire	T, P
3	consulter	I, T, P
3	consumer	T, P
3	contacter	T, P
3	contagionner	T
3	containeriser	T
3	contaminer	T
3	contempler	T, P
3	conteneuriser	T
40	contenir	T, P
3	contenter	T, P
3	conter	T
3	contester	T, Ti, I
3	contextualiser	T
3	contingenter	T
7	continuer	I, T, Ti, P
3	contorsionner	T, P
3	contourner	T
3	contracter	T, P
3	contractualiser	T
3	contracturer	T
88	contraindre	T, P
8	contrarier	T, P
3	contraster	I, T, Ti
12	contre-attaquer	I, T
13	contrebalancer	T
13	s'en contrebalancer	P
94	contrebattre	T
12	contrebraquer	I
3	contreb(o)uter	T
3	contrecarrer	T
3	contrecoller	T
78	contredire	T, P
69	contrefaire	T
5	se contreficher	Esp
94	se contrefoutre	Esp, D
12	contre-indiquer	T
3	contremander	T
3	contre-manifester	I
12	contremarquer	T
3	contre-miner	T
3	contre-murer	T

T : transitif direct **Ti** : transitif indirect **I** : intransitif **Esp** : verbe essentiellement pronominal
P : forme pronominale **imp.** : impersonnel **D** : défectif

3 contre-passer ... T
20 contre-peser ... T
12 contreplaquer ... T
3 contrer ... T, I
10 contresigner ... T
40 contretenir ... T
3 contre-tirer ... T
40 contrevenir ... Ti
7 contribuer ... Ti
3 contrister ... T
3 contrôler ... T, P
3 controuver ... T
3 controverser ... T
3 contusionner ... T
96 convaincre ... T, P
40 convenir ... Ti, P
être ou *avoir*
3 conventionner ... T
14 converger ... I
3 conversationner ... I
3 converser ... I
30 convertir ... T, P
8 convier ... T
3 convivialiser ... I, T
3 convoiter ... T
3 convoler ... I
12 convoquer ... T
28 convoyer ... T
3 convulser ... T, P
3 convulsionner ... T, P
15 coopérer ... I, Ti
3 coopter ... T
3 coordonner ... T, P
14 copartager ... T
8 copier ... T
8-3 copier-coller ... T, D
chaque verbe se conjugue : *je copie-colle* (ind. présent), *nous copiions-collions* (ind. imparfait)...
3 copiloter ... T
3 copiner ... I

15 coposséder ... T
3 coprésider ... T
75 coproduire ... T
3 copuler ... I
3 copyrighter ... T
3 copywriter ... T
12 coquer ... T
12 coqueriquer ... I
25 coqueter ... I
9 coquiller ... I, T
3 coraniser ... T
22 cordeler ... T
3 corder ... T
3 cordonner ... T
12 cornaquer ... T
3 corner ... I, T
8 corporifier ... T
3 corporiser ... T
3 correctionnaliser ... T
15 corréler ... T
84 correspondre ... I, Ti, P
14 corriger ... T, P
3 corroborer ... T
3 corroder ... T
93 corrompre ... T, P
28 corroyer ... T
3 corser ... T, P
24 corseter ... T
10 cosigner ... T
12 cosmétiquer ... T
3 cosser ... I
3 coster québ ... T, I, P
3 costumer ... T, P
3 cotecoder ... I
3 coter ... T, I
30 cotir ... T, I
3 cotiser ... I, P
3 cotonner ... I, T, P
28 côtoyer ... T, P
12 couaquer ... I
3 couarder ... I

9 couchailler ... I
3 coucher ... I, T, P
3 couder ... T
28 coudoyer ... T
90 coudre ... T
3 couillonner ... T
3 couiner ... I
3 couler ... I, T, P
3 coulisser ... I, T
9 coupailler ... T
3 couper ... T, P
3-3 couper-coller ... T, D
chaque verbe se conjugue : *je coupe-colle, tu coupes-colles...*
3 couperoser ... T
3 coupler ... T
9 courailler ... I
3 courbaturer ... T
deux p. p. : *courbaturé, ée, és, ées / courbatu, ue, us, ues*
3 courber ... T, P
33 courir ... I, T
3 couronner ... T, P
courre ... D
seulement à l'infinitif : *chasse à courre*
3 courrieller ... T
13 courroucer ... T, P
3 courser ... T
3 courtauder ... T
3 court-bouillonner ... T
3 court-circuiter ... T
3 courtiser ... T
3 cousiner ... I
3 coûter ... I, T, Ti
28 coutoyer afr ... T
3 couturer ... T
3 couver ... I, T
43 couvrir ... T, P
3 covoiturer ... I
3 cracher ... T, I
3 crachiner ... I, imp.

LE RÉPERTOIRE

T : transitif direct **Ti** : transitif indirect **I** : intransitif **Esp** : verbe essentiellement pronominal
P : forme pronominale **imp.** : impersonnel **D** : défectif

3 crachoter ..... I, T
9 crachouiller ..... T, I
3 cracker ..... T
9 crailler I
88 craindre ..... T
3 cramer ..... I, T
30 cramoisir ..... I, T, P
3 cramper québ I
3 cramponner ..... T, I, P
3 crâner I
3 cranter ..... T
3 crapahuter I
3 crapoter I
3 crapuler I
22 craqueler ..... T, P
12 craquer ..... I, T
25 craqueter I
5 se crasher ..... Esp
3 crasser ..... T
3 cravacher ..... I, T
3 cravater ..... T, P
3 crawler I
3 crayonner ..... T
15 crécher I
3 crédibiliser ..... T
3 créditer ..... T
11 créer ..... T, P
15 crémer ..... I, T
22 créneler ..... T
15 créner ..... T
3 créoliser ..... T, P
21 se crêpeler ..... Esp
3 crêper ..... T, P
30 crépir ..... T
3 crépiter I
3 crêter ..... T, P
3 crétiniser ..... T
3 creuser ..... T, P
3 crevasser ..... T, P
20 crever ..... I, T, P
être ou avoir

9 criailler I
3 cribler ..... T
8 crier ..... I, T
3 criminaliser ..... T
12 criquer I
3 criser I
3 crisper ..... T, P
3 crisser I
3 cristalliser ..... I, T, P
9 criticailler ..... T
12 critiquer ..... T
3 croasser I
3 crocher ..... I, T, P
24 crocheter ..... T
73 croire ..... T, Ti, P
3 croiser ..... I, T, P
100 croître I
être ou avoir
3 croller belg I
30 crônir I
12 croquer ..... I, T
3 crotter ..... I, T, P
3 crouler I
être ou avoir
3 croupionner I
30 croupir I
être ou avoir
9 croustiller I
3 croûter ..... I, T
5 se croûtonner ..... Esp
8 crucifier ..... T
3 cryogéniser ..... T
3 cryoniser ..... T
3 crypter ..... T
8 cryptographier ..... T
3 cuber ..... I, T
44 cueillir ..... T
3 cuirasser ..... T, P
75 cuire ..... I, T
3 cuisiner ..... T, I
5 se cuiter ..... Esp
3 cuivrer ..... T

3 culasser ..... T
3 culbuter ..... I, T
3 culer I
3 culminer I
3 culotter ..... T, P
3 culpabiliser ..... I, T, P
3 cultiver ..... T, P
3 culturaliser ..... T
3 cumuler ..... T, P
3 curer ..... T, P
25 cureter ..... T
3 customiser ..... T
22 cuveler ..... T
3 cuver ..... I, T
3 cyanoser ..... T
3 cyanurer ..... T
3 cybernétiser ..... T
3 cylindrer ..... T

D

8 dactylographier ..... T
12 daguer ..... I, T
10 daigner (+ inf.) ..... T
3 daller ..... T
3 damasquiner ..... T
3 damasser ..... T
3 damer ..... I, T
3 damner ..... T, P
3 dandiner ..... T, P
3 danser ..... I, T
3 dansot(t)er I
3 darder ..... I, T
3 dater ..... I, T
3 dauber ..... T, Ti, I
3 dealer ..... T
3 déambuler I
3 débâcher ..... T
3 débâcler ..... T, I
12 débaguer ..... T
3 débâillonner ..... T

T : transitif direct **Ti :** transitif indirect **I :** intransitif **Esp :** verbe essentiellement pronominal
P : forme pronominale **imp. :** impersonnel **D :** défectif

3 déballer T
5 se déballonner Esp
3 débanaliser T
3 débander I, T, P
12 débanquer T, I
3 débaptiser T
9 débarbouiller T, P
3 débarder T
12 débarquer I, T
3 débarrasser T, P
3 débarrer T
3 débarricader T
3 débâter T
30 débâtir T
94 débattre T, P
3 débaucher T, I, P
3 débecter T
25 débe(c)queter T
9 débéquiller T
3 débiliter T
3 débillarder T
3 débiner T, P
3 débiter T
15 déblatérer I, T, Ti
26 déblayer T
12 débloquer I, T
3 débobiner T
12 déboguer T
3 déboiser T
3 déboîter I, T, P
3 débonder T, I, P
3 déborder I, T, Ti, P
être ou *avoir*
22 débosseler T
22 débotteler T
3 débotter T, P
3 déboucher I, T, P
3 déboucler T
42 débouillir T
3 débouler I
3 déboulonner T
12 débouquer I
3 débourber T
3 débourrer T, I
3 débourser T
3 déboussoler T
3 débouter T
3 déboutonner T, P
3 débraguetter T, P
9 se débrailler Esp
3 débrancher T
26 débrayer I, T
3 débrider T
3 débriefer T
3 débrocher T
3 débronzer T, I
9 débrouiller T, P
9 débroussailler T
3 débrousser afr T
3 débruter T
30 débrutir T
3 débucher I, T
3 débudgétiser T
12 débuguer T
3 débureaucratiser T
12 débusquer T, I
3 débuter I, T
3 décabosser T
25 décacheter T
3 décadenasser T
3 décadrer T
3 décaféiner T
3 décaisser T
3 décalaminer T
3 décalcariser belg T
8 décalcifier T, P
3 décaler T
3 décalotter T, I, P
12 décalquer T
3 décamper I
être ou *avoir*
9 décaniller I
3 décanter I, T, P
3 décantonaliser helv T
22 décapeler T, I
3 décaper T, I
3 décapitaliser T
3 décapiter T
3 décapoter T
5 se décapsider Esp
3 décapsuler T
3 décapuchonner T
3 décarbonater T
3 décarboner T
3 décarburer T
3 décarcaner québ T
3 décarcasser T, P
9 décarpiller T
22 décarreler T
3 décartonner T
30 décatir T, P
3 décauser belg T
3 décavaillonner T
3 décaver T, P
15 décéder I
être
21 déceler T
15 décélérer I
3 décentraliser T, P
3 décentrer T, P
3 décercler T
15 décérébrer T
3 décerner T
22 décerveler T
3 décesser I
49 décevoir T
3 déchaîner T, P
3 déchaler I
3 déchanter I
3 déchaperonner T
14 décharger T, I, P
3 décharner T
3 déchaumer T

LE RÉPERTOIRE

T : transitif direct **Ti** : transitif indirect **I** : intransitif **Esp** : verbe essentiellement pronominal
P : forme pronominale **imp.** : impersonnel **D** : défectif

3 déchausser .... T, P
22 décheveler .... T
3 déchevêtrer .... T
9 décheviller .... T
3 déchiffonner .... T
3 déchiffrer .... T, P
25 déchiqueter .... T
3 déchirer .... T
3 déchlorurer .... T
68 déchoir .... I, T, D
être ou avoir
3 déchristianiser .... T, P
3 déchromer .... T
3 décider .... T, Ti, P
3 décimaliser .... T
3 décimer .... T
3 décintrer .... T
3 déciviliser .... T
3 déclamer .... T, I, Ti
3 déclarer .... T, P
3 déclasser .... T
8 déclassifier .... T
25 déclaveter .... T
3 déclencher .... T, P
3 décléricaliser .... T
3 décliner .... I, T, P
12 décliquer .... T
25 décliqueter .... T
3 décloisonner .... T
3 décloîtrer .... T
105 déclore .... T, D
seulement à l'infinitif
et au participe passé
6 déclouer .... T
3 décocher .... T
3 décoder .... T
3 décoffrer .... T
15 décohérer .... T
3 décoiffer .... T, P
13 décoincer .... T, I, P
15 décolérer I
3 décoller .... I, T, P

25 décolleter .... T, P
3 décoloniser .... T
3 décolorer .... T, P
3 décommander .... T, P
95 décommettre .... T
3 décommunautariser .... T
3 décommuniser .... T
3 décompacter .... T
3 décompenser I
3 décomplexer .... T
12 décompliquer .... T
3 décomposer .... T, P
3 décompresser .... I, T
3 décomprimer .... T
3 décompter .... T, I
3 déconcentrer .... T, P
3 déconcerter .... T
3 déconditionner .... T
83 déconfire .... T
3 déconforter .... T, P
21 décongeler .... T
3 décongestionner .... T
3 déconnecter .... T, P
3 déconner I
9 déconseiller .... T
15 déconsidérer .... T, P
10 déconsigner .... T
3 déconstiper .... T
3 déconstitutionnaliser .... T
75 déconstruire .... T
3 décontaminer .... T
13 décontenancer .... T, P
3 décontracter .... T, P
3 déconventionner .... T
9 décoquiller .... T
3 décorder .... T, P
3 décorer .... I, T, P
3 décorner .... T
12 décortiquer .... T
3 décoster [québ] I
3 décoter .... T

3 découcher I
90 découdre .... T, P
3 découler .... I, Ti
3 découper .... T, P
3 découpler .... T
14 décourager .... T, P
3 découronner .... T
43 découvrir .... T, I, P
3 décramponner .... T
3 décrasser .... T, P
3 décrédibiliser .... T, P
3 décréditer .... T, P
3 décrémenter .... T
5 se décréoliser .... Esp
21 décrêpeler .... T
3 décrêper .... T
30 décrépir .... T, P
3 décrépiter .... I, T
15 décréter .... T
3 décreuser .... T
8 décrier .... T
3 décriminaliser .... T
81 décrire .... T
3 décrisper .... T, P
3 décrocher .... I, T, P
73 décroire .... T
3 décroiser .... T
101 décroître I
être ou avoir
3 décrotter .... T
3 décroûter .... T
7 décruer .... T
3 décrypter .... T
75 décuire .... T
3 décuivrer .... T
3 déculasser .... T
3 déculotter .... T, P
3 déculpabiliser .... T, P
3 décumuler [belg] .... T
3 décupler .... I, T
3 décuver .... T

T : transitif direct **Ti :** transitif indirect **I :** intransitif **Esp :** verbe essentiellement pronominal
P : forme pronominale **imp. :** impersonnel **D :** défectif

N°	Verbe	Construction
10	dédaigner	T, Ti
3	dédiaboliser	T
13	dédicacer	T
8	dédier	T
8	se dédifférencier	Esp
78	dédire	T, P
3	dédiviniser	T
14	dédommager	T
3	dédorer	T
3	dédouaner	T, P
3	dédoubler	T, P
3	dédramatiser	T
75	déduire	T
45	défaillir	I
69	défaire	T, P
12	défalquer	T
12	défarguer	T, P
12	défatiguer	T, P
3	défaucher	T
3	défaufiler	T
3	défausser	T, P
3	défavoriser	T
3	déféminiser	T
84	défendre	T, P
3	défenestrer	T, P
17	déféquer	I, T
15	déférer	T, Ti
3	déferler	I, T
3	déferrer	T
9	défeuiller	T
3	défeutrer	T
3	défibrer	T
9	défibriller	T
22	déficeler	T
8	défier	T, P
14	défiger	T
3	défigurer	T, P
3	défiler	I, T, P
30	définir	T, P
3	défiscaliser	T
3	déflagrer	I
12	déflaquer	I
3	déflater [afr]	T, I
30	défléchir	I, T
30	défleurir	I, T
12	défloquer	T
3	déflorer	T
7	défluer	I
3	défocaliser	T
8	défolier	T
13	défoncer	T, P
13	déforcer [belg]	T
3	déforester	T
3	déformer	T, P
3	défouler	T, P
9	défourailler	I, T
3	défourner	T
3	défourrer	T
3	défragmenter	T
30	défraîchir	T, P
30	défranchir	T
3	défranciser	T
26	défrayer	T
3	défretter	T
3	défricher	T
12	défringuer	T, P
3	défriper	T
3	défriser	T
3	défroisser	T, P
13	défroncer	T
12	défroquer	I, T, P
3	défruiter	T
12	défrusquer	T, P
14	dégager	I, T, P
3	dégainer	T
3	dégalonner	T
3	déganter	T, P
30	dégarnir	T, P
3	dégasoliner	T
30	dégauchir	T
3	dégazer	I, T
3	dégazoliner	T
3	dégazonner	T
21	dégeler *être* ou *avoir*	I, T, P
3	dégêner [québ]	T
15	dégénérer *être* ou *avoir*	I, P
3	dégermer	T
5	se dégingander	Esp
3	dégîter	T
3	dégivrer	T
13	déglacer	T
12	déglinguer	T, P
7	dégluer	T
3	déglutiner	T
30	déglutir	T, I
9	dégobiller	I, T
3	dégoiser	T, I
3	dégommer	T
3	dégonder	T
3	dégonfler	I, T, P
14	dégorger	I, T, P
3	dégot(t)er	I, T, P
3	dégoudronner	T
3	dégouliner	I
9	dégoupiller	T
30	dégourdir	T, P
3	dégour(r)er	T
3	dégoûter	T, P
22	dégoutteler	I
3	dégoutter	I, T
3	dégrader	T, P
3	dégrafer	T
9	dégrailler [helv]	T
3	dégraisser	T
22	dégraveler	T
3	dégraver	T
28	dégravoyer	T
11	dégréer	T
15	dégréner	I, T
20	dégrever	T
3	dégriffer	T

T : transitif direct **Ti** : transitif indirect **I** : intransitif **Esp** : verbe essentiellement pronominal
P : forme pronominale **imp.** : impersonnel **D** : défectif

LE RÉPERTOIRE

N°	Verbe	Construction
3	dégrimer	T
3	dégringoler	I, T
3	dégripper	T
3	dégriser	T, P
30	dégrossir	T, P
9	se dégrouiller	Esp
3	dégrouper	T
30	déguerpir	I, T
3	dégueulasser	T
3	dégueuler	T
9	déguiller helv	T
3	déguiser	T, P
3	dégurgiter	T
3	déguster	T, P
3	déhaler	T, P
3	déhancher	T, P
3	déharnacher	T, P
3	déhotter	I, T
9	déhouiller	T
8	déifier	T
3	déjanter	T, I
14	déjauger	I, T, P
30	déjaunir	T, I
25	déjeter	T, P
3	déjeuner	I
6	déjouer	T
3	déjucher	I, T
14	se déjuger	Esp
3	délabialiser	T, P
3	délabrer	T, P
3	délabyrinther	T
13	délacer	T
3	délainer	T
3	délaisser	T
3	délaiter	T
14	délanger	T
3	délarder	T
3	délasser	T, P
3	délatter	T
3	délaver	T
26	délayer	T
3	délecter	T, P
3	délégitimer	T
17	déléguer	T
3	délester	T, P
15	délibérer	Ti, I
8	délier	T, P
10	déligner	T
8	délignifier	T
3	délimiter	T
3	délinéamenter	T
11	délinéer	T
3	délirer	I
3	délisser	T, I, P
3	déliter	T, P
3	délivrer	T, P
3	délocaliser	T, P
14	déloger	I, T
12	déloquer	T, P
3	délover	T
3	délurer	T
3	délustrer	T
3	démagnétiser	T
30	démaigrir	I, T
9	démailler	T, P
3	démailloter	T
3	démancher	I, T, P
3	demander	T, P
14	démanger	T, I
21	démanteler	T
3	démantibuler	T, P
12	se démaquer	Esp
9	démaquiller	T, P
3	démarabouter afr	T
3	démarcher	T
8	démarier	T, P
12	démarquer	I, T, P
3	démarrer	I, T
3	démascler	T
3	démasculiniser	T
12	démasquer	T, P
12	démastiquer	T
3	démâter	I, T
3	dématérialiser	T
3	démazouter	T
3	démédicaliser	T
3	démêler	T, P
3	démembrer	T
14	déménager	I, T
20	se démener	Esp
37	démentir	T, P
5	se démerder	Esp
14	démerger belg	T
3	démériter	I
3	démesurer	T
3	déméthaniser	T
95	démettre	T, P
3	démeubler	T
3	demeurer *être* ou *avoir*	I
3	démieller	T
3	démilitariser	T
3	déminer	T
3	déminéraliser	T
3	démissionner	T, Ti, I
5	se démitainer québ	Esp
3	démobiliser	T, P
3	démocratiser	T, P
3	démoder	T, P
3	démoduler	T
30	démolir	T
3	démonétiser	T
3	démonter	T, P
3	démontrer	T, P
3	démoraliser	T, P
84	démordre	I, Ti
3	démotiver	T, P
25	démoucheter	T
3	démouler	T
9	démouscailler	T, P
12	démoustiquer	T
8	démultiplier	T, P
30	démunir	T, P

T : transitif direct **Ti :** transitif indirect **I :** intransitif **Esp :** verbe essentiellement pronominal
P : forme pronominale **imp. :** impersonnel **D :** défectif

3	démurer	T
14	démurger	I, T
22	démuseler	T
3	démutiser	T
8	démystifier	T
8	démythifier	T
30	dénantir	T
3	dénasaliser	T
3	dénationaliser	T
3	dénatter	T
3	dénaturaliser	T
3	dénaturer	T, P
8	dénazifier	T
3	dénébuler	T
3	dénébuliser	T
14	déneiger	T
3	dénerver	T
3	déniaiser	T, P
3	dénicher	I, T
22	dénickeler	T
3	dénicotiniser	T
8	dénier	T
3	dénigrer	T
8	dénitrifier	T
22	déniveler	T
30	dénoircir	T
3	dénombrer	T
3	dénommer	T
13	dénoncer	T, P
3	dénoter	T
6	dénouer	T, P
3	dénoyauter	T
28	dénoyer	T
8	densifier	T, P
22	denteler	T
3	dénucléariser	T
3	dénuder	T, P
7	dénuer	T, P
5	se dépacser	Esp
9	dépailler	T
22	dépaisseler	T
3	dépalisser	T
3	dépanner	T
3	dépapilloter	T
25	dépaqueter	T
3	déparaffiner	T
3	déparasiter	T
9	dépareiller	T
3	déparer	T
8	déparier	T
3	déparler	I
14	départager	T, P
3	départementaliser	T
37	départir	T, P
3	dépasser	I, T, P
3	dépassionner	T
9	se dépatouiller	Esp
8	dépatrier	T, P
3	dépaver	T
3	dépayser	T
20	dépecer	T
3	dépêcher	T, P
10	dépeigner	T
87	dépeindre	T
3	dépelotonner	T
3	dépénaliser	T
84	dépendre	T, Ti
3	dépenser	T, P
30	dépérir	I
3	dépersonnaliser	T, P
3	dépêtrer	T, P
3	dépeupler	T, P
3	déphaser	T
3	déphosphorer	T
3	dépiauter	T
3	dépierrer	T
3	dépigmenter	T
3	dépiler	T
12	dépiquer	T
3	dépister	T
3	dépiter	T, P
3	dépitonner	I
13	déplacer	T
3	déplafonner	T
72	déplaire	Ti, P
12	déplanquer	T, P
3	déplanter	T
3	déplâtrer	T
8	déplier	T, P
3	déplisser	T, P
3	déplomber	T
3	déplorer	T
28	déployer	T, P
3	déplumer	T, P
3	dépoétiser	T
3	dépointer	T
9	se dépoitrailler	Esp
3	dépolariser	T
30	dépolir	T, P
3	dépolitiser	T, P
7	dépolluer	T
3	dépolymériser	T
84	dépondre[helv]	T, I
9	dépontiller	T
3	dépopulariser	T
3	déporter	T, P
3	déposer	T, P
15	déposséder	T
3	dépoter	T, I
3	dépoudrer	T
9	dépouiller	T, P
52	dépourvoir surtout à l'infinitif et aux temps composés	P, T, D
15	dépoussiérer	T
3	dépraver	T
8	déprécier	T, P
85	se déprendre	Esp
3	dépressuriser	T
3	déprimer	I, T, P
3	dépriser	T
3	déprogrammer	T
3	déprolétariser	T

T : transitif direct **Ti** : transitif indirect **I** : intransitif **Esp** : verbe essentiellement pronominal
P : forme pronominale **imp.** : impersonnel **D** : défectif

3	dépropaniser	T
19	déprotéger	T
22	dépuceler	T
3	dépulper	T
3	dépurer	T
3	députer	T
8	déqualifier	T
9	déquiller	T
3	déraciner	T
3	dérader	I
3	déradicaliser	T
14	dérager	I
30	déraidir	T, P
9	dérailler	I
3	déraisonner	I
3	déramer	I, T
14	déranger	T, P
3	déraper	I
3	déraser	T
3	dérationnaliser	T
3	dératiser	T
26	dérayer	I, T
3	déréaliser	T
13	déréférencer	T
3	déréglementer	T
15	dérégler	T, P
3	déréguler	T
8	dérelier	T
3	dérembourser	T
3	dérencher québ	T
3	déresponsabiliser	T
3	dérider	T, P
3	dériver	I, T, Ti
3	dérober	T, P
3	dérocher	T, I
3	déroder	T
14	déroger	Ti
30	dérougir	I, T
9	dérouiller	I, T, P
3	dérouler	T, P
3	dérouter	T, I
3	déruper helv	I
3	dérupiter helv	I
3	désabonner	T, P
8	désabrier québ	T, P
9	désabriller québ	T, P
3	désabuser	T
7	désaccentuer	T
3	désacclimater	T
3	désaccorder	T, P
3	désaccoupler	T
3	désaccoutumer	T, P
8	désacidifier	T
15	désaciérer	T
3	désacraliser	T
3	désactiver	T
3	désadapter	T, P
3	désadopter	T
15	désaérer	T
3	désaffecter	T
5	se désaffectionner	Esp
8	désaffilier	T, P
13	désagencer	T
3	désagrafer	T
19	désagréger	T, P
3	désailer	T
3	désaimanter	T
3	désaisonnaliser	T
3	désajuster	T
15	désaliéner	T
10	désaligner	T
3	désaliniser	T
3	désalper helv	I
15	désaltérer	T, P
3	désamarrer	T
3	désambiguïser	T
5	se désâmer québ	Esp
3	désamianter	T
3	désamidonner	T
3	désaminer	T
13	désamorcer	T, P
3	désancrer	T
3	désangler	T
3	désangoisser	T
3	désankyloser	T
3	désannexer	T
13	désannoncer	T
3	désaper	T, P
3	désapeurer	T
9	désappareiller	T
8	désapparier	T
3	désappointer	T
85	désapprendre	T
8	désapproprier	T, P
3	désapprouver	T
3	désapprovisionner	T
3	désarçonner	T
3	désargenter	T, P
3	désarmer	I, T, P
3	désarrimer	T
3	désarticuler	T, P
3	désassembler	T
3	désassimiler	T
30	désassortir	T
3	désatomiser	T
3	désattrister	T
14	désavantager	T
3	désaveugler	T
6	désavouer	T, P
3	désaxer	T
3	desceller	T, P
84	descendre *être* ou *avoir*	I, T
3	déscolariser	T
6	déséchouer	T
3	désectoriser	T
12	déséduquer	T
3	déségrégationner	T
3	désélectriser	T
3	désemballer	T
3	désembobiner	T
3	désembourber	T
3	désembourgeoiser	T, P

T : transitif direct **Ti :** transitif indirect **I :** intransitif **Esp :** verbe essentiellement pronominal
P : forme pronominale **imp. :** impersonnel **D :** défectif

9	désembouteiller	T
26	désembrayer	T
9	désembrouiller	T
7	désembuer	T
3	désemmailloter	T
3	désemmêler	T
3	désemparer	T
20	désempeser	T
3	désempêtrer	T
3	désempierrer	T
3	désempiler	T
30	désemplir	I, T, P
3	désempoisonner	T
3	désempoissonner	T
15	désempoussiérer	T
3	désemprisonner	T
3	désencadrer	T
3	désencarter	T
3	désenchaîner	T
3	désenchanter	T
3	désenclaver	T, P
3	désencombrer	T
3	désencrasser	T
5	se désendetter	Esp
3	désénerver	T, I, P
3	désenfiler	T
3	désenflammer	T
3	désenfler	I, T
3	désenfumer	T
14	désengager	T, P
7	désengluer	T, P
14	désengorger	T
30	désengourdir	T, P
20	désengrener	T
3	désenivrer	T, I, P
13	désenlacer	T, P
30	désenlaidir	I, T
14	désenneiger	T
27	désennuyer	T, P
30	désenorgueillir	T
26	désenrayer	T
3	désenrhumer	T, P
6	désenrouer	T, P
3	désensabler	T
30	désensevelir	T
3	désensibiliser	T
22	désensorceler	T
3	désentasser	T
3	désentoiler	T
9	désentortiller	T
3	désentraver	T
13	désentrelacer	T
3	désenvaser	T
3	désenvelopper	T
3	désenvenimer	T
12	désenverguer	T
3	désenvoûter	T
30	désépaissir	T
3	désépauler	T
3	désépingler	T
3	déséquilibrer	T
3	déséquiper	T, P
3	déserter	T, I
15	désespérer	I, T, Ti, P
3	désétatiser	T
3	désexciter	T, P
3	désexualiser	T
9	déshabiller	T, P
3	déshabiter	T
7	déshabituer	T, P
3	désherber	T
3	déshériter	T
3	déshonorer	T, P
3	déshuiler	T
3	déshumaniser	T, P
8	déshumidifier	T
3	déshydrater	T, P
15	déshydrogéner	T
17	déshypothéquer	T
10	designer	T
10	désigner	T, P
8	désignifier	T
3	désillusionner	T
3	désimlocker	T
15	désincarcérer	T
3	désincarner	T, P
3	désincorporer	T
3	désincruster	T
3	désinculper	T
3	désindexer	T
3	désindividualiser	T
3	désindustrialiser	T, P
3	désinfecter	T
3	désinformer	T
3	désinhiber	T
81	désinscrire	T, P
3	désinsectiser	T
3	désinstaller	T
15	désintégrer	T, P
3	désintellectualiser	T
3	désintéresser	T, P
12	désintoxiquer	T, P
30	désinvestir	T, I, P
3	désinviter	T
3	désirer	T
5	se désister	Esp
30	désobéir accepte la voix passive	Ti
14	désobliger	T
7	désobstruer	T
3	désoccuper	T
3	désocialiser	T, P
3	désodoriser	T
3	désœuvrer	T
3	désoler	T, P
3	désolidariser	T, P
3	désoperculer	T
3	désopiler	T, P
3	désorbiter	T
3	désordonner	T
3	désorganiser	T, P
3	désorienter	T
3	désosser	T
3	désoxyder	T
15	désoxygéner	T

T : transitif direct **Ti :** transitif indirect **I :** intransitif **Esp :** verbe essentiellement pronominal
P : forme pronominale **imp. :** impersonnel **D :** défectif

LE RÉPERTOIRE

N°	Verbe	Construction
3	déspécialiser	T
3	desquamer	I, T
3	dessabler	T
30	dessaisir	T, P
3	dessaisonaliser	T
3	dessaler	I, T, P
3	dessangler	T, P
3	dessaouler	I, T, P
3	dessaper	T, P
15	dessécher	T, P
3	desseller	T
22	dessemeler	T
3	desserrer	T, P
30	dessertir	T
36	desservir	T, P
9	dessiller	T
3	dessiner	T, P
3	dessoler	T
3	dessoucher	T
3	dessouder	T, P
3	dessoûler	I, T
3	dessuinter	T
3	déstabiliser	T
3	déstaliniser	T, I
3	destiner	T, P
7	destituer	T
3	déstocker	T
3	déstresser	T, I
3	déstructurer	T, P
3	désulfiter	T
3	désulfurer	T
30	désunir	T, P
3	désurbaniser	T
3	désynchroniser	T
3	désyndicaliser	T
3	détacher	T, P
9	détailler	T
3	détaler	I
3	détapisser	T
3	détartrer	T
3	détaxer	T
3	détecter	T
87	déteindre	I, T
22	dételer	I, T
84	détendre	T, P
40	détenir	T
14	déterger	T
3	détériorer	T, P
3	déterminer	T, P
3	déterrer	T
3	détester	T, P
3	détimbrer	T, I
3	détirer	T, P
3	détisser	T
3	détoner	I
22	détonneler	T
3	détonner	I
84	détordre	T
9	détortiller	T
3	détourer	T
3	détourner	T, P
8	détoxifier	T
12	détoxiquer	T
3	détracter	T
12	détraquer	T, P
3	détremper	T
3	détresser	T
3	détribaliser	T
3	détricoter	T
3	détriter	T
3	détromper	T, P
3	détrôner	T
12	détroquer	T
3	détrousser	T
75	détruire	T, P
3	dévaler	I, T
3	dévaliser	T
3	dévaloriser	T, P
7	dévaluer	T, P
13	devancer	T
3	dévaser	T
3	dévaster	T
3	développer	T, P
40	devenir *être*	I
30	déverdir	I
13	déverglacer	T
5	se dévergonder	Esp
12	déverguer	T
30	dévernir	T
9	déverrouiller	T
3	déverser	T, I, P
38	dévêtir	T, P
3	dévider	T, P
8	dévier	I, T
14	dévierger	T
3	deviner	T, P
3	dévirer	T
3	dévirginiser	T
3	déviriliser	T
3	déviroler	T
14	dévisager	T, P
3	deviser	I, T
3	dévisser	I, T
3	dévitaliser	T
8	dévitrifier	T
3	dévoiler	T, P
54	**devoir**	T, P
3	dévolter	T
3	dévorer	T, P
6	dévouer	T, P
28	dévousoyer helv	T
28	dévoyer	T, P
9	dévriller	T
12	dézinguer	T
3	dézipper	T
3	dézoomer	I
3	diaboliser	T
12	diagnostiquer	T
3	dialectaliser	T
3	dialectiser	T
12	dialoguer	I, T
3	dialyser	T

T : transitif direct **Ti** : transitif indirect **I** : intransitif **Esp** : verbe essentiellement pronominal
P : forme pronominale **imp.** : impersonnel **D** : défectif

3	diamanter	T
3	diaphan(é)iser	T
3	diaphragmer	I, T
3	diaprer	T
3	dichotomiser	T
3	dicter	T
3	diéséliser	T
15	diéser	T
3	diffamer	T
8	différencier	T, P
8	différentier	T
15	différer	I, T
7	diffluer	I
3	difformer	T
3	diffracter	T
3	diffuser	T, I, P
15	digérer	T, P
3	digitaliser	T
3	digresser	I
15	dilacérer	T
3	dilapider	T
3	dilater	T, P
3	diligenter	T
7	diluer	T, P
3	dimensionner	T
7	diminuer *être* ou *avoir*	I, T, P
3	dindonner	T
3	dîner	I
12	dinguer	I
3	diogéniser	I, T
12	diphtonguer	T, P
3	diplômer	T
77	**dire**	T, P
14	diriger	T, P
3	dirimer	T
3	discerner	T
3	discipliner	T, P
7	discontinuer surtout à l'infinitif	I, D
40	disconvenir *être* ou *avoir*	Ti
3	discorder	I
3	discounter	T
33	discourir	I
3	discréditer	T, P
3	discrétiser	T
3	discriminer	T
3	disculper	T, P
9	discutailler	I
3	discuter	I, T, Ti, P
8	disgracier	T
89	disjoindre	T, P
3	disjoncter	I, T
12	disloquer	T, P
97	disparaître *être* ou *avoir*	I
3	dispatcher	T
3	dispenser	T, P
3	disperser	T, P
3	disponibiliser [afr]	T, P
3	disposer	I, T, Ti, P
3	disproportionner	T
9	disputailler	I
3	disputer	T, Ti, P
8	disqualifier	T, P
3	disrupter	T
3	dissembler	I, T
3	disséminer	T, P
17	disséquer	T
3	disserter	I
3	dissimuler	T, P
3	dissiper	T, P
8	dissocier	T, P
3	dissoner	I
92	dissoudre	T, D, P
3	dissuader	T
13	distancer	T
8	distancier	T, P
84	distendre	T, P
3	distiller	I, T
12	distinguer	T, P
84	distordre	T, P
70	distraire	T, D, P
7	distribuer	T, P
12	divaguer	I
14	diverger	I
8	diversifier	T, P
30	divertir	T, P
3	diviniser	T
3	diviser	T, P
13	divorcer *être* ou *avoir*	I
3	divulgâcher [québ]	T
12	divulguer	T, P
3	documenter	T, P
3	dodeliner	I, T, Ti
3	dogmatiser	I, T
3	doigter	T, I
3	doler	T
3	domanialiser	T
12	domestiquer	T
8	domicilier	T
3	dominer	T, I, P
3	dompter	T
3	donjuaniser	I
3	donner	T, I, P
3	doper	T, P
3	dorer	T, I, P
3	dorloter	T
35	**dormir**	I
3	doser	T
3	doter	T, P
12	double-cliquer	I
3	doubler	I, T, P
3	doublonner	I
3	doucher	T, P
30	doucir	T
6	douer seulement au p. p. et aux temps composés	T, D
3	douiller	I
3	douter	T, Ti, P
3	dracher	I, imp.
8	dragéifier	T

T : transitif direct **Ti :** transitif indirect **I :** intransitif **Esp :** verbe essentiellement pronominal
P : forme pronominale **imp. :** impersonnel **D :** défectif

LE RÉPERTOIRE

3 drageonner I
3 dragonner .... T
12 draguer .... T
3 drainer .... T
3 dramatiser .... T
3 draper .... T, P
3 draver [québ] .... T
26 drayer .... T
3 dresser .... T, P
3 dribbler .... I, T
9 driller .... T
3 driver .... T, I
12 droguer .... I, T, P
3 droitiser .... T, P
3 drop(p)er .... I, T
3 drosser .... T
8 dulcifier .... T
3 duper .... T, P
3 duplexer .... T
3 duplicater .... T
12 dupliquer .... T, I
30 durcir .... I, T, P
3 durer I
25 se duveter .... Esp
3 dynamiser .... T
3 dynamiter .... T
3 dysfonctionner I

E

30 ébahir .... T, P
3 ébarber .... T
94 s'ébattre .... Esp
30 s'ébaubir .... Esp
3 ébaucher .... T, P
30 ébaudir .... T, P
3 ébavurer .... T
7 éberluer .... T
22 ébiseler .... T
30 éblouir .... T
10 éborgner .... T, P
6 ébouer .... T
3 ébouillanter .... T, P
3 ébouler .... I, T, P
25 ébouqueter .... T
3 ébourgeonner .... T
3 ébouriffer .... T
3 ébourrer .... T
3 ébouter .... T
3 ébouturer .... T
3 ébraiser .... T
3 ébrancher .... T
3 ébranler .... T, P
3 ébraser .... T
15 ébrécher .... T, P
12 ébriquer [helv] .... T
6 ébrouer .... T, P
3 ébruiter .... T, P
3 ébruter .... T
3 écacher .... T
9 écailler .... T, P
3 écaler .... T
12 écanguer .... T
9 écarquiller .... T
21 écarteler .... T
3 écarter .... T, P
30 écatir .... T
3 ecchymoser .... T
15 écéper .... T
3 échafauder .... T, I
3 échalasser .... T
3 échancrer .... T
14 échanger .... T, P
3 échantillonner .... T
3 échapper .... I, T, Ti, P
être ou *avoir*
3 échardonner .... T
3 écharner .... T
10 écharogner [québ] .... T
3 écharper .... T, P
9 écharpiller .... T
3 échauder .... T, P
3 échauffer .... T, P
3 échelonner .... T, P
9 écheniller .... T
22 écheveler .... T
3 échiner .... T, P
8 échographier .... T
67 échoir .... I, D
être ou *avoir*
3 échopper .... T
6 échouer .... I, T, P
être ou *avoir*
3 écimer .... T
3 éclabousser .... T, P
3 éclaffer [helv] .... T
30 éclaircir .... T, P
3 éclairer .... T, I, P
3 éclater .... I, T, P
3 éclipser .... T, P
3 éclisser .... T
3 écloper .... T
105 éclore .... I, D
être ou *avoir*, mêmes formes que *clore*, mais employé surtout aux 3es personnes
3 écluser .... T
7 écobuer .... T
3 écœurer .... T
25 écolleter .... T
75 éconduire .... T
3 économiser .... T, P
3 écoper .... T, Ti
13 écorcer .... T
3 écorcher .... T, P
3 écorer .... T
3 écorner .... T
3 écornifler .... T
3 écosser .... T
3 écôter .... T
3 écouler .... T, I, P
3 écourter .... T
3 écourticher [québ] .... T
3 écouter .... T, P

T : transitif direct **Ti** : transitif indirect **I** : intransitif **Esp** : verbe essentiellement pronominal
P : forme pronominale **imp.** : impersonnel **D** : défectif

3 écouvillonner ..... T
9 écrabouiller ..... T
3 écraser ..... T, P
15 écrémer ..... T
3 écrêter ..... T
8 s'écrier ..... Esp
81 écrire ..... T, P
9 écrivailler I
3 écrivasser I
6 écrouer ..... T
30 écrouir ..... T
5 s'écrouler ..... Esp
3 écroûter ..... T
8 ectasier ..... T
3 ectomiser ..... T
3 écuisser ..... T
3 éculer ..... T
3 écumer ..... I, T
3 écurer ..... T
3 écussonner ..... T
5 s'eczématiser ..... Esp
3 édenter ..... T
3 édicter ..... T
8 édifier ..... T
3 éditer ..... T
3 éditionner ..... T
3 édulcorer ..... T
12 éduquer ..... T
3 éfaufiler ..... T
13 effacer ..... T, P
3 effaner ..... T
3 effarer ..... T, P
3 effaroucher ..... T, P
7 effectuer ..... T, P
3 efféminer ..... T
9 effeuiller ..... T, P
3 effiler ..... T, P
3 effilocher ..... T, P
12 efflanquer ..... T, P
3 effleurer ..... T
30 effleurir I
5 s'efflorer ..... Esp
7 effluer ..... T
3 effluver ..... I, P
3 effondrer ..... T, P
13 s'efforcer ..... Esp
14 effranger ..... T, P
26 effrayer ..... T, P
3 effriter ..... T, P
14 effulger I
3 effumer ..... T, P
3 effuser ..... T
9 s'égailler ..... Esp
3 égaler ..... T
3 égaliser ..... T
3 égarer ..... T, P
26 égayer ..... T, P
14 égorger ..... T, P
9 s'égosiller ..... Esp
3 égoutter ..... T, P
3 égrainer ..... T, P
3 égrapper ..... T
10 égratigner ..... T, P
3 égravillonner ..... T
20 égrener ..... T, P
3 égriser ..... T
14 égruger ..... T
3 égueuler ..... T
3 égyptianiser ..... T
3 éhouper ..... T
3 éjaculer ..... T, I
3 éjarrer ..... T
3 éjecter ..... T, P
3 éjointer ..... T
30 éjouir ..... T, P
3 élaborer ..... T, P
12 élaguer ..... T
13 élancer ..... T, I, P
30 élargir ..... T, P
3 élaver ..... T
8 électrifier ..... T
3 électriser ..... T
3 électrocuter ..... T, P
3 électrolyser ..... T
3 élégantiser ..... T
30 élégir ..... T
20 élever ..... T, P
3 élider ..... T, P
3 élimer ..... T
3 éliminer ..... T, P
12 élinguer ..... T
80 élire ..... T
10 éloigner ..... T, P
14 élonger ..... T
3 élucider ..... T
3 élucubrer ..... T
3 éluder ..... T
7 éluer ..... T
8 émacier ..... T, P
9 émailler ..... T
3 émanciper ..... T, P
3 émaner I
14 émarger ..... T, I
3 émasculer ..... T
3 emballer ..... T, P
9 embarbouiller ..... T, P
3 embarder ..... I, T
12 embarquer ..... I, T, P
3 embarrasser ..... T, P
3 embarrer ..... T, I, P
9 embastiller ..... T
3 embastionner ..... T
3 embâtonner ..... T
94 embat(t)re ..... T
3 embaucher ..... T, I
3 embaumer ..... I, T
12 embecquer ..... T
30 embellir ..... I, T, P
être ou *avoir*
3 emberlificoter ..... T, P
3 embêter ..... T, P
3 embieller ..... T
9 embistrouiller ..... T

T : transitif direct **Ti :** transitif indirect **I :** intransitif **Esp :** verbe essentiellement pronominal
P : forme pronominale **imp. :** impersonnel **D :** défectif

LE RÉPERTOIRE

3	emblaver	T
3	embobeliner	T
3	embobiner	T
74	emboire	T, P
3	emboîter	T, P
3	embosser	T, P
22	embotteler	T
3	emboucaner	I, T
3	emboucher	T
6	embouer	I, T
12	embouquer	I, T
3	embourber	T, P
3	embourgeoiser	T, P
3	embourrer	T
3	embourser	T
9	embouteiller	T
3	embouter	T
30	emboutir	T
3	embrancher	T, P
12	embraquer	T
3	embraser	T, P
3	embrasser	T, P
26	embrayer	T, I, Ti
22	embreler	T
3	embreuver	T
20	embrever	T
8	s'embrier [helv]	Esp
3	embrigader	T, P
12	embringuer	T, P
3	embrocher	T
3	embroncher	T
9	embrouiller	T, P
9	embroussailler	T, P
3	embrumer	T
30	embrunir	T, I, P
3	embûcher	T
7	embuer	T, P
12	embusquer	T, P
15	émécher	T
14	émerger	I
3	émerillonner	T
3	émeriser	T
9	émerveiller	T, P
95	émettre	T
8	émier	T
3	émietter	T, P
3	émigrer	I
13	émincer	T
3	emmagasiner	T
9	emmailler	T
3	emmailloter	T, P
3	emmancher	T, P
22	emmanteler	T
3	emmêler	T, P
14	emménager	I, T
20	emmener	T
3	emmerder	T, P
15	emmétrer	T
3	emmiasmer	T
3	emmieller	T
3	emmitonner	T
3	emmitoufler	T, P
3	emmoder [helv]	T, P
3	emmortaiser	T
3	emmotter	T
9	emmouscailler	T
3	emmurer	T
3	émonder	T
3	émorfiler	T
3	émotionner	T
3	émotter	T
3	émoucher	T
25	émoucheter	T
91	émoudre	T
14	s'émourger [helv]	Esp
3	émousser	T, P
9	émoustiller	T
59	**émouvoir**	T, P
9	empailler	T
3	empaler	T, P
3	empalmer	T
3	empanacher	T, P
3	empanner	I, T
3	empapa(h)outer	T
25	empaqueter	T
3	emparadiser	T
5	s'emparer	Esp
12	emparquer	T
3	empâter	T, P
3	empatter	T
3	empaumer	T
3	empêcher	T, P
10	empeigner	T
3	empeloter	T
3	empêner	T
3	empenner	T
3	emperler	T
20	empeser	T
3	empester	I, T
3	empêtrer	T, P
3	emphatiser	T, I
12	emphysiquer [helv]	T
19	empiéger	T
3	empierrer	T
15	empiéter	Ti, T
5	s'empiffrer	Esp
3	empiler	T, P
3	empirer *être* ou *avoir*, employé surtout aux 3es pers.	I, T, P
3	emplafonner	T, P
3	emplâtrer	T, P
30	emplir	T, I, P
28	**employer**	T, P
3	emplumer	T
3	empocher	T
3	empoicrer	T
10	empoigner	T, P
3	empoiler	T
3	empointer	T
3	empoisonner	T, P
3	empoisser	T
3	empoissonner	T

T : transitif direct **Ti :** transitif indirect **I :** intransitif **Esp :** verbe essentiellement pronominal
P : forme pronominale **imp. :** impersonnel **D :** défectif

3	emporter	T, P
3	empoter	T
3	empouacrer	T
3	empourprer	T, P
15	empoussiérer	T, P
87	empreindre	T, P
5	s'empresser	Esp
3	emprésurer	T
3	emprisonner	T
3	emprunter	T
30	empuantir	T
3	émuler	T
8	émulsifier	T
3	émulsionner	T
5	s'enamourer	Esp
5	s'énamourer	Esp
3	encabaner	T
3	encadrer	T, P
14	encager	T
3	encagouler	T
3	encaisser	T
9	encanailler	T, P
3	encanter [québ]	T
13	s'encapricer	Esp
3	encapsuler	T
3	encapuchonner	T, P
12	encaquer	T
3	encarter	T
3	encartonner	T
3	encartoucher	T
3	encaserner	T
21	s'encasteler	Esp
3	encastrer	T, P
12	encaustiquer	T
3	encaver	T
87	enceindre	T
3	enceinter [afr]	T
3	encenser	I
3	encercler	T
3	enchaîner	T, P
3	enchanter	T
3	enchaperonner	T
3	enchâsser	T, P
21	enchâteler [helv]	T
3	enchatonner	T
3	enchausser	T
3	enchemiser	T
30	enchérir	I, T
3	enchevaucher	T
3	enchevêtrer	T, P
9	encheviller	T
20	enchifrener	T, P
3	enclaver	T, P
3	enclencher	T, P
25	encliqueter	T
12	encloquer	T
105	enclore	T, D
6	enclouer	T
3	encocher	T
3	encoconner	T
3	encoder	T
3	encoffrer	T
3	encoller	T
3	encombrer	T, P
3	encorder	T, P
3	encorner	T
3	encotonner	T
5	s'encoubler [helv]	Esp
14	encourager	T
33	encourir	T
3	encrasser	T, P
3	encrêper	T
3	encrer	I, T
3	encroiser	T
3	encroûter	T, P
3	encrypter	T
3	encuver	T
3	endauber	T
3	endenter	T
3	endetter	T, P
9	endeuiller	T
3	endiabler	I, T
12	endiguer	T
3	endimancher	T, P
3	endivisionner	T
3	endoctriner	T
30	endolorir	T, P
14	endommager	T
35	endormir	T, P
3	endosser	T
75	enduire	I, T, P
30	endurcir	T, P
3	endurer	T, I
3	énerver	T, P
3	enfaîter	T
3	enfanter	I, T
14	enfarger [québ]	T, P
3	enfariner	T
3	enfermer	T, P
3	enferrer	T, P
3	enficher	T
3	enfieller	T
15	enfiévrer	T, P
3	enfiler	T, P
3	enflammer	T, P
15	enflécher	T
3	enfler	I, T, P
3	enfleurer	T
13	enfoncer	T, I, P
3	enformer	T
9	enfouiller	T
30	enfouir	T, P
9	enfourailler	T
3	enfourcher	T
3	enfourner	T
87	enfreindre	T
39	s'enfuir	Esp
3	enfumer	T
9	enfutailler	T
3	enfûter	T
14	engager	T, P
3	engainer	T
3	engamer	T

T : transitif direct **Ti :** transitif indirect **I :** intransitif **Esp :** verbe essentiellement pronominal
P : forme pronominale **imp. :** impersonnel **D :** défectif

3	engaver	T
3	engazonner	T
3	engendrer	T
3	engerber	T
13	englacer	T
3	englober	T
30	engloutir	T, P
7	engluer	T, P
3	engober	T
3	engommer	T
13	engoncer	T
14	engorger	T, P
6	s'engouer	Esp
3	engouffrer	T, P
30	engourdir	T, P
3	engraisser	I, T, P
14	engranger	T
3	engraver	T, I
20	engrener	T, I
3	engrosser	T
22	engrumeler	T, P
3	engueuler	T, P
3	enguirlander	T, P
30	enhardir	T, P
3	enharnacher	T
3	enherber	T
3	enivrer	T, P
9	enjailler [afr]	T, P
3	enjamber	T, Ti
22	enjaveler	T
89	enjoindre	T
3	enjôler	T
3	enjoliver	T
13	enjoncer	T
6	enjouer	T
12	enjuguer	T
3	enjuponner	T
5	s'enkyster	Esp
13	enlacer	T, P
30	enlaidir *être* ou *avoir*	I, T, P
20	enlever	T, P
3	enliasser	T
8	enlier	T
10	enligner	T
3	enlinceuler	T
3	enliser	T, P
3	enluminer	T
14	enneiger	T
30	ennoblir	T
28	ennoyer	T
14	ennuager	T, P
27	ennuyer	T, P
13	énoncer	T, P
30	enorgueillir	T, P
6	énouer	T
41	s'enquérir	Esp
3	enquêter	I, P
9	enquiller	I, T, P
3	enquiquiner	T, P
3	enraciner	T, P
14	enrager	I, Ti, T, P
9	enrailler	T
26	enrayer	T, P
3	enrégimenter	T
3	enregistrer	T, P
3	enrêner	T
3	enrésiner	T
3	enrhumer	T, P
30	enrichir	T, P
3	enrober	T, P
3	enrocher	T
3	enrôler	T, P
6	enrouer	T, P
9	enrouiller	I, T, P
3	enrouler	T, P
3	enrubanner	T
3	ensabler	T, P
3	ensacher	T
3	ensaisiner	T
3	ensanglanter	T
14	ensauvager	T, P
5	s'ensauver	Esp
10	enseigner	T, P
13	ensemencer	T
3	enserrer	T
30	ensevelir	T, P
3	ensiler	T
9	ensoleiller	T
9	ensommeiller	T
22	ensorceler	T
3	ensoufrer	T
9	ensouiller	T
15	enstérer	T
103	s'ensuivre seulement à l'inf., au part. présent et aux 3es pers. (*il s'est ensuivi* ou *il s'en est ensuivi* ou encore *il s'en est suivi*)	Esp, D
12	ensuquer	T
3	entabler	T
3	entacher	T
9	entailler	T, P
3	entamer	T
12	entaquer	T
3	entarter	T
3	entartrer	T, P
3	entasser	T, P
84	entendre	T, P
15	enténébrer	T, P
3	enter	T
3	entériner	T
3	enterrer	T, P
3	entêter	T, P
3	enthousiasmer	T, P
3	enticher	T, P
3	entoiler	T
3	entôler	T
3	entonner	T
9	entortiller	T, P
3	entourer	T, P
3	entourlouper	T
5	s'entraccorder	Esp
5	s'entraccuser	Esp

T : transitif direct **Ti** : transitif indirect **I** : intransitif **Esp** : verbe essentiellement pronominal
P : forme pronominale **imp.** : impersonnel **D** : défectif

N°	Verbe	Construction
5	s'entradmirer	Esp
5	s'entraider	Esp
5	s'entraimer	Esp
3	entraîner	T, P
49	entrapercevoir	T, P
97	entr'apparaître	I
3	entraver	T
9	entrebâiller	T, P
94	s'entrebattre	Esp
12	entrechoquer	T, P
3	entrecouper	T, P
3	entrecroiser	T, P
5	s'entre-déchirer	Esp
75	s'entre(-)détruire	Esp
5	s'entre-dévorer	Esp
14	s'entre-égorger	Esp
3	entrefermer	T, P
5	s'entre-frapper	Esp
5	s'entregreffer	Esp
31	s'entre-haïr	Esp
5	s'entre-heurter	Esp
9	entreiller	T
13	entrelacer	T, P
3	entrelarder	T
80	entrelire	T
6	s'entrelouer	Esp
14	s'entre(-)manger	Esp
3	entremêler	T, P
95	s'entremettre	Esp
75	s'entre(-)nuire	Esp
3	entreposer	T
85	entreprendre	T, Ti
3	entrer *être ou avoir*	I, T
5	s'entre(-)regarder	Esp
103	s'entre(-)suivre	Esp
9	s'entretailler	Esp
40	entretenir	T, P
3	entretisser	T
3	entretoiser	T
7	s'entre(-)tuer	Esp
50	entrevoir	T, P
3	entrevoûter	T
43	entrouvrir	T, P
3	entuber	T
3	enturbanner	T
11	énucléer	T
15	énumérer	T
12	s'énuquer helv	Esp
30	envahir	T
3	envaser	T, P
3	envelopper	T, P
3	envenimer	T, P
14	enverger	T
12	enverguer	T
3	envider	T
30	envieillir	T, P
8	envier	T
3	environner	T, P
14	envisager	T, P
3	envoiler	T, P
5	s'envoler	Esp
3	envoûter	T
29	**envoyer**	T, P
9	épailler	T
30	épaissir	I, T, P
3	épaler	T
3	épamprer	T
3	épancher	T, P
86	épandre	T, P
22	épanneler	T
3	épanner	T
30	épanouir	T, P
10	épargner	T, P
9	éparpiller	T, P
9	épastrouiller	T
3	épater	T
3	épaufrer	T
3	épauler	T, P
15	épécler helv	T, P
22	épeler	T, P
3	épépiner	T
84	éperdre	T, P
3	éperonner	T
3	épeurer	T
13	épicer	T
8	épier	T, P
3	épierrer	T
3	épiler	T, P
12	épiloguer	T, Ti, I
22	épinceler	T
13	épincer	T
25	épinceter	T
3	épiner	T
3	épingler	T
3	épisser	T
5	s'épivarder québ	Esp
28	éployer	T, P
3	éplucher	T
5	s'époiler	Esp
3	époinçonner	T
3	épointer	T
14	éponger	T, P
9	épontiller	T
9	épouiller	T, P
3	époumoner	T, P
3	épouser	T, P
25	épousseter	T
3	époustoufler	T
8	époutier	T
30	époutir	T
3	épouvanter	T, P
87	épreindre	T
85	s'éprendre	Esp
3	éprouver	T, P
13	épucer	T, P
3	épuiser	T, P
3	épurer	T, P
30	équarrir	T
3	équerrer	T
3	équeuter	T
3	équilibrer	T, P
3	équiper	T, P

T : transitif direct **Ti :** transitif indirect **I :** intransitif **Esp :** verbe essentiellement pronominal
P : forme pronominale **imp. :** impersonnel **D :** défectif

56	équivaloir	Ti, P
12	équivoquer	I
12	éradiquer	T
3	érafler	T, P
9	érailler	T, P
26	érayer	T
3	éreinter	T, P
3	ergoter	I
14	ériger	T, P
3	éroder	T, P
3	érotiser	T
3	errer	I
3	éructer	I, T
30	s'esbaudir	Esp
10	s'esbigner	Esp
3	esbroufer	T
3	escalader	T
3	escaler	I
3	escaloper	T
3	escamoter	T, P
3	escarmoucher	I
3	escarper	T
8	escarrifier	T, P
5	s'esclaffer	Esp
14	esclavager	T
8	escof(f)ier	T
3	escompter	T
3	escorter	T
5	s'escrimer	Esp
12	escroquer	T
13	espacer	T, P
15	espérer	T, Ti, I
3	espionner	T
3	esquinter	T, P
3	esquisser	T, P
3	esquiver	T, P
3	essaimer	I, T
14	essanger	T
3	essarter	T
26	essayer	T, P
3	essentialiser	T
3	esseuler	T, P
3	essimpler	T
3	essorer	T
9	essoriller	T
3	essoucher	T
3	essouffler	T, P
27	**essuyer**	T, P
3	estamper	T
9	estampiller	T
	ester seulement à l'infinitif	I, D
8	estérifier	T
3	esthétiser	I, T
3	estimer	T, P
3	estiver	I, T
12	estomaquer	T
3	estomper	T, P
12	estoquer	T
30	estourbir	T
3	estrapader	T
3	estrapasser	T
8	estropier	T, P
3	établer	T
30	établir	T, P
14	étager	T, P
14	étalager	T
3	étaler	T, I, P
12	étalinguer	T
3	étalonner	T
3	étamer	T
3	étamper	T
3	étancher	T
3	étançonner	T
12	étarquer	T
3	étatiser	T
3	étaupiner	T
26	étayer	T, P
87	éteindre	T, P
84	étendre	T, P
3	éterniser	T, P
7	éternuer	I
3	étêter	T
8	éthérifier	T
3	éthériser	T
3	ethniciser	T
22	étinceler	I
3	étioler	T, P
25	étiqueter	T
3	étirer	T, P
3	étoffer	T, P
3	étoiler	T
3	étonner	T, P
3	étouffer	I, T, P
3	étouper	T
9	étoupiller	T
30	étourdir	T, P
3	étrangler	T, P
3	étraper	T
1	**être**	I
30	étrécir	T
87	étreindre	T, P
3	étrenner	T, I
3	étrésillonner	T
9	étriller	T
9	étripailler	T
3	étriper	T, P
12	étriquer	T
3	étronçonner	T
8	**étudier**	T, P
3	étuver	T
3	euphémiser	T
3	euphoriser	T
3	européaniser	T, P
8	euthanasier	T
5	s'évacher [québ]	Esp
7	évacuer	T, P
5	s'évader	Esp
7	évaluer	T, P
3	évangéliser	T
30	s'évanouir	Esp
3	évaporer	T, P
3	évaser	T, P
9	éveiller	T, P
3	éventer	T, P

T : transitif direct **Ti** : transitif indirect **I** : intransitif **Esp** : verbe essentiellement pronominal
P : forme pronominale **imp.** : impersonnel **D** : défectif

3 éventrer ... T, P
7 s'évertuer ... Esp
3 évider ... T
13 évincer ... T
15 éviscérer ... T
3 éviter ... T, Ti, P
7 évoluer ... I
12 évoquer ... T
3 exacerber ... T, P
15 exagérer ... T, I, P
3 exalter ... T, P
3 examiner ... T, P
15 exaspérer ... T, P
13 exaucer ... T
3 excaver ... T
15 excéder ... T
3 exceller ... I
3 excentrer ... T
3 excepter ... T
3 exciper ... Ti
3 exciser ... T
3 exciter ... T, P
5 s'exclamer ... Esp
102 exclure ... T, P
8 excommunier ... T
8 excorier ... T
15 excréter ... T
3 excursionner ... I
3 excuser ... T, P
15 exécrer ... T
3 exécuter ... T, P
8 exemplifier ... T
3 exempter ... T, P
13 exercer ... T, P
3 exfiltrer ... T
8 exfolier ... T, P
3 exhaler ... T, P
3 exhausser ... T
15 exhéréder ... T
3 exhiber ... T, P
3 exhorter ... T
3 exhumer ... T

14 exiger ... T
3 exiler ... T, P
3 existentialiser ... T
3 exister ... I
5 s'exonder ... Esp
15 exonérer ... T, P
3 exorciser ... T
8 expatrier ... T, P
3 expectorer ... T
8 expédier ... T
3 expérimenter ... T
3 expertiser ... T
8 expier ... T
3 expirer ... I, T
être ou *avoir*
3 explanter ... T
3 expliciter ... T
12 expliquer ... T, P
3 exploiter ... T
3 explorer ... I
3 exploser ... I, T
3 exporter ... T
3 exposer ... T, P
3 exprimer ... T, P
8 exproprier ... T
3 expulser ... T
14 expurger ... T
3 exsuder ... T, I
8 s'extasier ... Esp
7 exténuer ... T, P
3 extérioriser ... T, P
3 exterminer ... T
3 externaliser ... T
3 extirper ... T, P
12 extorquer ... T
3 extourner ... T
3 extrader ... T
70 extraire ... T, D, P
pas de passé simple
ni de subj. imparfait
3 extrapoler ... I, T
12 extravaguer ... I

3 extravaser ... T, P
3 extruder ... T
3 extuber ... T
15 exubérer ... I
15 exulcérer ... T, P
3 exulter ... I

F

3 fabricoter ... T
12 fabriquer ... T, P
3 fabuler ... I
3 facetter ... T
3 fâcher ... T, P
3 faciliter ... T, P
3 façonner ... T
3 fac-similer ... T
3 factionner ... I
3 factoriser ... T
3 facturer ... T
3 fader ... T, P
3 fafiner [québ] ... I
3 fagoter ... T, P
30 faiblir ... I
9 se failler ... Esp
46 faillir ... I, D
s'aligne sur *finir* pour le futur et le conditionnel, employé surtout au passé simple, à l'infinitif et aux temps composés
3 fainéanter ... I
69 faire ... T, P
3 faisander ... T, P
63 falloir ... T, imp.
63 s'en falloir ... P, imp.
8 falsifier ... T
3 familiariser ... T, P
3 fanatiser ... T, P
3 faner ... T, P
3 fanfaronner ... I, T
3 fantasmer ... I, T

T : transitif direct **Ti :** transitif indirect **I :** intransitif **Esp :** verbe essentiellement pronominal
P : forme pronominale **imp. :** impersonnel **D :** défectif

3	farandoler	I
30	farcir	T, P
3	farder	I, T, P
9	farfouiller	I, T
12	farguer	T
3	fariner	I, T
3	farter	T
3	fasciner	T
3	fasciser	T
9	faseiller	I
26	faseyer	I
26	faséyer	I
12	fatiguer	I, T, P
15	faubérer afr	I
3	faucarder	T
3	faucher	I, T
3	faufiler	T, P
3	fausser	T, P
3	fauter	I
3	favoriser	T
3	faxer	T
3	fayot(t)er	I
3	fébriliser	T
3	féconder	T
3	féculer	T
3	fédéraliser	T, P
15	fédérer	T, P
3	fééiser	T
87	feindre	T
3	feinter	T, I
3	fêler	T, P
3	féliciter	T, P
3	féminiser	T, P
9	fendiller	T, P
84	fendre	T, P
3	fenestrer	T
3	fenêtrer	T
3	féodaliser	T
	férir seulement dans les expressions *sans coup férir* ou *féru de*	T, D
3	ferler	T
3	fermenter	I
3	fermer	I, T, P
9	ferrailler	I
3	ferrer	T, I
3	ferrouter	T
3	fertiliser	T
3	fesser	T
3	festonner	T
28	festoyer	I, T
3	fêter	T
3	féticher afr	T
3	fétichiser	T
9	feuiller	I, T
25	feuilleter	T
3	feuilletonner	T
30	feuillir	I
3	feuilloler	I
3	feuler	I
3	feutrer	T, P
3	fiabiliser	T
13	fiancer	T, P
22	ficeler	T
3	ficher	T, P
5	se fiche(r) *je me fiche de...*, p. p. : *fichu, ue, us, ues*	Esp
3	fidéliser	T
3	fieffer	T
3	fienter	I
8	se fier	Esp
14	figer	I, T, P
3	fignoler	T
3	figurer	I, T, P
3	filer	I, T, P
24	fileter	T
3	filialiser	T
3	filigraner	T
3	filmer	T
3	filocher	I, T
3	filouter	T
3	filtrer	I, T
3	finaliser	T
13	financer	T
3	financiariser	T
3	finasser	I
30	**finir**	I, T
3	finlandiser	T
3	fiscaliser	T
3	fissionner	I, T
3	fissurer	T, P
3	fitter québ	T
3	fixer	T, P
3	flageller	T, P
3	flageoler	I
3	flagorner	T
3	flairer	T
3	flamber	I, T
28	flamboyer	I
3	flancher	I
3	flâner	I
3	flânocher	I
3	flânot(t)er	I
12	flanquer	T, P
12	flaquer	I, T
3	flasher	I, T, P
3	flatter	T, P
15	flécher	T
30	fléchir	I, T
3	flegmatiser	T
3	flemmarder	I
30	flétrir	T, P
3	fleurdeliser	T
3	fleurdelyser	T
3	fleurer	T
30	fleurir pour « orner de fleurs », radical *fleur* ; pour « prospérer », radical *flor* à l'imparfait *(il florissait)* et au part. présent *(florissant)*	I, T
3	flexibiliser	T
3	flibuster	I, T

T : transitif direct **Ti** : transitif indirect **I** : intransitif **Esp** : verbe essentiellement pronominal
P : forme pronominale **imp.** : impersonnel **D** : défectif

N°	Verbe	Construction
12	flinguer	T, P
3	flipper	I
12	fliquer	T
3	flirter	I
3	floconner	I
3	floculer	I
12	floquer	T
30	florir	I
3	flotter	I, T, imp.
6	flouer	T
3	flouter	T
7	fluctuer	I
7	fluer	I
8	fluidifier	T, P
3	fluidiser	T
3	fluorer	I
13	fluorescer	I
3	flûter	I, T
3	fluxer	T
3	focaliser	T, P
3	foirer	I, T
3	foisonner	I
3	folâtrer	I
3	folioter	T
3	folkloriser	T
3	fomenter	T
13	foncer	I, T, P
3	fonctionnaliser	T
3	fonctionnariser	T
3	fonctionner	I
3	fonder	T, P
84	fondre	I, T, P
13	forcer	I, T, P
30	forcir	I
	forclore seulement à l'infinitif et au p. p. *(forclos, ose, oses)*	T, D
3	forer	T
69	forfaire seulement à l'infinitif, au sing. de l'ind. présent, au p. p. et aux temps composés	I, T, Ti, D
3	forfaitiser	T
14	forger	T, P
7	forhuer	I, T
25	forjeter	I, T
13	forlancer	T
10	forligner	I
14	forlonger	I, T, P
3	formaliser	T, P
3	formater	T, P
3	former	T, P
3	formoler	T
3	formuler	T, P
12	forniquer	I
8	fortifier	T, P
3	forwarder	T
3	fossiliser	T, P
28	fossoyer	T
9	fouailler	T
28	foudroyer	T
3	fouetter	I, T
14	fouger	I
9	fouiller	I, T, P
3	fouiner	I
30	fouir	T
3	foularder	T
3	fouler	T, P
9	fourailler	I, T
3	fourber	T
30	fourbir	T
3	fourcher	I, T
3	fourgonner	I
12	fourguer	T
9	fourmiller	I
30	fournir	T, Ti, P
14	fourrager	I, T
3	fourrer	T, P
28	fourvoyer	T, P
94	foutre rare au passé simple, au passé antérieur de l'ind., à l'imparfait, au plus-que-parfait du subj.	T, D, P
3	fracasser	T, P
3	fractionner	T, P
3	fracturer	T, P
3	fragiliser	T, P
3	fragmenter	T, P
30	fraîchir	I
3	fraiser	T
3	framboiser	T
30	franchir	T, P
3	franchiser	T
3	franciser	T
3	francophoniser [québ]	T
14	franger	T
3	fransquillonner [belg]	I
3	frapper	I, T, P
3	fraterniser	I
3	frauder	I, T
26	frayer	I, T, P
3	fredonner	I, T
3	frégater	T
3	freiner	I, T, P
3	frelater	T
30	frémir	I
3	fréquenter	I, T, P
15	fréter	T
9	frétiller	I
3	fretter	T
3	fricasser	T
3	fricoter	I, T
3	frictionner	T, P
8	frigorifier	T
14	frigorifuger	T
3	frimer	I, T
12	fringuer	I, T, P
3	friper	T, P
3	friponner	I, T
83	frire surtout à l'infinitif, au p. p. *(frit)*, au singulier de l'ind. présent, futur et cond., de l'impératif et aux temps composés	I, T, D
21	friseler	T
3	friseliser	I

LE RÉPERTOIRE

T : transitif direct **Ti** : transitif indirect **I** : intransitif **Esp** : verbe essentiellement pronominal
P : forme pronominale **imp.** : impersonnel **D** : défectif

3	friser	I, T, P
3	frisotter	I, T
3	frissonner	I
9	fristouiller belg	I, T
5	se friter	Esp
3	fritter	I, T, P
30	froidir	I, T, P
3	froisser	T, P
3	frôler	T, P
13	froncer	T, P
3	fronder	I, T
3	frotter	I, T, P
6	frouer	I
3	froufrouter	I
3	frousser afr	I
8	fructifier	I
3	fruiter	T
12	frusquer	T, P
3	frustrer	T, P
12	fuguer	I
39	**fuir**	I, T, P
3	fuiter	I
3	fulgurer	I
3	fulminer	I, T
9	fumailler	I
3	fumasser	I
3	fumer	I, T, P
14	fumiger	T
24	fureter	I
22	fuseler	T, P
3	fuser	I
9	fusiller	T, P
3	fusionner	I, T
14	fustiger	T, P
3	futiliser	T, P

G

8	gabarier	T
3	gabionner	T
3	gaboter québ	I
3	gâcher	T, P
3	gadgétiser	T
3	gaffer	I, T
9	gaf(f)ouiller	T
14	gager	T
10	**gagner**	I, T, Ti, P
3	gainer	T
3	galantiser	I, T
3	galber	T
19	galéger	I
15	galéjer	I
15	galérer	I
3	galipoter	T
3	galocher	T
3	galonner	T
3	galoper	I, T
3	galvaniser	T
3	galvauder	I, T, P
3	gamahucher	T
3	gambader	I
14	gamberger	I, T
9	gambiller	I
22	gameler	T, I, P
3	se gameller	Esp
3	gaminer	I
20	gangrener	T, P
15	gangréner	T, P
3	ganser	T
3	ganter	T, P
13	garancer	T
30	garantir	T, P
3	garder	T, P
3	garer	T, P
5	se gargariser	Esp
9	gargouiller	I, T
30	garnir	T, P
3	garrocher québ	T, P
3	garrotter	T
3	gasconner	I, T
9	gaspiller	T, P
3	gastrectomiser	T
3	gâter	T, P
8	gâtifier	I
3	gâtionner helv	T
30	gauchir	I, T, P
3	gauchiser	T, P
30	gaudir	I, P
3	gaufrer	T, P
3	gauler	T
5	se gausser	Esp
3	gaver	T, P
8	gazéifier	T, P
3	gazer	I, T
3	gazonner	I, T
9	gazouiller	I
3	geeker	I
15	gégéner	T
3	gégèner	T
3	géhenner	T, I
87	geindre	I
3	gélatiner	T
3	gélatiniser	T
21	geler	I, T, P
8	gélifier	T, P
3	gémeller	I, T
3	géminer	T, P
30	gémir	I, T
3	gemmer	T, I
5	se gendarmer	Esp
3	gêner	T, P
3	généraliser	T, P
15	générer	T
3	génotyper	T
8	gentrifier	T, P
8	géographier	T
3	géolocaliser	T
3	géométriser	T
3	gerber	I, T
13	gercer	I, T, P
15	gérer	T, P
3	germaniser	I, T, P
3	germer	I

T : transitif direct **Ti :** transitif indirect **I :** intransitif **Esp :** verbe essentiellement pronominal
P : forme pronominale **imp. :** impersonnel **D :** défectif

N°	Verbe	Emploi
3	germiner	I
48	**gésir**	I, D
	ne s'emploie qu'au part. présent (*gisant*), au présent et à l'impft de l'ind.	
3	gesticuler	I, T
3	ghettoïser	T, P
28	giboyer	I
3	gicler	I
3	gifler	T
3	gigoter	I
3	girer	I
3	gironner	T, I
3	girouetter	I
3	gîter	I, T
3	givrer	T, imp., P
13	glacer	I, T, imp., P
3	glairer	T
3	glaiser	T
3	glander	I, T
9	glandouiller	I
3	glaner	T
30	glapir	I
30	glatir	I
3	glaviot(t)er	I, T
15	gléner	T
3	gletter [belg]	I
3	glisser	I, T, P
3	globaliser	T
8	glorifier	T, P
3	gloser	T, Ti
3	glouglouter	I
3	glousser	I
3	gloutonner	I
3	glycériner	T
3	goaler [québ]	I
3	gober	T, P
14	se goberger	Esp
25	gobeter	T
9	godailler	I
3	goder	I
9	godiller	I
3	godronner	T
3	goguenarder	I, T
3	goinfrer	T, I, P
3	golfer	I
3	golloter	I
3	gominer	T, P
3	gommer	T
3	gonder	T
3	gondoler	I, P
3	gonfler	I, T, P
3	gongonner [afr]	I
3	goog(o)liser	T
14	gorger	T, P
3	gouacher	T
9	gouailler	I, T
3	goudronner	T
14	gouger	T
3	goujonner	T
9	goupiller	T, P
3	goupillonner	T
13	se gourancer	Esp
5	se gourer	Esp
3	gourmander	T
3	gourmer	T, P
3	goûter	I, T, Ti, P
3	goutter	I
3	gouttiner [belg]	imp.
3	gouverner	I, T, P
8	gracier	T
3	gracieuser	T, P
7	graduer	T
3	graffer	T
3	graffiter	I, T
10	graf(f)igner [québ]	T
9	grailler	I, T
3	graillonner	I
3	grainer	I, T
3	graisser	I, T
3	grammaticaliser	T
3	grammer	T
30	grandir	I, T, P
	être ou *avoir*	
3	graniter	T
3	granitiser	T, P
3	granuler	T
3	grapher	T
3	graphiter	T
9	grappiller	I, T
3	grappiner	T
26	grasseyer	I, T
3	graticuler	T
8	gratifier	T
3	gratiner	I, T
9	grat(t)ouiller	T
22	gratteler	T
3	gratter	I, T, P
3	grattonner	I
22	graveler	T
3	graver	I, T, P
3	gravillonner	T
30	gravir	I, T
3	graviter	I
3	gréciser	T, I
12	grecquer	T
11	gréer	T
3	greffer	T, P
3	grêler	T, imp.
3	grelotter	I
3	grenader	T
9	grenailler	T
22	greneler	T
20	grener	I, T
9	grenouiller	I
15	gréser	T
9	grésiller	I, imp.
20	grever	T
15	gréver [afr]	I
9	gribouiller	T, I
3	griffer	T, P
3	griffonner	T
10	grigner	I
3	grignoter	T, I
14	grillager	T
9	griller	I, T, P

T : transitif direct **Ti** : transitif indirect **I** : intransitif **Esp** : verbe essentiellement pronominal
P : forme pronominale **imp.** : impersonnel **D** : défectif

13 grimacer ..... I, T
3 grimer ..... T, P
3 grimper ..... I, T
13 grincer I
3 grincher I
12 gringuer I
3 gripper ..... I, T, P
9 grisailler ..... I, T, P
3 griser ..... T, P
3 grisol(l)er I
3 grisonner ..... I, T
22 griveler ..... I, T
3 grognasser I
10 grogner ..... I, T
3 grognonner I
22 grommeler ..... I, T
3 gronder ..... I, T
3 groover I
30 grossir ..... I, T, P
être ou avoir
28 grossoyer ..... T
9 grouiller ..... I, P
3 grouper ..... I, T, P
14 gruger ..... T
22 se grumeler ..... Esp
11 guéer ..... T
30 guérir ..... I, T, P
28 guerroyer ..... I, T
3 guetter ..... T, P
3 gueuler ..... I, T
3 gueuletonner I
3 gueuser ..... I, T
3 guider ..... T, P
3 guidonner I
10 guigner ..... T
3 guignoler I
25 guillemeter ..... T
9 guiller I
3 guillocher ..... T
3 guillotiner ..... T
3 guincher I
9 guindailler belg I
3 guinder ..... T, P
3 guiper ..... T
3 gyrer I

H

3 habiliter ..... T
9 habiller ..... T, P
3 habiter ..... I, T
7 habituer ..... T, P
3 * hâbler I
3 * hacher ..... T
3 * hachurer ..... T
3 hacker ..... T
31 * haïr ..... T, P
20 halbrener I
3 haleiner ..... I, T
20 halener ..... I, T
3 * haler ..... T
3 * hâler ..... T, P
24 * haleter I
3 halluciner ..... T, I
3 hameçonner ..... T
3 * hancher ..... I, T, P
3 * handicaper ..... T
3 * hannetonner ..... I, T
3 * hanter ..... T
3 * happer ..... I, T
12 * haranguer ..... T
3 * harasser ..... T
21 * harceler ..... T, P
3 * harder ..... T
3 haricoter ..... T
3 harmoniser ..... T, P
3 * harnacher ..... T, P
9 * harpailler ..... I, P
3 * harponner ..... T
3 * hasarder ..... T, P
3 * hâter ..... T, P
3 * haubaner ..... T
3 * hausser ..... T, I, P
3 * haver ..... T
30 * havir ..... I, T, P
14 héberger ..... T, I, P
15 hébéter ..... T, P
3 hébraïser ..... I, T
15 * héler ..... T, P
3 héliporter ..... T
3 hélitransporter ..... T
9 hélitreuiller ..... T
3 helléniser ..... I, T, P
30 * hennir I
14 herbager ..... T
9 herbeiller I
3 herboriser I
3 * hérisser ..... T, P
3 hériter ..... T, Ti
3 héroïser ..... T
3 * herser ..... T
3 hésiter ..... I, Ti
3 * heurter ..... I, T, P
3 hiberner I
3 * hiérarchiser ..... T
3 hispaniser ..... T
3 * hisser ..... T, P
3 historialiser ..... T
8 historier ..... T
3 histrionner I
3 hiverner ..... I, T
3 * hocher ..... T
8 holographier ..... T
3 hominiser ..... T
8 homogénéifier ..... T
3 homogénéiser ..... T
12 homologuer ..... T
3 homosexualiser ..... T
3 * hongrer ..... T
28 * hongroyer ..... T
30 * honnir ..... T
3 honorer ..... T, P
25 * hoqueter I
3 horizonner ..... T
3 hormoner ..... T
3 horodater ..... T

T : transitif direct **Ti :** transitif indirect **I :** intransitif **Esp :** verbe essentiellement pronominal
P : forme pronominale **imp. :** impersonnel **D :** défectif *** :** h aspiré

8 horrifier T
3 horripiler T
3 hospitaliser T
3 * houblonner T
6 * houer T
3 * hourder T
9 * houspiller T
3 * housser T
3 * hucher T, I
7 * huer I, T
3 huiler T, I
30 * huir I, D
seulement à l'inf., à l'ind. présent et impft et aux temps composés
3 hululer I
3 humaniser T, P
3 humecter T, P
3 * humer T
8 humidifier T, P
8 humilier T, P
3 * hurler I, T
3 hybrider T, P
3 hydrater T, P
14 hydrofuger T
15 hydrogéner T
3 hydrolyser T
3 hydrophiliser T
3 hydroplaner I
8 hypertrophier T, P
3 hypnotiser T, P
8 hypostasier T
17 hypothéquer T
3 hystériser T, P

I

3 ibériser T
3 iconiser T
3 idéaliser T, P
8 identifier T, P
3 idéologiser T
8 idiotifier T, P
3 idiotiser T, P
3 idolâtrer T
14 ignifuger T
3 ignorer T, P
3 illimiter T
3 illuminer T, P
5 s'illuner Esp
3 illusionner T, P
3 illustrer T, P
3 illuter T
14 imager T
3 imaginer T, P
3 imbiber T, P
74 imboire T, P
12 imbriquer T, P
3 imiter T, P
3 immatérialiser T
3 immatriculer T
14 immerger T, P
3 immigrer I
13 s'immiscer Esp
3 immobiliser T, P
3 immoler T, P
3 immortaliser T, P
3 immuniser T, P
3 impacter T
30 impartir T, D
seulement à l'ind. présent, au participe passé et aux temps composés
3 impatienter T, P
3 impatroniser T, P
3 imperméabiliser T
15 impétrer T
3 implanter T, P
3 implémenter T
12 impliquer T, P
3 implorer I
3 imploser I
3 importer I, T, Ti
3 importuner T
3 imposer T, P
16 imprégner T, P
3 impressionner T
3 imprimer T, P
3 improuver T
3 improviser T, P
3 impulser T
3 imputer T
20 inachever T
3 inactiver T
3 inalper helv T, P
3 inaugurer T, P
3 incanter T
15 incarcérer T
3 incarner T, P
8 incendier T
3 incidenter I, T
15 incinérer T
3 inciser T
3 inciter T
3 incliner I, T, P
102 inclure T, P
3 incomber Ti
s'emploie aux 3es personnes
3 incommoder T, P
3 incorporer T, P
3 incrémenter T
3 incriminer T
3 incruster T, P
3 incuber T
3 inculper T
12 inculquer T, P
3 incurver T, P
12 indaguer belg I
3 indemniser T, P
5 s'indéterminer Esp
3 indexer T
3 indianiser T
13 indicer T
8 indifférencier T, P
15 indifférer T

LE RÉPERTOIRE

T : transitif direct Ti : transitif indirect I : intransitif Esp : verbe essentiellement pronominal
P : forme pronominale imp. : impersonnel D : défectif * : h aspiré

15 indigérer T, P
3 indigestionner T, P
10 indigner T, P
12 indiquer T, P
3 indisposer T
3 individualiser T, P
7 individuer T, P
75 induire T
8 indulgencier T
3 indurer T, P
3 industrialiser T, P
3 inégaliser T
3 infantiliser T, P
7 infatuer T, P
3 infecter T, P
3 inféoder T, P
15 inférer T
3 inférioriser T
3 infester T
3 infibuler T
3 infiltrer T, P
3 infirmer T
30 infléchir T, P
14 infliger T, P
13 influencer T
7 influer Ti
3 informatiser T, P
3 informer T, P
3 infuser I, T, P
8 s'ingénier Esp
15 ingérer T, P
3 ingurgiter T
3 inhaler T
3 inhiber T
3 inhumer T
3 initialer québ T
3 initialiser T
8 initier T, P
3 injecter T, P
8 injurier T, P
3 innerver T

3 innocenter T
3 innover I, T
3 inoculer T, P
3 inonder T, P
15 inquiéter T, P
81 inscrire T, P
3 insculper T
3 insécuriser T
3 inséminer T
3 insensibiliser T
15 insérer T, P
7 insinuer T, P
3 insister I
13 insolencer afr T
3 insoler T
3 insolubiliser T
3 insonoriser T
3 inspecter T, P
3 inspirer I, T, P
3 installer T, P
3 instantanéiser T
3 instaurer T, P
12 instiguer belg T, I
3 instiller T
7 instituer T, P
3 institutionnaliser T, P
75 instruire T, P
3 instrumentaliser T
3 instrumenter I, T
3 insuffler T
3 insulter T, Ti, P
3 insupporter T
ne s'emploie qu'avec un pronom comme complément, ex. : *Paul m'insupporte.*
14 s'insurger Esp
9 intailler T
15 intégrer I, T, P
3 intellectualiser T, P
8 intensifier T, P
3 intenter T
3 intentionnaliser T

3 intentionner T
30 interagir I
3 interboliser québ T
3 intercaler T, P
15 intercéder I
3 intercepter T
14 interchanger T
3 interclasser T
3 interconnecter T
78 interdire T, P
3 intéresser T, P
13 interfacer T
5 s'interféconder Esp
15 interférer I, P
8 interfolier T
3 intérioriser T, P
25 interjeter T
10 interligner T
12 interloquer T
3 internaliser T
3 internationaliser T, P
3 interner T
23 interpeller T
15 s'interpénétrer Esp
3 interpoler T
3 interpolliniser T, P
3 interposer T, P
15 interpréter T, P
14 interroger T, P
93 interrompre T, P
3 intersecter T
5 s'intersectionner Esp
40 intervenir I
être
30 intervertir T, P
3 interviewer T
3 intimer T
3 intimider T
3 intituler T, P
12 intoxiquer T, P
12 intriguer I, T, P

T : transitif direct **Ti** : transitif indirect **I** : intransitif **Esp** : verbe essentiellement pronominal
P : forme pronominale **imp.** : impersonnel **D** : défectif

12	intriquer	T, P
75	introduire	T, P
3	introjecter	T, P
25	introjeter	T, P
3	introniser	T
3	intuber	T
3	intuitionner	T
8	s'intumefier	Esp
3	invaginer	T, P
3	invalider	T
3	invectiver	T, I
3	inventer	T, P
3	inventionner québ	I, P
8	inventorier	T
3	inverser	T, P
30	invertir	T
12	investiguer	I
30	investir	T, Ti, I, P
15	s'invétérer	Esp
3	inviter	T, P
7	involuer	I
12	invoquer	T
3	ioder	T
3	iodler	I
3	ioniser	T
3	iouler	I
3	iriser	T, P
3	ironiser	I
8	irradier	I, T, P
3	irréaliser	T, P
12	irriguer	T
3	irriter	T, P
3	islamiser	T, P
3	isoler	T, P
3	isomériser	T
	issir seulement au p. p. : *issu, e, s, es*	I, D
3	italianiser	I, T, P
15	itérer	T
3	ivoiriser	T
10	ivrogner	I, P
3	ixer	T

J

3	jabler	T
3	jaboter	I, T
3	jacasser	I, T
15	jachérer	T
3	jacter	I, T
3	jaffer	I
30	jaillir *être* ou *avoir*	I
3	jalonner	I, T
3	jalouser	T, P
3	jammer	I, T
3	japoniser	T, I, P
3	japper	I
3	jardiner	I, T
3	jargonner	I, T
25	jarreter	I, T
3	jarter	T
3	jaser	I
3	jasper	T
3	jaspiner	I, T
14	jauger	T, P
30	jaunir	I, T
22	javeler	I, T
3	javelliser	T
3	jazzer	T
8	jazzifier	T
3	jerker	I
25	**jeter**	T, P
3	jeûner	I
3	jobarder	T
3	jodler	I
3	jogger	I
89	**joindre**	I, T, P
3	jointer	T, Ti
28	jointoyer	T
13	joncer	T
3	joncher	T
3	jongler	I
9	jouailler	I
3	joualiser québ	I
6	**jouer**	I, T, P
30	jouir	I, Ti
3	journaliser	T, I
3	jouter	I
3	jouxter	T
3	jubiler	I
3	jucher	I, T, P
3	judaïser	I, T, P
3	judiciariser	T
14	juger	T, Ti, P
3	juguler	T
22	jumeler	T
3	juponner	T, P
3	jurer	I, T, P
8	justifier	T, Ti, P
3	juter	I
3	juxtaposer	T, P

K

3	kaléidoscoper	T
3	kaoliniser	I
3	kératiniser	T, P
3	kicker	I
3	kidnapper	T
3	kif(f)er	I, T
15	kilométrer	T
3	klaxonner	I, T
3	koter belg	I

L

3	labelliser	T
3	labialiser	T
3	labourer	T
13	lacer	T, P
15	lacérer	T
3	lâcher	I, T
12	laguer	I

T : transitif direct **Ti :** transitif indirect **I :** intransitif **Esp :** verbe essentiellement pronominal
P : forme pronominale **imp. :** impersonnel **D :** défectif

3	laïciser	T, P
3	lainer	T
3	laisser	T, I
3	laitonner	T
3	laïusser	I
3	lambiner	I
3	lambrisser	T
3	lamenter	I, T, P
3	lamer	T
3	laminer	T
3	lamper	T
13	lancer	T, P
3	lanciner	I, T
14	langer	T
25	langueter	T
26	langueyer	T
30	languir	I, P
3	lanterner	I, T
3	laper	I, T
3	lapider	T
8	lapidifier	T
3	lapiner	I
12	laquer	T
3	larder	T
3	lardonner	T
12	larguer	T
28	larmoyer	I, T
3	laryngectomiser	T
3	lasser	I, T, P
3	latiniser	I, T
3	latter	T
3	laver	T
26	layer	T
15	lécher	T, P
3	légaliser	T
3	légender	T
15	légiférer	I
3	légitimer	T, P
17	**léguer**	T
3	lemmatiser	T
8	lénifier	T
15	léser	T
3	lésiner	I
3	lessiver	T
3	lester	T, P
3	lettrer	T
3	leurrer	T, P
20	**lever**	I, T, P
14	léviger	T
3	léviter	I
3	levurer	T
3	lexicaliser	T, P
3	lézarder	I, T
3	liaisonner	T
3	liarder	I
3	libaniser	T, P
3	libeller	T
3	libéraliser	T, P
15	libérer	T, P
3	libertiner	I
8	licencier	T
3	licher	T
10	lichetrogner	T, I
3	liciter	T
19	liéger	T
8	lier	T, P
3	lifter	T
3	ligaturer	T
10	ligner	T
8	se lignifier	Esp
3	ligoter	T
12	liguer	T, P
3	liker	T
3	limer	I, T
3	limiter	T, P
14	limoger	T
3	limoner	T, I
3	linéamenter	T
3	linéariser	T
14	linger	T
3	lingoter	T
13	liposucer	T
8	liquéfier	T, P
3	liquider	T, P
80	**lire**	T, P
12	lisbroquer	I
20	liserer	T
15	lisérer	T
12	lissebroquer	I
3	lisser	T
3	lister	T
3	liter	T
8	lithographier	T
3	livrer	T, P
8	lixivier	T
3	loader [québ]	T
3	lober	T, I
3	lobotomiser	T
3	localiser	T, P
3	lock(-)outer	T
3	lofer	I
14	loger	I, T, P
12	loguer	T, P
14	longer	T
5	se looker	Esp
12	loquer	T, P
10	lorgner	T
14	losanger	T
3	lotionner	T, P
30	lotir	T
14	louanger	T, P
3	loucher	I
30	louchir	I
6	louer	T, P
3	louper	I, T
3	lourder	T
3	lourer	T
3	louver	T
25	louveter	I
28	louvoyer	I
3	lover	T, P
8	lubrifier	T
14	luger	I
75	luire	I
3	luncher	I
3	lustrer	T

T : transitif direct **Ti** : transitif indirect **I** : intransitif **Esp** : verbe essentiellement pronominal
P : forme pronominale **imp.** : impersonnel **D** : défectif

3 luter .... T
3 lutiner .... T
3 lutter I
3 luxer .... T, P
3 lyncher .... T
3 lyophiliser .... T
3 lyrer québ I
3 lyriser .... T
3 lyser .... T

M

3 macadamiser .... T
15 macérer .... I, T
3 mâcher .... T
3 machiner .... T
3 mâchonner .... T
9 mâchouiller .... T
3 mâchurer .... T
3 macler .... T, P
3 maçonner .... T
12 macquer .... T
3 maculer .... T
8 madéfier .... T
3 madériser .... T
3 maganer québ .... T, P
3 magasiner québ .... I, T, P
10 se magner .... Esp
3 magnétiser .... T
3 magnétoscoper .... T
8 magnifier .... T, P
9 magouiller .... I, T
30 maigrir .... I, T
être ou avoir
3 mailer .... T
9 mailler .... I, T, P
25 mailleter .... T
56 mainmettre I
40 maintenir .... T, P
3 maîtriser .... T, P
3 majorer .... T

3 malaxer .... T
malfaire .... I, D
seulement à l'infinitif
3 malléabiliser .... T
11 malléer .... T
20 malmener .... T
3 malter .... T
3 maltraiter .... T
3 mamelonner .... T, P
14 manager .... T
3 manchonner .... T
3 mandater .... T
3 mander .... T
3 mandriner .... T
19 manéger .... T, I
3 mangeot(t)er .... T
14 manger .... T, P
8 manier .... T, P
15 se maniérer .... Esp
3 manifester .... I, T, P
13 manigancer .... T
3 manipuler .... T, P
3 mannequiner .... T
3 manœuvrer .... I, T
12 manoquer .... T
12 manquer .... I, T, Ti, P
3 mansarder .... T
3 manualiser .... T
3 manucurer .... T
3 manufacturer .... T
3 manutentionner .... T
3 mapper .... T
12 maquer .... T, P
3 maquereauter .... T, I
3 maquereller .... T, I
3 maquetter .... T
3 maquignonner .... T
9 maquiller .... T, P
3 marabouter afr .... T
3 marathoner I
3 maratoner afr I

3 marauder .... I, T
3 marbrer .... T
9 marchandailler .... T
3 marchander .... I, T
3 marcher I
3 marcotter .... T
14 se marécager québ .... Esp
3 margauder I
14 marger .... T, I
3 marginaliser .... T, P
3 marginer .... T
3 margot(t)er I
8 marier .... T, P
3 mariner .... I, T
3 marivauder I
25 marketer .... T
3 marmonner .... I, T
3 marmoriser .... T
3 marmotter .... I, T
3 marner .... I, T
3 maronner I
3 maroquiner .... T
3 marotiser I
3 maroufler .... T
12 marquer .... I, T, P
25 marqueter .... T
5 se marrer .... Esp
3 marsupialiser .... T
21 marteler .... T
3 martyriser .... T
3 marxiser .... T, I
3 masculiniser .... T
12 masquer .... T, P
3 massacrer .... T, P
3 masser .... T, P
3 massicoter .... T
8 massifier .... T
17 mastéguer .... T
12 mastiquer .... T
3 masturber .... T, P
3 matabicher afr .... T

LE RÉPERTOIRE

T : transitif direct Ti : transitif indirect I : intransitif Esp : verbe essentiellement pronominal
P : forme pronominale imp. : impersonnel D : défectif

3 matcher .... I, T
3 matelasser .... T
3 mater .... T
3 mâter .... T
3 matérialiser .... T, P
3 materner .... T
3 materniser .... T
3 mathématiser .... T
8 matifier .... T
3 mâtiner .... T
30 matir .... T
12 matraquer .... T
13 matricer .... T
3 matriculer .... T
3 matter .... T
3 maturer .... T
79 maudire .... T
11 maugréer .... I, T
3 maximaliser .... T
3 maximiser .... T
3 mazouter .... I, T
3 mécaniser .... T
15 mécher .... T
75 se méconduire [belg] .... Esp
97 méconnaître .... T
3 mécontenter .... T
73 mécroire .... T
9 médailler .... T
3 médiatiser .... T
3 médicaliser .... T
3 médicamenter .... T
78 médire .... Ti
2e pers. du pluriel à l'ind. présent et à l'impératif présent : *vous médisez*
3 méditer .... I, T
3 méduser .... T
69 méfaire .... I, D
seulement à l'infinitif et aux temps composés
8 se méfier .... Esp
30 mégir .... T
3 mégisser .... T
3 mégoter .... I, Ti
14 méjuger .... T, Ti
3 mélancoliser .... T
14 mélanger .... T, P
3 mêler .... T, P
3 méliniter .... T
3 mémoriser .... T
13 menacer .... I, T
14 ménager .... T, P
8 mendier .... I, T
3 mendigoter .... I, T
20 mener .... T, I, P
3 menotter .... T
3 mensualiser .... T
3 mensurer .... T
3 mentionner .... T
37 mentir .... I, Ti, P
3 menuiser .... T
85 se méprendre .... Esp
3 mépriser .... T, P
3 mercantiliser .... T
3 merceriser .... T
3 merder I
9 merdouiller I
28 merdoyer I
12 meringuer .... T
3 mériter .... T, Ti
8 se mésallier .... Esp
84 mésentendre .... T
3 mésestimer .... T, P
15 mésinterpréter .... T
64 messeoir .... Ti, D
seulement au présent, à l'impft, au futur simple et au cond. présent de l'ind., au subj. présent et au part. présent
3 mesurer .... I, T, P
3 mésuser .... Ti
3 métaboliser .... T
3 métalliser .... T
3 métamorphiser .... T
3 métamorphoser .... T, P
3 métaphoriser .... T
3 métastaser I
5 se métempsychoser .... Esp
3 météoriser .... T
3 méthyler .... T
3 métisser .... T
15 métrer .... T
95 mettre .... T, P
3 meubler .... T, P
3 meugler I
3 meuler .... T
30 meurtrir .... T, P
84 mévendre .... T
3 mexicaniser .... T, P
3 miauler I
8 microcopier .... T
3 microficher .... T
3 microfilmer .... T
3 microminiaturiser .... T
3 microniser .... T
8 microphotographier .... T
3 microprogrammer .... T
3 mignarder .... T
3 mignoter .... T, P
3 migrer I
3 mijoler [belg] I
3 mijoter .... I, T, P
3 militariser .... T
3 militer I
3 millésimer .... T
3 mimer .... T
12 mimiquer .... I, T
3 minauder I
30 mincir I
3 miner .... T
3 minéraliser .... T
3 miniaturiser .... T
3 minimaliser .... T
3 minimiser .... T
3 minorer .... T

T : transitif direct **Ti** : transitif indirect **I** : intransitif **Esp** : verbe essentiellement pronominal
P : forme pronominale **imp.** : impersonnel **D** : défectif

3 minoriser québ ... T
3 minoucher québ ... T
3 minuter ... T
3 mirer ... T, P
3 miroiter ... I
3 miser ... T
15 misérer afr ... I
3 missionner ... T
3 miter ... I, P
3 mithridatiser ... T, P
14 mitiger ... T
3 mitonner ... I, T, P
9 mitrailler ... T, I, P
3 mixer ... T
3 mixtionner ... T
3 mobiliser ... T, P
3 modaliser ... T
21 modeler ... T, P
3 modéliser ... T
15 modérer ... T, P
3 moderniser ... T, P
8 modifier ... T, P
3 moduler ... I, T
3 mofler belg ... T
3 moirer ... T, P
3 moiser ... T
30 moisir ... I, T, P
3 moissonner ... T
30 moitir ... T
3 mol(l)arder ... I, T
3 molester ... T
25 moleter ... T
3 molletonner ... T
30 mollir ... I, T
8 momifier ... T, P
3 monarchiser ... T
3 mondaniser ... T, I
3 monder ... T
3 mondialiser ... T, P
3 monétiser ... T
3 monitorer ... T

26 monnayer ... T
12 monologuer ... I
3 monopoliser ... T
5 se monotoniser ... Esp
3 monter ... I, T, P
être ou *avoir*
3 montrer ... T, P
12 moquer ... T, P
3 moquetter ... T
3 moraliser ... I, T
22 morceler ... T, P
13 mordancer ... T
9 mordiller ... T
3 mordorer ... T
84 mordre ... I, T, Ti, P
3 morfaler ... I, P
3 morfiler ... T
3 morfler ... T, I
84 se morfondre ... Esp
15 morigéner ... T, P
3 mortaiser ... T
8 mortifier ... T, P
3 motamoter afr ... I
3 motiver ... T, P
3 motoriser ... T
5 se motter ... Esp
3 moucharder ... T
3 moucher ... I, T, P
3 moucheronner ... I
25 moucheter ... T
91 moudre ... T
25 moufeter ... I, D
surtout à l'infinitif
et aux temps composés
3 moufter ... I, D
surtout à l'infinitif
et aux temps composés
3 mouillasser ... I
9 mouiller ... I, T, P
3 mouler ... I, T, P
3 mouliner ... I, T
3 moulurer ... T

34 mourir ... I
être
34 se mourir ... P, D
seulement à l'ind. présent
et imparfait et au part.
présent *(se mourant)*
3 mousser ... I
3 moutarder ... T
3 moutonner ... I, T
3 mouvementer ... T
3 mouver ... T, I
59 mouvoir ... T, I, P
3 moyenner ... T
28 moyer ... T
3 mucher ... T, P
7 muer ... I, T, P
30 mugir ... I
25 mugueter ... T
3 muloter ... I
3 multiplexer ... T
8 multiplier ... I, T, P
3 municipaliser ... T
30 munir ... T, P
3 munitionner ... T
9 murailler ... T
3 murer ... T, P
14 se murger ... Esp
30 mûrir ... I, T
3 murmurer ... T
3 musarder ... I
3 muscler ... T, P
22 museler ... T
25 museleter ... T
3 muser ... I
12 musiquer ... I, T
12 musquer ... T
3 musser ... T, P
3 muter ... I, T
3 mutiler ... T, P
5 se mutiner ... Esp
3 mutualiser ... T
3 mysticiser ... T

LE RÉPERTOIRE

T : transitif direct **Ti :** transitif indirect **I :** intransitif **Esp :** verbe essentiellement pronominal
P : forme pronominale **imp. :** impersonnel **D :** défectif

8 mystifier T
8 mythifier I, T
3 mython(n)er I

N

3 nacrer T, P
3 nageoter I
14 nager I, T
98 naître I
être
8 nanifier T
3 naniser T
30 nantir T, P
3 napalmiser T
3 naphtaliner T
3 napper T
3 narcotiser T
12 narguer T
3 narrativiser T
3 narrer T
3 nasaliser T, P
9 nasiller I, T
3 nasillonner I
3 nasonner I
3 nationaliser T
3 natter T
3 naturaliser T
14 naufrager I
3 navaliser T
3 navetter belg et québ I
3 navigabiliser T
12 naviguer I
3 navrer T
8 nazifier T
30 néantir I, P
3 néantiser T, P
3 nébuliser T
3 nécessiter T
3 nécroser T, P
14 négliger T, P
8 négocier I, T, P
8 négrifier T, P
3 neigeoter imp.
14 neiger imp.
3 néologiser I
3 néphrectomiser T
3 nerver T
3 nervurer T
28 nettoyer T, P
3 neutraliser T, P
3 niaiser I
3 nicher I, T, P
22 nickeler T
3 nicotiniser T
3 nider I, P
8 nidifier I
3 nieller T
8 nier T
3 nigérianiser T, P
3 nimber T, P
3 nipper T, P
12 niquer T
3 nitrater T
3 nitrer T
8 nitrifier T, P
3 nitrurer T
22 niveler T
3 nobéliser T
3 nobscuriter afr I
13 nocer I
3 noctambuler T, I
30 noircir I, T, P
3 noliser T
3 nomadiser I
3 nombrer T
3 nomenclaturer T
3 nominaliser T
3 nominer T
3 nommer T, P
30 nordir I
3 normaliser T, P
3 normer T
8 notarier T
3 noter T
8 notifier T
6 nouer I, T, P
30 nourrir T, P
3 novéliser T
3 novelliser T
3 nover T
3 noyauter T
28 noyer T, P
13 nuancer T, P
3 nucléariser T
7 nuer T, P
75 nuire Ti, P
3 nuiter I
3 numériser T
3 numéroter T, P

O

30 obéir Ti
accepte la voix passive
15 obérer T, P
3 objecter T
3 objectiver T, P
12 objurguer I, T
14 obliger T, P
12 obliquer I
15 oblitérer T
3 obnubiler T, P
3 obombrer T
30 obscurcir T, P
15 obséder T
3 observer T, P
5 s'obstiner Esp
7 obstruer T, P
15 obtempérer Ti
40 obtenir T, P
3 obturer T
40 obvenir I
être

T : transitif direct **Ti :** transitif indirect **I :** intransitif **Esp :** verbe essentiellement pronominal
P : forme pronominale **imp. :** impersonnel **D :** défectif

8 obvier Ti
3 occasionner T
3 occidentaliser T, P
occire T, D
seulement à l'infinitif, aux temps composés et au p. p. *(occis, e, es)*
102 occlure T
3 occulter T
3 occuper T, P
3 ocrer T
8 octavier I, T
28 octroyer T, P
3 octupler T, I
3 odorer I, T
8 s'œdématier Esp
3 œilletonner T
3 œuvrer I
3 offenser T, P
3 officialiser T
8 officier I
43 offrir T, P
12 offusquer T, P
89 oindre T, D, P
surtout à l'infinitif et au p. p. *(oint, e, s, es)*, mais aussi à l'impft *(ils oignaient)*
22 oiseler I, T
14 ombrager T, P
3 ombrer T
95 omettre T
3 onder I, T
28 ondoyer I, T
3 onduler I, T
8 opacifier T, P
3 opaliser T
15 opérer I, T, P
13 opiacer T
3 opiner I, T
3 opiniâtrer T, P
3 opposer T, P
3 oppresser T
3 opprimer T
3 opter I
3 optimaliser T
3 optimiser T
3 oraliser T
14 oranger T
3 orbiter I
3 orchestrer T
13 ordonnancer T
3 ordonner T, P
15 orfévrer T
3 organiser T, P
3 orientaliser T
3 orienter T, P
5 s'originer Esp
12 oringuer T
3 ornementer T
3 orner T, P
8 orthographier I, T, P
3 oscariser T
3 osciller I
3 oser T
8 ossifier T, P
3 ostiner [québ] T
3 ostraciser T
3 ôter T, P
3 ouater T
3 ouatcher [québ] T
3 ouatiner T
8 oublier T, P
9 ouiller T
47 ouïr T, D
surtout au p. p. et aux temps composés
30 ourdir T, P
3 ourler T
9 outiller T, P
14 outrager T
3 outrecuider T, P
3 outrepasser T
3 outrer T
14 ouvrager T
3 ouvrer I, T
43 ouvrir I, T, P
3 ovaliser T
3 ovariectomiser T
3 ovationner T
3 ovuler I
3 oxyder T, P
15 oxygéner T, P
3 ozoner T
3 ozoniser T

P

14 pacager T, I
8 pacifier T, P
14 packager T
12 pacquer T
5 se pacser Esp
3 pactiser I
3 paganiser I, T, P
26 pagayer I, T
14 pager I
3 paginer T
3 paillassonner T
9 pailler T
25 pailleter T
22 paisseler T
99 paître I, T, D
3 palabrer I
12 palanguer I, T
12 palanquer I, T
3 palataliser T
25 paleter T
3 paletter T
3 palettiser T
30 pâlir I, T
3 palissader T
3 palisser T
3 palissonner T
8 pallier T
3 palmer T, I

T : transitif direct **Ti :** transitif indirect **I :** intransitif **Esp :** verbe essentiellement pronominal
P : forme pronominale **imp. :** impersonnel **D :** défectif

3 palper ..... T
3 palpiter I
5 se palucher ..... Esp
5 se pâmer ..... Esp
3 panacher ..... T, P
3 paner ..... T
8 panifier ..... T
12 paniquer ..... I, T, P
3 panneauter ..... T, I
3 panner ..... T
12 panoramiquer I
3 panosser helv ..... T
3 panser ..... T
3 pantagruéliser I
22 panteler I
3 panthéoniser ..... T
8 pantographier ..... T
3 pantomimer ..... T
3 pantoufler ..... I, T
3 papelarder ..... I, T
3 papillonner I
3 papilloter ..... I, T
3 papoter I
9 papouiller ..... T
25 paqueter ..... T, P
3 paraboliser ..... T
20 parachever ..... T
3 parachuter ..... T
3 parader I
3 parafer ..... T
3 paraffiner ..... T
3 paraisonner ..... T
97 paraître I
être ou *avoir*
3 paralléliser ..... T
3 paralyser ..... T
15 paramétrer ..... T
3 parangonner ..... T
3 parapher ..... T
3 paraphraser ..... T
3 parasiter ..... T
3 parcellariser ..... T
3 parceller ..... T
3 parcelliser ..... T, P
3 parcheminer ..... T, P
33 parcourir ..... T, P
3 pardonner ..... T, P
3 parementer ..... T
3 parer ..... T, Ti, P
3 paresser I
69 parfaire ..... T, P, D
surtout à l'infinitif, au p. p. et aux temps composés
3 parfiler ..... T
84 parfondre ..... T
30 parfournir ..... T
3 parfumer ..... T, P
8 parier ..... I, T
3 parisianiser ..... T, P
3 parjurer ..... T, I, P
3 parkériser ..... T
3 parlementer I
3 parler ..... I, T, Ti, P
3 parlot(t)er I
8 parodier ..... T
12 parquer ..... I, T
25 parqueter ..... T
3 parrainer ..... T
20 parsemer ..... T
14 partager ..... T, P
3 participer ..... Ti
3 particulariser ..... T, P
37 partir I
être
partir ..... T, D
seulement à l'infinitif dans l'expression *avoir maille à partir*
3 partitionner ..... T
3 partouzer I
40 parvenir ..... I, Ti
être
14 passager ..... T, I
3 passementer ..... T
3 passepoiler ..... T
3 passer ..... I, T, P
être ou *avoir*
3 passionner ..... T, P
3 passiver ..... T
3 pasteller ..... T
3 pastelliser ..... T
3 pasteuriser ..... T
3 pasticher ..... T
9 pastiller ..... T
12 pastiquer I
14 patauger I
3 pateliner ..... I, T
3 patenter québ ..... T
3 paternaliser ..... T
3 pathétiser ..... T
3 patienter I
3 patiner ..... I, T, P
30 pâtir I
3 pâtisser I
3 patoiser I
9 patouiller ..... I, T
3 patrigoter helv I
3 patronner ..... T
9 patrouiller I
3 patter I
3 pâturer ..... I, T
3 paumer ..... T, P
28 paumoyer ..... T
3 paupériser ..... T
3 pauser I
5 se pavaner ..... Esp
3 paver ..... T
3 pavoiser ..... I, T, P
26 payer ..... I, T, P
3 peaufiner ..... T
15 pécher I
3 pêcher ..... T, P
3 pécloter helv I
12 pecquer afr I
3 pédaler I

T : transitif direct **Ti :** transitif indirect **I :** intransitif **Esp :** verbe essentiellement pronominal
P : forme pronominale **imp. :** impersonnel **D :** défectif

3 pédicurer T
10 peigner T, P
87 peindre T, P
3 peiner I, T
3 peinturer T
3 peinturlurer T
3 péjorer T
21 peler I, T, P
3 peller helv T
25 pelleter T
3 pelliculer T
3 peloter I, T, P
3 pelotonner T, P
3 pelucher I
3 pénaliser T
3 pencher I, T, P
12 pendeloquer I
9 pendiller I
9 pendouiller I
84 pendre I, T, P
3 penduler I
15 pénétrer I, T, P
3 penser I, T, Ti, P
3 pensionner T
8 pépier I
13 percer I, T, P
49 percevoir T
3 percher I, T, P
3 percuter I, T
84 perdre I, T, P
3 perdurer I
3 pérégriner I
3 pérenniser T
3 péréquater belg T
3 perfectionner T, P
3 perforer T
3 perfuser T
3 péricliter I
5 se périmer Esp
3 périphraser I
30 périr I

3 perler I, T
3 permanenter T
3 perméabiliser T
95 permettre T, P
3 permuter I, T, P
3 pérorer I
3 peroxyder T
15 perpétrer T, P
7 perpétuer T, P
3 perquisitionner I, T
12 perruquer I
3 persécuter T
15 persévérer I
3 persi(f)fler T, P
9 persiller T
3 persister I
3 personnaliser T
8 personnifier T
3 persuader T, P
3 perturber T
30 pervertir T, P
3 pervibrer T
20 peser I, T, P
10 pésigner T
10 pessigner T
3 pesteller belg I
3 pester I
15 pestiférer T
3 pétarader I
3 pétarder I, T
15 péter I, T, P
9 pétiller I
3 petit-déjeuner I
3 pétitionner I
3 pétocher I
9 pétouiller helv I
3 pétrarquiser I
8 pétrifier T, P
30 pétrir T
3 pétroler T
3 pétuner I

3 peupler T, P
3 phagocyter T
3 phantasmer I, T
3 philosopher I
3 phonétiser T
8 phonographier T
3 phosphater T
3 phosphorer I
3 phosphoriser T
3 phosphoryler T
3 photocomposer T
8 photocopier T
8 photographier T, P
3 photoshoper T
3 phraser I, T
3 piaffer I
9 piailler I
3 pianoter I, T
3 piauler I
3 pickler T
12 picniquer I
3 picocher québ T
3 picoler I, T
3 picorer I, T
3 picosser québ T
3 picoter T
3 picouser T, P
3 picturaliser T
19 piéger T
3 pierrer T
15 piéter I, P
3 piétiner I, T
3 piéton(n)iser T
5 se pieuter Esp
3 pif(f)er T
3 piffrer T, P
3 pigeonner T
14 piger T
3 pigmenter T
3 piler I, T
3 pîler belg I

LE RÉPERTOIRE

T : transitif direct **Ti :** transitif indirect **I :** intransitif **Esp :** verbe essentiellement pronominal
P : forme pronominale **imp. :** impersonnel **D :** défectif

N°	Verbe	Construction
9	piller	T
3	pilonner	T
3	piloter	T
3	pimenter	T
9	pinailler	I
3	pinceauter	T, I
13	pincer	I, T, P
3	pindariser	I
3	pinter	I, P
3	piocher	T, I
14	pioger	I
13	pioncer	I
3	pionner	I
3	piorner [helv]	I
3	pipeauter	T, I
3	piper	I, T, P
3	pipetter	T
3	pipoliser	T, P
3	pipoter	T, I
12	pique-niquer	I
12	piquer	I, T, P
25	piqueter	T
3	piquouser	T, P
3	piquouzer	T, P
3	pirater	I, T
3	pirouetter	I
3	pisser	I, T
3	pissoter	I
3	pister	T
3	pistonner	T
3	pitcher	I, T
3	pitonner	I, T
3	pivoter	I, T
3	pixéliser	T
3	pixelliser	T
3	placarder	T
3	placardiser	T
13	**placer**	T, P
3	placoter [québ]	I
3	plafonner	I, T
8	plagier	T
3	plaider	I, T
88	plaindre	T, P
3	plainer	T
72	**plaire** p. p. invariable	Ti, P
3	plaisanter	I, T
8	planchéier	T
3	plancher	I
3	planer	I, T
8	planifier	T
12	planquer	I, T, P
3	planter	T, P
12	plaquer	T, P
8	plasmifier	T
8	plastifier	T
12	plastiquer	T
3	plastronner	I, T
3	platiner	T
3	plâtrer	T
3	plébisciter	T
12	plèquer [belg]	I
3	plesser	T
3	pleurer	I, T, P
3	pleurnicher	I
3	pleuvasser	imp.
3	pleuviner	imp.
3	pleuv(i)oter	imp.
62	**pleuvoir**	I, T, imp.
8	plier	I, T, P
3	plisser	I, T, P
3	plomber	T, P
14	plonger	I, T, P
12	ploquer	T
3	plotiniser	I
28	ployer	I, T
3	plucher	I
3	plumer	T, P
3	pluraliser	T
3	pluviner	I, imp.
5	se pocharder	Esp
3	pocher	I, T
25	pocheter	T
5	se pocht(e)ronner	Esp
3	podcaster	T
3	podzoliser	T
3	poêler	T
3	poétiser	T
10	po(i)gner	T, P
3	poignarder	T
3	pogoter	I
5	se poiler	Esp
3	poinçonner	T
89	poindre seulement à l'infinitif, aux 3es pers. de l'ind. présent, impft et futur, et au part. présent	I, T, D
3	pointer	I, T, P
9	pointiller	I, T
3	poireauter	I
3	poiroter	I
3	poisser	I, T
3	poitriner	I
3	poivrer	T, P
5	se poivroter	Esp
3	polariser	T, P
3	poldériser	T
12	polémiquer	I
13	policer	T, P
30	polir	T, P
3	polissonner	I
9	politicailler	I
12	politiquer	I
3	politiser	T, P
3	polker	I
3	polliniser	T
7	polluer	T
3	polluposter [québ]	I, T
8	polycopier	T
3	polymériser	T
3	polyviser	T
3	pommader	T, P
22	se pommeler	Esp
3	pommer	I
3	pomper	T, Ti
3	pomponner	T, P

T : transitif direct **Ti** : transitif indirect **I** : intransitif **Esp** : verbe essentiellement pronominal
P : forme pronominale **imp.** : impersonnel **D** : défectif

Modèle	Verbe	Construction
13	poncer	T
3	ponctionner	T
7	ponctuer	T
15	pondérer	T
84	pondre	T
3	ponter	I, T
8	pontifier	I
9	pontiller	T
3	populariser	T, P
12	poquer	I
3	porphyriser	T
3	porter	I, T, Ti, P
70	portraire *pas de passé simple ni de subj. impft*	T, P, D
3	portraiturer	T, P
3	poser	I, T, P
3	positionner	T, P
3	positiver	I, T
15	posséder	T, P
3	postdater	T
3	poster	T, P
3	postériser	T
3	posticher	I
3	postillonner	I
3	postposer	T
3	postsonoriser	T
3	postsynchroniser	T
3	postuler	I, T
3	potasser	T
22	poteler	T
3	potentialiser	T
3	poter [belg]	I
3	potiner	I
13	poucer [québ]	I, T
3	poudrer	T, P
28	poudroyer	I
3	pouffer	I
10	pougner [helv]	I
3	pouliner	I
3	poulotter	T
3	pouponner	I, T
3	pourchasser	T, P
84	pourfendre	T
15	pourlécher	T, P
3	pourpenser	T
3	pourprer	T, P
3	pourrieller	I, T
30	pourrir *être ou avoir*	I, T, P
103	poursuivre	T, P
52	**pourvoir**	T, Ti, P
3	pousser	I, T, P
3	poutser [helv]	T
55	**pouvoir**	I, T, P, imp.
3	praliner	T
12	pratiquer	T, P
24	préacheter	T
3	préaviser	T, I
3	précariser	T, P
3	précautionner	T, P
15	précéder	T
3	préchauffer	T
3	prêcher	T, I
3	précipiter	T, P
3	préciser	T, P
3	précompter	T
3	préconiser	T
88	précontraindre	T
75	précuire	T
15	prédécéder	I
30	prédéfinir	T
3	prédestiner	T
3	prédéterminer	T
3	prédilectionner	T
12	prédiquer	T
78	prédire	T
3	prédisposer	T
3	prédominer	I, T
3	préempter	T
3	préenregistrer	T
30	préétablir	T
3	préexister	I
12	préfabriquer	T
13	préfacer	T
15	préférer	T, P
3	préfigurer	T
13	préfinancer	T
3	préfixer	T
3	préformer	T
3	préfactionner	T
3	préfritter	T
3	préimprimer	T
8	préjudicier	I
14	préjuger	T, Ti
5	se prélasser	Esp
3	prélaver	T
17	préléguer	T
20	prélever	T
3	préliber	T
3	préluder	I, Ti
3	préméditer	T, Ti
3	prémonter	T
30	prémunir	T, P
85	**prendre**	I, T, P
3	prénommer	T, P
3	préoccuper	T, P
3	préparer	T, P
26	prépayer	T
3	prépensionner [belg]	T
3	préposer	T
3	préprogrammer	T
15	prérégler	T
14	présager	T
81	prescrire	T, P
3	présélectionner	T
3	présenter	I, T, P
3	préserver	T, P
3	présider	T, Ti
3	présonoriser	T
37	pressentir	T
3	presser	I, T, P
3	pressurer	T

T : transitif direct **Ti** : transitif indirect **I** : intransitif **Esp** : verbe essentiellement pronominal
P : forme pronominale **imp.** : impersonnel **D** : défectif

N°	Verbe	Construction
3	pressuriser	T
3	prester[belg]	T, I
3	présumer	T, Ti
3	présupposer	T
3	présurer	T
84	prétendre	T, Ti, P
3	prêter	I, T, P
3	prétériter[helv]	T
3	prétexter	T
3	prétraiter	T
57	**prévaloir**	I, P
12	prévariquer	I
40	prévenir	T
51	**prévoir**	T
8	prier	T, I
3	primer	I, T
3	prioriser	T
3	priser	I, T, P
3	privatiser	T
3	priver	T, P
8	privilégier	T
3	probabiliser	T
3	problématiser	T
15	procéder	I, Ti
3	processionner	I
3	proclamer	T, P
3	procrastiner	I
11	procréer	T
3	procurer	T, P
12	prodiguer	T, P
75	produire	T, P
3	proéminer	I
3	profaner	T
15	proférer	T
3	professer	T
3	professionnaliser	T, P
3	profiler	T, I, P
3	profiter	Ti, I
3	programmer	I, T, P
3	progresser	I
3	prohiber	T
25	projeter	T, P
3	prolétariser	T, P
15	proliférer	I
14	prolonger	T, P
20	promener	T, P
95	promettre	T, P
3	promotionner	T
59	promouvoir surtout à l'infinitif, au p. p. *(promu, ue, us, ues)*, aux temps composés et à la voix passive	T
12	promulguer	T
3	prôner	T
3	pronominaliser	T, P
13	prononcer	T, P
12	pronostiquer	T
3	propagander	I
14	propager	T, P
3	prophétiser	T
3	proportionner	T, P
3	proposer	I, T, P
3	propulser	T, P
14	proroger	T, P
3	prosaïser	I, T
81	proscrire	T
8	prosodier	T
3	prospecter	T
15	prospérer	I
3	prosterner	T, P
7	prostituer	T, P
3	prostrer	T
19	**protéger**	T, P
3	protestantiser	T
3	protester	I, T, Ti
3	prototyper	T
3	prouter	I
3	prouver	T, P
3	provençaliser	T
40	provenir *être*	Ti
3	proverbialiser	T
10	provigner	I, T
3	provincialiser	T, P
3	provisionner	T
12	provoquer	T, P
8	psalmodier	I, T
3	psychanalyser	T
3	psychiatriser	T
3	psychologiser	T
3	psychoter	I
3	publiciser	T
8	publier	T
13	pucer	T
3	puddler	T
7	puer	T, I
3	puériliser	T
3	puiser	T, P
3	pulluler	I
3	pulser	T, I
3	pulvériser	T
3	punaiser	T
30	punir	T, P
3	pupuler	I
14	purger	T, P
8	purifier	T, P
3	puruler	I
8	putréfier	T, P
3	putter	I
3	pyramider	I
3	pyrograver	T
3	pyrolyser	T

Q

N°	Verbe	Construction
9	quadriller	T
3	quadrupler	I, T
8	qualifier	T, P
8	quantifier	T
3	quarderonner	T
3	quarrer	T

T : transitif direct **Ti :** transitif indirect **I :** intransitif **Esp :** verbe essentiellement pronominal
P : forme pronominale **imp. :** impersonnel **D :** défectif

14 quartager T
3 quarter T, I
3 québéciser T
3 quémander I, T
3 quereller T, P
quérir T, D
seulement à l'infinitif
3 questionner T, I, P
3 quêter T
3 queuter I
9 quiller T, I, P
3 quinter I
8 quintessencier T, P
3 quintupler I, T
13 quittancer T
3 quitter T, P
9 quoailler I
3 quotter I

R

3 rabâcher I, T
3 rabaisser T, P
3 raban(t)er T
94 rabattre T, P
3 rabibocher T, P
3 rabioter I, T
12 rabistoquer belg T
3 râbler T, I
3 raboter T
3 raboudiner québ T, P
30 rabougrir I, T, P
3 rabouler T, I, P
3 rabouter T
8 rabrier québ T, P
9 rabriller québ T, P
6 rabrouer T
42 racabouillir belg I
3 raccommoder T, P
10 raccompagner T
3 raccorder T, P
30 raccourcir I, T, P
3 raccrocher I, T, P
3 raccuser belg I
24 racheter T, P
3 raciner I, T
3 racketter T
3 racler T, P
3 racoler T
3 raconter T, P
30 racornir T, P
5 se racrapoter belg Esp
3 radariser T
3 radicaliser T, P
8 radier T
3 radiner I, P
3 radiobaliser T
3 radiocommander T
3 radiodiffuser T
8 radiographier T
3 radioguider T
3 radioscoper T
8 radiotélégraphier T
3 radoter I, T
3 radouber T
30 radoucir T, P
3 rafaler québ I
30 raffermir T, P
3 raffiner T, Ti
3 raffoler Ti
3 raffûter T
3 rafistoler T
3 rafler T
30 rafraîchir I, T, P
30 ragaillardir T, P
14 rager I
3 ragoter I, P
3 ragoûter T
3 ragrafer T
30 ragrandir T
11 ragréer T, P
12 raguer I, T
30 raidir I, T, P
9 railler T, P
3 rainer T
25 raineter T
3 rainurer T
70 raire I, D
pas de passé simple ni de subj. impft et ne s'emploie qu'aux 3es personnes
3 raisonner I, T, Ti, P
30 rajeunir I, T, P
être ou *avoir*
3 rajouter T
3 rajuster T, P
30 ralentir I, T, P
3 râler I
12 ralinguer I, T
19 ralléger T
3 raller I
8 rallier T, P
14 rallonger I, T, P
3 rallumer T, P
14 ramager I, T
9 ramailler T
3 ramasser T, P
12 ramastiquer T
3 ramender T
20 ramener T, P
3 ramer I, T, P
25 rameter belg I
3 rameuter T, P
8 ramifier T, P
30 ramollir T, P
3 ramoner I, T
3 ramper I
3 rancarder T, P
30 rancir I, P
3 rançonner T
3 randomiser T
3 randonner I
14 ranger T, P
3 ranimer T, P

T : transitif direct **Ti** : transitif indirect **I** : intransitif **Esp** : verbe essentiellement pronominal
P : forme pronominale **imp.** : impersonnel **D** : défectif

9 ranquiller ... T, I
8 rapatrier ... T, P
3 rapatronner ... T
3 râper ... T
3 rapetasser ... T
3 rapetisser ... I, T, P
3 rapicoler helv ... T
18 **rapiécer** ... T
24 rapiéceter ... T
3 rapiner ... I, T
30 raplatir ... T
84 rap(p)ondre helv ... T
9 rappareiller ... T
8 rapparier ... T
22 rappeler ... I, T, P
3 rap(p)er ... I
12 rappliquer ... I, P
3 rapporter ... I, T, P
85 rapprendre ... T
3 rapprocher ... T, P
8 rapproprier ... T, P
3 rapprovisionner ... T, P
12 raquer ... I
8 raréfier ... T, P
3 raser ... T, P
8 rassasier ... T, P
3 rassembler ... T, P
60/61 rasseoir ... I, T, P
p. p. : *rassis, ise, ises*
15 rasséréner ... T, P
rassir ... I, D, P
rare, et surtout à l'infinitif et au p. p. *(rassi, e, is, ies)*
30 rassortir ... T, P
3 rassurer ... T, P
3 ratatiner ... T, P
9 ratatouiller ... I
22 râteler ... T
3 rater ... I, T, P
3 ratiboiser ... T
8 ratifier ... T
3 ratiner ... T
3 ratiociner ... I
3 rationaliser ... T
3 rationner ... T, P
3 ratisser ... T
3 ratonner ... I, T
3 rattacher ... T, P
3 rattraper ... T, P
3 raturer ... T
3 raugmenter ... I, T
12 rauquer ... I
14 ravager ... T
3 ravaler ... T, P
3 ravauder ... T
3 ravigoter ... T
30 ravilir ... T
3 raviner ... T, P
30 ravir ... T
5 se raviser ... Esp
9 ravitailler ... T, I, P
3 raviver ... T, P
ravoir ... T, D
seulement à l'infinitif
26 rayer ... T, P
3 rayonner ... I, T
8 razzier ... T
3 réabonner ... T, P
3 réabsorber ... T
15 réaccélérer ... T, I
3 réaccoutumer ... T, P
41 réacquérir ... T
3 réactiver ... T
3 réactualiser ... T
3 réadapter ... T, P
95 réadmettre ... T
3 réaffecter ... T
3 réaffirmer ... T
3 réaffûter ... T
30 réagir ... I, Ti
3 réajuster ... T, P
15 réaléser ... T
10 réaligner ... T
3 réaliser ... T, P
14 réaménager ... T
13 réamorcer ... T
3 réanalyser ... T
3 réanimer ... T
97 réapparaître ... I
être ou avoir
30 réapplaudir ... T
85 réapprendre ... T
3 réapprêter ... T
8 se réapproprier ... Esp
3 réapprovisionner ... T, P
3 réargenter ... T
3 réarmer ... I, T, P
14 réarranger ... T
3 réaspirer ... T
10 réassigner ... T
30 réassortir ... T, P
3 réassumer ... T
3 réassurer ... T, P
3 réaugmenter ... I, T
13 réavancer ... T, I
10 rebaigner ... T
3 rebaisser ... I
3 rebander ... T, I
3 rebaptiser ... T
3 rebarder ... T
3 rebarrer ... T
30 rebâtir ... T
94 rebattre ... T
12 se rebecquer ... Esp
3 rebecter ... T, P
3 se rebeller ... Esp
17 se rebéquer ... Esp
5 se rebiffer ... Esp
12 rebiquer ... I
30 reblanchir ... T, I
30 reblandir ... I
74 reboire ... T
3 reboiser ... T
30 rebondir ... I

T : transitif direct **Ti** : transitif indirect **I** : intransitif **Esp** : verbe essentiellement pronominal
P : forme pronominale **imp.** : impersonnel **D** : défectif

25 rebonneter ... T
3 rebooter ... T
3 reborder ... T
3 rebotter ... T, P
3 reboucher ... T, P
42 rebouillir ... I
3 rebourgeonner ... I
3 rebouter ... T
3 reboutonner ... T, P
3 rebraguetter ... T, P
3 rebrocher ... T
3 rebroder ... T
3 rebrosser ... T
3 rebrousser ... I, T
3 rebuter ... T, P
25 recacheter ... T
3 recadrer ... T
8 recalcifier ... T
3 recalculer ... T
3 recaler ... T
3 recapitaliser ... T
3 récapituler ... T
3 recarder ... T
22 recarreler ... T
3 recaser ... T, P
3 recasser ... I, T, P
3 recauser ... I
15 recéder ... T
21 receler ... I, T
15 recéler ... I, T
3 recenser ... T
3 recentrer ... T, P
20 receper ... T
15 recéper ... T
3 réceptionner ... T
3 recercler ... T
3 recetter ... T
49 recevoir ... T, P
30 rechampir ... T
30 réchampir ... T
14 rechanger ... T, P

3 rechanter ... T
3 rechaper ... T
3 réchapper ... Ti
être ou *avoir*
14 recharger ... T
3 rechasser ... T, I
3 rechauffer ... T, I
3 réchauffer ... T, P
3 rechaumer ... T
3 rechausser ... T, P
3 rechercher ... T, P
10 rechigner ... I, Ti
3 rechristianiser ... T
3 rechuter ... I
3 récidiver ... I
être ou *avoir*
12 réciproquer belg ... I, T
3 réciter ... T, P
3 réclamer ... I, T, P
3 reclaper belg ... T
3 reclasser ... T
3 récliner ... I, T
105 reclore ... T
6 reclouer ... T
reclure ... D, P
seulement à l'infinitif et au p. p. *(reclus, e, es)*
10 recogner ... T
3 recoiffer ... T, P
13 recoincer ... T
3 récoler ... T
3 recoller ... T, Ti, P
14 se récolliger ... Esp
3 recolorer ... T
3 récolter ... T, P
3 recombiner ... T
3 recommander ... T, P
13 recommencer ... I, T
97 recomparaître ... I
3 récompenser ... T, P
3 recomposer ... T, P
3 recompter ... T

8 réconcilier ... T, P
3 reconditionner ... T
75 reconduire ... T
3 recondamner ... T
3 reconfigurer ... T
3 réconforter ... T, P
21 recongeler ... T
97 reconnaître ... T, P
3 reconnecter ... T, P
41 reconquérir ... T
15 reconsidérer ... T
3 reconsolider ... T
7 reconstituer ... T, P
75 reconstruire ... T
3 recontacter ... T, P
30 reconvertir ... T, P
8 recopier ... T
9 recoquiller ... T, P
3 recorder ... T, P
14 recorriger ... T
3 recoucher ... T, I, P
90 recoudre ... T, P
3 recouler ... I, T
3 recouper ... T, P
3 recouponner ... T
3 recourber ... T, P
33 recourir ... I, T, Ti
3 recouvrer ... T
43 recouvrir ... T, P
3 recracher ... I, T
11 recréer ... T, P
11 récréer ... T
30 recrépir ... T
3 recreuser ... T
8 se récrier ... Esp
3 récriminer ... I
81 récrire ... T
3 recristalliser ... T
3 recroiser ... T
101 recroître ... I
p. p. : *recrû, ue, us, ues*

T : transitif direct **Ti** : transitif indirect **I** : intransitif **Esp** : verbe essentiellement pronominal
P : forme pronominale **imp.** : impersonnel **D** : défectif

LE RÉPERTOIRE

3	recroller [belg]	I
9	se recroqueviller	Esp
3	recruter	T, P
8	rectifier	T
44	recueillir	T, P
75	recuire	I, T
3	reculer	I, T, P
3	reculotter	T, P
3	recultiver	T
15	récupérer	T
3	récurer	T
3	récuser	T, P
3	recycler	T, P
3	redécouper	T
43	redécouvrir	T
69	redéfaire	T
30	redéfinir	T
3	redemander	T
3	redémarrer	I
30	redémolir	T
6	redénouer	T
28	redéployer	T
3	redéposer	T
84	redescendre *être* ou *avoir*	I, T
3	redessiner	T
40	redevenir	I
54	redevoir	T
3	rediffuser	T
14	rédiger	T
3	redimensionner	T
3	rédimer	T, P
77	redire	T
3	rediscuter	T
92	redissoudre	T
7	redistribuer	T
13	redivorcer	T
3	redonder	I
3	redonner	I, T, P
3	redorer	T
3	redoubler	I, T, Ti
3	redouter	T
3	redresser	T, P
75	réduire	T, P
3	rééchelonner	T
3	réécouter	T
81	réécrire	T
8	réédifier	T
3	rééditer	T
12	rééduquer	T
80	réélire	T
3	réemballer	T
12	réembarquer	I, T
3	réembaucher	T
28	réemployer	T
3	réempoissonner	T
3	réemprunter	T
3	réencadrer	T
3	réenchanter	T
3	réenclencher	T
3	réendosser	T
3	réenfiler	T
14	réengager	T, I, P
15	réengréner	T
3	réenregistrer	T
13	réensemencer	T
84	réentendre	T
3	réentraîner	T
30	réenvahir	T
14	réenvisager	T
5	se réenvoler	Esp
3	rééquilibrer	T
3	rééquiper	T
11	réer	I
3	réescompter	T
26	réessayer	T
8	réétudier	T
7	réévaluer	T
3	réexaminer	T
8	réexpédier	T
3	réexploiter	T
3	réexporter	T
3	réexposer	T
12	refabriquer	T
3	refaçonner	T
69	refaire	T, P
3	refamiliariser	T, P
3	réfectionner	T
84	refendre	T
13	référencer	T
15	référer	Ti, P
3	refermer	T, P
3	referrer	T
3	refiler	T, P
13	refinancer	T
30	réfléchir	I, T, Ti, P
15	refléter	T, P
30	refleurir	I, T
7	refluer	I
3	refonder	T
84	refondre	I, T
14	reforger	T
3	reformer	T, P
3	réformer	T, P
3	reformuler	T
9	refouiller	T
3	refouler	I, T
12	refourguer	T
3	refourrer	T
94	refoutre	T, P
3	réfracter	T, P
3	refrapper	T
15	refréner	T, P
15	réfréner	T, P
15	réfrigérer	T
3	refriser	T
30	refroidir	I, T, P
8	se réfugier	Esp
3	refumer	I, T
3	refuser	I, T, P
3	réfuter	T
10	regagner	T
30	regaillardir	T, P
3	régaler	T, P
3	regarder	T, Ti, P
30	regarnir	T
3	régater	I
26	regayer	T

T : transitif direct **Ti** : transitif indirect **I** : intransitif **Esp** : verbe essentiellement pronominal
P : forme pronominale **imp.** : impersonnel **D** : défectif

8 regazéifier ... T
3 regazonner ... T
21 regeler ... T, imp.
15 régénérer ... T, P
3 régenter ... I, T
3 regimber ... I, P
3 régionaliser ... T
30 régir ... T
3 registrer ... T
3 réglementer ... T
15 régler ... T, P
16 **régner** ... I
3 regonfler ... I, T
14 regorger ... I, T, Ti
3 regoûter ... T
3 regrader ... T
3 regraisser ... T
3 regratter ... I, T
3 regraver ... T
11 regréer ... T
3 regreffer ... T
3 régresser ... I
3 regretter ... T
3 regrimper ... I, T
30 regrossir ... I
3 regrouper ... T, P
3 régulariser ... T
3 réguler ... T, P
3 régurgiter ... T
3 réhabiliter ... T, P
7 réhabituer ... T, P
3 rehausser ... T, I
3 réhydrater ... T, P
8 réifier ... T
14 réimager ... T
3 réimbiber ... T
3 réimperméabiliser ... T
3 réimplanter ... T
3 réimporter ... T
3 réimposer ... T
3 réimprimer ... T
3 réimputer ... T
15 réincarcérer ... T
5 se réincarner ... Esp
3 réincorporer ... T
3 réinfecter ... T, P
3 réinhumer ... T
3 réinitialiser ... T
3 réinjecter ... T
81 réinscrire ... T, P
15 réinsérer ... T, P
3 réinstaller ... T, P
7 réinstituer ... T
15 réintégrer ... T
15 réinterpréter ... T
75 réintroduire ... T, P
3 réinventer ... T
30 réinvestir ... T
3 réinviter ... T
15 réitérer ... T
30 rejaillir ... I
25 rejeter ... T, P
89 rejoindre ... T, P
28 rejointoyer ... T
6 rejouer ... I, T
30 réjouir ... T, P
14 rejuger ... T
3 relâcher ... I, T, P
5 se relaisser ... Esp
13 relancer ... T
30 rélargir ... T
12 relarguer ... T
3 relater ... T
3 relativiser ... T
3 relaver ... T
3 relaxer ... T, P
26 relayer ... I, T, P
17 reléguer ... T
20 relever ... I, T, Ti, P
8 relier ... T
80 relire ... T, P
3 relocaliser ... T
14 reloger ... T, P
3 relooker ... T
6 relouer ... T
75 reluire ... I
12 reluquer ... T
3 relustrer ... T
3 remâcher ... T
30 remaigrir ... I
9 remailler ... T
14 remanger ... T
8 remanier ... T
9 remaquiller ... T, P
3 remarcher ... I
8 remarier ... T, P
12 remarquer ... T, P
3 remastériser ... T
12 remastiquer ... T
3 remballer ... T
12 rembarquer ... I, T, P
3 rembarrer ... T
3 rembaucher ... T
3 remblaver ... T
26 remblayer ... T
3 rembobiner ... T
3 remboîter ... T
14 rembouger ... T
3 rembourrer ... T
3 rembourser ... T, P
26 rembrayer ... I
12 rembroquer ... T
30 rembrunir ... T, P
3 rembucher ... T, P
8 remédier ... Ti
3 remêler ... T, P
3 remembrer ... T
3 remémorer ... T, P
20 remener ... T
8 remercier ... T
95 remettre ... T, P
3 remeubler ... T
3 remilitariser ... T
3 reminéraliser ... T
3 remiser ... T, P
3 remixer ... T
9 remmailler ... T
3 remmailloter ... T

LE RÉPERTOIRE

T : transitif direct **Ti** : transitif indirect **I** : intransitif **Esp** : verbe essentiellement pronominal
P : forme pronominale **imp.** : impersonnel **D** : défectif

3 remmancher ..... T
20 remmener ..... T
3 remobiliser ..... T
21 remodeler ..... T
3 remonter ..... I, T, P
être ou *avoir*
3 remontrer ..... I, T, Ti, P
84 remordre ..... T, Ti
12 remorquer ..... T
3 remoucher ..... T, P
91 remoudre ..... T
9 remouiller ..... I, T
3 remouler ..... T, P
9 rempailler ..... T
25 rempaqueter ..... T
3 remparer ..... T, P
15 rempiéter ..... T
3 rempiler ..... I, T
13 remplacer ..... T, P
8 remplier ..... T
30 remplir ..... T, P
28 remployer ..... T
3 remplumer ..... T, P
3 rempocher ..... T
3 rempoissonner ..... T
3 remporter ..... T
3 rempoter ..... T
3 remprunter ..... T
7 remuer ..... I, T, P
15 rémunérer ..... T
3 renâcler I
98 renaître ..... I, Ti
être, rare au participe passé et aux formes composées
3 renarder ..... I, T
3 renauder I
3 rencaisser ..... T
3 rencarder ..... T, P
3 renchaîner ..... T
3 renchausser ..... T
30 renchérir ..... I, T
105 renclore ..... T
10 rencogner ..... T, P
3 rencontrer ..... T, P
5 se rendetter ..... Esp
35 rendormir ..... T, P
3 rendosser ..... T
84 rendre ..... I, T, P
30 rendurcir ..... T
8 renégocier ..... T
14 reneiger ..... imp.
3 renfaîter ..... T
3 renfermer ..... T, P
3 renfiler ..... T
3 renflammer ..... T
3 renfler ..... I, T, P
6 renflouer ..... T
13 renfoncer ..... T, P
13 renforcer ..... T, P
30 renforcir ..... I, T
30 renformir ..... T
3 renfourner ..... T
10 se renfrogner ..... Esp
14 rengager ..... T, I, P
3 rengainer ..... T
14 se rengorger ..... Esp
8 rengracier I
3 rengraisser ..... I, T, P
20 rengrener ..... T
15 rengréner ..... T
8 renier ..... T, P
3 renifler ..... I, T
22 reniveler ..... T
3 renommer ..... T
13 renoncer ..... T, Ti, P
6 renouer ..... T, I
22 renouveler ..... T, P
3 rénover ..... T
9 renquiller ..... I, T
10 renseigner ..... T, P
3 rentabiliser ..... T
3 rentamer ..... T
3 renter ..... T
3 rentoiler ..... T
70 rentraire ..... T
26 rentrayer ..... T
3 rentrer ..... I, T
être ou *avoir*
43 rentrouvrir ..... T
3 renvelopper ..... T
3 renvenimer ..... T
14 renverger ..... T
3 renverser ..... T, P
3 renvider ..... T
8 renvier ..... T, Ti
29 renvoyer ..... T, P
3 réoccuper ..... T
15 réopérer ..... T
3 réorchestrer ..... T
13 réordonnancer ..... T
3 réordonner ..... T
3 réorganiser ..... T, P
3 réorienter ..... T, P
3 réoxyder ..... T
3 repairer I
99 repaître ..... T, P
86 répandre ..... T, P
97 reparaître I
être ou *avoir*
33 reparcourir ..... T
3 réparer ..... T
3 reparler ..... I, Ti, P
14 repartager ..... T
37 repartir I
« partir à nouveau », *être*
37 repartir ..... T, P
« répondre », *avoir*
30 répartir ..... T, P
3 repasser ..... I, T, P
être ou *avoir*
3 repatiner ..... T
3 repaver ..... T
26 repayer ..... T
3 repêcher ..... T
10 repeigner ..... T, P

T : transitif direct **Ti** : transitif indirect **I** : intransitif **Esp** : verbe essentiellement pronominal
P : forme pronominale **imp.** : impersonnel **D** : défectif

87 repeindre T
84 rependre T
3 repenser T, Ti
37 se repentir Esp
13 repercer T
3 répercuter T, P
84 reperdre T, I
15 repérer T, P
8 répertorier T
15 répéter T, P
3 repeupler T, P
13 repincer T
3 repiocher T
12 repiquer I, T, Ti
13 replacer T, P
30 replanir T
3 replanter T, P
3 replâtrer T
62 repleuvoir imp.
8 replier T, P
12 répliquer T, P
3 replisser T
14 replonger I, T, P
28 reployer T, P
30 repolir T
84 répondre T, Ti, P
3 reporter T, P
3 reposer I, T, P
3 repositionner T, P
3 repoudrer T, P
52 repourvoir T, Ti
3 repousser I, T, P
85 reprendre I, T, P
3 représenter T, P
3 represser T
3 réprimander T
3 réprimer T
3 repriser T
3 reprocher T, P
75 reproduire T, P
3 reprogrammer T

8 reprographier T
3 reprouver T
3 réprouver T
3 républicaniser T
8 répudier T
10 répugner T, Ti
3 repuiser T
3 réputer T
8 requalifier T, P
41 requérir T
3 requêter T
12 requinquer T, P
3 réquisitionner T
3 requitter T
3 resaler T
30 resalir T, P
7 resaluer T
3 rescaper T
3 rescinder T
3 réseauter I
20 resemer T
17 réséquer T
3 réserver T, P
3 résider I
10 résigner T, P
8 résilier T
3 résiner T
8 résinifier T
3 résister Ti
7 resituer T
3 resocialiser T
14 resonger Ti
3 résonner I
3 résorber T, P
92 résoudre T, P
3 respectabiliser T, P
3 respecter T, P
3 respirer I, T
30 resplendir I
3 responsabiliser T, P
9 resquiller I, T

10 ressaigner I, T
30 ressaisir T, P
3 ressasser T
3 ressauter I, T
26 ressayer T
3 ressembler Ti, P
22 ressemeler T
20 ressemer T, P
37 ressentir T, P
3 resserrer T, P
36 resservir I, T, P
37 ressortir I, T
« sortir à nouveau », *être* ou *avoir*
30 ressortir Ti
« être du ressort de », *être*
3 ressouder T, P
13 ressourcer T, P
40 se ressouvenir Esp
7 ressuer I, T
30 ressurgir I
3 ressusciter I, T
être ou *avoir*
27 ressuyer T, P
3 restaurer T, P
3 rester I
être
7 restituer T
87 restreindre T, P
3 restructurer T, P
3 restyler T
13 resucer T
3 résulter I
être ou *avoir*, seulement aux 3es personnes, part. présent et passé
3 résumer T, P
3 resurchauffer T
30 resurgir I
30 rétablir T, P
9 retailler T
3 rétamer T, P
3 retaper T, P

T : transitif direct Ti : transitif indirect I : intransitif Esp : verbe essentiellement pronominal
P : forme pronominale imp. : impersonnel D : défectif

LE RÉPERTOIRE

3 retapisser ..... T
3 retarder ..... I, T
3 retâter ..... T, Ti
87 reteindre ..... T
3 retéléphoner ..... Ti
84 retendre ..... T
40 retenir ..... I, T, P
3 retenter ..... T
30 retentir I
13 retercer ..... T
3 réticuler ..... T
3 retirer ..... T, P
3 retisser ..... T
3 retomber I
être
84 retondre ..... T
12 retoquer ..... T, I
84 retordre ..... T
12 rétorquer ..... T
3 retoucher ..... T, Ti
3 retourner ..... I, T, P
être ou *avoir*
13 retracer ..... T, P
3 rétracter ..... T, P
75 retraduire ..... T
70 retraire ..... T, P
3 retraiter ..... T, I, P
3 retrancher ..... T, P
81 retranscrire ..... T
15 retransférer ..... T
95 retransmettre ..... T
9 retravailler ..... I, T, Ti
3 retraverser ..... T
30 rétrécir ..... I, T, P
87 retreindre ..... T
87 rétreindre ..... T
3 retremper ..... T, P
7 rétribuer ..... T
8 retrier ..... T
30 rétroagir I
15 rétrocéder ..... I, T

3 rétrograder ..... I, T
3 rétropédaler I
3 retrousser ..... T, P
3 retrouver ..... T, P
3 retuber ..... T
3 retweeter ..... T, I
3 retwitter ..... T, I
8 réunifier ..... T, P
30 réunir ..... T, P
30 réussir ..... I, T, Ti, P
3 réutiliser ..... T
3 revacciner ..... T
3 revalider ..... T
56 revaloir ..... T, D
seulement à l'infinitif, au futur simple et au cond. présent
3 revaloriser ..... T
5 se revancher ..... Esp
3 revasculariser ..... T
3 rêvasser I
9 réveiller ..... T, P
3 réveillonner I
15 révéler ..... T, P
12 revendiquer ..... T, P
84 revendre ..... T, P
40 revenir I
être
40 s'en revenir ..... P
3 rêver ..... I, T, Ti, P
15 réverbérer ..... T, P
3 revercher ..... T
30 reverdir ..... I, T
15 révérer ..... T
8 revérifier ..... T
30 revernir ..... T
3 reverser ..... T
38 revêtir ..... T, P
3 revigorer ..... T
3 revirer ..... I, T
3 réviser ..... T
3 revisiter ..... T
3 revisser ..... T

3 revitaliser ..... T
3 revitaminer ..... T
8 revivifier ..... T
104 revivre ..... I, T
50 revoir ..... T, P
3 revoler ..... I, T
3 révolter ..... T, P
3 révolutionner ..... T
3 révolvériser ..... T
30 revomir ..... I, T
12 révoquer ..... T
3 revoter ..... I, T
58 revouloir ..... T
3 révulser ..... T, P
3 rewriter ..... T
9 rhabiller ..... T, P
3 rhumer ..... T
3 ribouler I
3 ricaner I
3 ricocher I
3 rider ..... T, P
3 ridiculiser ..... T, P
3 rifler ..... T
8 rigidifier ..... T
3 rigoler I
9 rimailler I
3 rimer ..... I, T
13 rincer ..... T, P
3 ringarder ..... T
3 ringardiser ..... T, P
3 riouler [helv] I
9 ripailler I
3 riper ..... I, T
3 ripoliner ..... T
3 riposter ..... I, T
76 rire ..... I, P
12 risquer ..... T, P
3 rissoler ..... I, T
3 ristourner ..... T
3 ritualiser ..... T
3 rivaliser I
3 river ..... T

T : transitif direct **Ti :** transitif indirect **I :** intransitif **Esp :** verbe essentiellement pronominal
P : forme pronominale **imp. :** impersonnel **D :** défectif

25 riveter T
3 rober T
3 robinsonner I
3 robotiser T
9 rocailler T
3 rocher I
6 rocouer T
12 rocquer I, T
9 rôdailler I
3 roder T
3 rôder I
10 rogner I, T
3 rognonner I
30 roidir I, T, P
9 roiller helv T, imp.
13 romancer T
3 romaniser I, T
3 romantiser T
93 rompre I, T, P
3 ronchonner I
30 rondir I, T
3 ronéoter T
3 ronéotyper T
12 ronflaguer I
3 ronfler I
3 ronflot(t)er I
14 ronger T, P
3 ronronner I
3 ronsardiser I
12 roquer I, T
3 roser T, P
30 rosir I, T
3 rosser T
3 rossignoler I, T
3 roter I
30 rôtir I, T, P
3 roucouler I, T
6 rouer T, I
28 rougeoyer I
30 rougir I, T
9 rouiller I, T, P
30 rouir I, T
3 rouler I, T, P
3 roulotter T
9 roupiller I
9 rouscailler I
15 rouspéter I
22 rousseler I
30 roussir I, T, P
3 router T
43 rouvrir I, T, P
5 se royaumer helv Esp
3 rubaner T
8 rubéfier T
12 rubriquer T
3 rucher T
28 rudoyer T
7 ruer I, T, P
30 rugir I, T
3 ruiner T, P
22 ruisseler I
3 ruminer I, T
3 ruraliser T, P
3 ruser I
8 russifier T, P
12 rustiquer T
3 rutiler I
3 rythmer T

S

3 sabler T
3 sablonner T
3 saborder T, P
3 saboter I, T
3 sabrer T, P
10 sacagner T
3 saccader T
14 saccager T
8 saccharifier T
12 sacquer T
3 sacraliser T
3 sacrer I, T
8 sacrifier T, P
3 safariser I
3 safraner T
10 saigner I, T, P
45 saillir I, D
« sortir, s'élancer, dépasser », seulement à l'inf. et aux 3es personnes
30 saillir T, D
« s'accoupler », seulement à l'inf., aux 3es personnes et au part. présent *(saillissant)*
30 saisir T, P
3 saisir-arrêter T
seul le 2e verbe se conjugue : *je saisir-arrête..., j'ai saisir-arrêté...*
3 saisir-brandonner T
je saisir-brandonne..., j'ai saisir-brandonné...
3 saisir-exécuter T
je saisir-exécute..., j'ai saisir-exécuté...
14 saisir-gager T
je saisir-gage..., j'ai saisir-gagé...
12 saisir-revendiquer T
je saisir-revendique..., j'ai saisir-revendiqué...
3 saisonner I
8 salarier T
3 saler T
8 salifier T
30 salir T, P
3 saliver I
12 salonguer afr I
3 saloper T
3 salpêtrer T
7 saluer T, P
8 sanctifier T
3 sanctionner T
3 sanctuariser T
3 sandwicher T
3 sanforiser T
3 sangler T, P

LE RÉPERTOIRE

T : transitif direct **Ti** : transitif indirect **I** : intransitif **Esp** : verbe essentiellement pronominal
P : forme pronominale **imp.** : impersonnel **D** : défectif

N°	Verbe	Construction
3	sangloter	I
3	saouler	T, P
3	saper	T, P
8	saponifier	T
12	saquer	T
3	sarcler	T
3	sarmenter	I
3	sasser	T
3	sataniser	T, I, P
3	satelliser	T, P
3	satiner	T
3	satiriser	T
69	satisfaire	T, Ti, P
3	saturer	I, T
13	saucer	T, I, P
3	saucissonner	I, T
3	saumurer	T
3	sauner	I
3	saupoudrer	T
3	saurer	T
30	saurir	T
22	sauteler	I
3	sauter	I, T
9	sautiller	I
3	sauvegarder	T
3	sauver	T, P
3	savater	T
53	**savoir**	T, P
3	savonner	T, P
3	savourer	I, T
3	scalper	T
3	scandaliser	T, P
3	scander	T
3	scanner	T
8	scarifier	T, P
3	sceller	T
3	scénariser	T
15	scéner [québ]	T
3	schader [helv]	I
3	schématiser	T
8	schistifier	T
3	schizophréniser	T, I
12	schlinguer	I, T
3	schlitter	T
8	scier	I, T
3	scinder	T, P
9	scintiller	I
3	scissionner	I
8	sclérifier	T
3	scléroser	T, P
3	scolariser	T
3	scorer	I
8	scorifier	T
3	scotcher	T
3	scotomiser	T
3	scrabbler	I
3	scraper [québ]	T
3	scratcher	I, T
9	scribouiller	I
3	scruter	T, P
3	sculpter	T
15	sécher	I, T, P
3	seconder	T
6	secouer	T, P
33	secourir	T, P
15	secréter	T
15	sécréter	T
3	sectionner	T, P
3	sectoriser	T
3	séculariser	T, P
3	sécuriser	T
3	sédater	T
3	sédentariser	T, P
3	sédimenter	T, P
75	séduire	T
3	segmenter	T, P
19	ségréger	T, P
17	ségréguer	T, P
3	séjourner	I
3	sélecter	T
3	sélectionner	T
3	seller	T, I, P
3	sembler	I
20	semer	T
13	semoncer	T
3	sénégaliser	T
3	sensibiliser	T, P
3	sentimentaliser	I, T
37	**sentir**	I, T, P
64	**seoir**	I, D
3	séparer	T, P
3	septupler	I, T
13	séquencer	T
3	séquestrer	T
13	sérancer	T
30	serfouir	T
3	sérialiser	T
8	sérier	T
3	seriner	T
12	seringuer	T
3	sermonner	T
3	serpenter	I
3	serrer	T, I, P
30	sertir	T
36	**servir**	I, T, Ti, P
30	sévir	I
20	sevrer	T, P
3	sexer	T, I
3	sextupler	I, T
3	sexualiser	T
3	sganarelliser	T
3	shampooiner	T
3	shampouiner	T
3	shooter	I, T, P
3	shunter	T
15	sidérer	T
19	siéger	I
3	siester	I
3	siffler	I, T
3	siffloter	I, T
3	sigler	T
3	signaler	T, P
3	signaliser	T

T : transitif direct **Ti :** transitif indirect **I :** intransitif **Esp :** verbe essentiellement pronominal
P : forme pronominale **imp. :** impersonnel **D :** défectif

10 signer ... T, P
8 signifier ... T
13 silencer ... T
3 siler québ ... I
3 silhouetter ... T
3 silicatiser ... T
3 siliconer ... T
9 siller ... I
3 sillonner ... T
8 simplifier ... T, P
3 simuler ... T
14 singer ... T
3 singulariser ... T, P
3 siniser ... T, P
7 sinuer ... I
3 siphonner ... T
3 siroter ... T, I
8 sismographier ... T
7 situer ... T, P
8 skier ... I
3 skipper ... T
3 slalomer ... I
3 slamer ... I
12 slaquer québ ... T
3 slaviser ... T
13 slicer ... T
3 smasher ... I
9 smiller ... T
3 smurfer ... I
3 snacker ... I, T
3 snif(f)er ... T, I
3 snober ... T
3 sociabiliser ... T, P
3 socialiser ... T, P
3 socratiser ... I, T
3 sodomiser ... T
3 soiffer ... I, T
10 soigner ... T, P
3 solariser ... T
3 solder ... T, P
3 soléciser ... I
3 solenniser ... T

8 solfier ... I, T
3 solidariser ... T, P
8 solidifier ... T, P
7 solifluer ... I
12 soliloquer ... I
3 solliciter ... T
3 solmiser ... T
3 solubiliser ... T
3 solutionner ... T, P
3 somatiser ... T, I
3 sombrer ... I, T
9 sommeiller ... I
3 sommer ... T
3 somnoler ... I
3 sonder ... T, P
14 songer ... I, Ti
9 sonnailler ... I
3 sonner ... I, T, Ti
être ou *avoir*
3 sonoriser ... T
12 sophistiquer ... T, I, P
25 soqueter belg ... I
37 sortir ... I, T, P
être ou *avoir*
30 sortir ... T, D
(terme juridique), seulement aux 3es pers. : *sortissait, sortira*
94 soubattre ... T
3 soubresauter ... I
25 soucheter ... T
20 souchever ... T
8 soucier ... T, P
3 souder ... T, P
28 soudoyer ... T
3 souffler ... I, T
25 souffleter ... T
43 souffrir ... I, T, P
3 soufrer ... T
3 souhaiter ... T, P
9 souiller ... T
14 soulager ... T, P
3 soûler ... T, P

20 soulever ... T, P
10 souligner ... T
95 soumettre ... T, P
3 soumissionner ... T
3 soupçonner ... T, P
3 souper ... I
20 soupeser ... T
3 soupirer ... I, T
12 souquer ... I, T
13 sourcer ... I, T
9 sourciller ... I
3 sourdiner ... T
sourdre ... I, D
seulement aux 3es pers. de l'indicatif : *sourd/sourdent, sourdait/sourdaient*
76 sourire ... I, Ti, P
3 sous-affermer ... T
15 sous-affréter ... T
3 sous-alimenter ... T
3 sous-amender ... T
3 sous-assurer ... T
81 souscrire ... T, Ti
3 sous-déclarer ... T
17 sous-déléguer ... T
3 sous-diviser ... T
28 sous-employer ... T
84 sous-entendre ... T
3 sous-équiper ... T
3 sous-estimer ... T
7 sous-évaluer ... T
3 sous-exploiter ... T
3 sous-exposer ... T
15 sous-fréter ... T
30 sous-investir ... I
6 sous-louer ... T
26 sous-payer ... T
15 sous-rémunérer ... T
84 sous-tendre ... T
3 sous-titrer ... T
70 soustraire ... T, D, P
inusité au passé simple et au subj. imparfait

LE RÉPERTOIRE

T : transitif direct **Ti :** transitif indirect **I :** intransitif **Esp :** verbe essentiellement pronominal
P : forme pronominale **imp. :** impersonnel **D :** défectif

3 sous-traiter ... I, T
3 sous-utiliser ... T
3 sous-virer ... I
40 soutenir ... T, P
3 souter ... T
3 soutirer ... T
40 souvenir ... I, P, imp.
3 soviétiser ... T
3 spammer ... I, T
8 spathifier ... T
3 spatialiser ... T
3 spécialiser ... T, P
8 spécifier ... T
3 spectaculariser ... T, P
3 spéculer ... I
3 speeder ... I, T
15 sphacéler ... T, P
3 spiraler ... I
5 se spiraliser ... Esp
3 spiritualiser ... T
3 splitter ... I, T
3 spoiler ... T
8 spolier ... T
3 sponsorer ... T
3 sponsoriser ... T
3 sporuler ... I
3 sprinter ... I
3 squatter ... T
3 squattériser ... T
3 squeezer ... T
3 stabiliser ... T, P
3 staffer ... T
3 stagner ... I
3 staliniser ... T, I
3 standardiser ... T
8 starifier ... T
3 stariser ... T
3 stationner ... I, T
être ou *avoir*
7 statuer ... T, Ti
8 statufier ... T

8 sténographier ... T
3 sténotyper ... T
3 stepper ... I
3 stéréotyper ... T
15 stérer ... T
3 stériliser ... T
3 stigmatiser ... T
3 stimuler ... T, P
8 stipendier ... T
3 stipuler ... T
3 stocker ... T
3 stomiser ... T
3 stopper ... I, T
3 stranguler ... T
8 stratifier ... T
3 stresser ... I, T, P
3 strider ... I
3 striduler ... I
8 strier ... T
3 stripper ... T
12 striquer ... T
3 structurer ... T, P
69 stupéfaire ... T, D
seulement aux 3es pers. du sing. de l'ind. présent et des temps composés, p. p. : *stupéfait, e, s, es*
8 stupéfier ... T
12 stuquer ... T
3 styler ... T
3 styliser ... T
17 subdéléguer ... T
3 subdiviser ... T, P
30 subir ... T
12 subjuguer ... T
3 sublimer ... T, P
3 sublimiser ... T, P
14 submerger ... T
3 subodorer ... T
3 subordonner ... T, P
3 suborner ... T
14 subroger ... T

8 subsidier belg ... T
3 subsister ... I
3 substantialiser ... T
8 substantifier ... T
3 substantiver ... T
7 substituer ... T, P
3 subsumer ... T
3 subtiliser ... I, T, P
40 subvenir ... Ti
3 subventionner ... T
30 subvertir ... T
15 succéder ... Ti, P
3 succomber ... I, Ti
13 sucer ... T, P
3 suçoter ... T
3 sucrer ... T, P
7 suer ... I, T
82 suffire ... I, Ti, P
3 suffixer ... T
12 suffoquer ... I, T
15 suggérer ... T, P
3 suggestionner ... T, P
5 se suicider ... Esp
3 suif(f)er ... T
3 suinter ... I
103 suivre ... T, P
21 sukkeler belg ... I
3 sulfater ... T
3 sulfiter ... T
3 sulfurer ... T
3 sulfuriser ... T
30 superfinir ... T
3 supérioriser ... T
3 superposer ... T, P
3 superviser ... T
3 supplanter ... T, P
11 suppléer ... T, Ti
3 supplémenter ... T
8 supplicier ... T
8 supplier ... T
3 supporter ... T, P

T : transitif direct Ti : transitif indirect I : intransitif Esp : verbe essentiellement pronominal
P : forme pronominale imp. : impersonnel D : défectif

N°	Verbe	Type
3	supposer	T
3	supprimer	T, P
3	suppurer	I
3	supputer	T
3	surabonder	I
3	suractiver	T
3	suradministrer	T
3	surajouter	T, P
3	suralimenter	T, P
3	surarmer	T
3	surbaisser	T
14	surcharger	T
3	surchauffer	T
3	surclasser	T
3	surcoller [belg]	T
3	surcompenser	T
3	surcomprimer	T
3	surcontrer	T
3	surcoter	T
3	surcouper	T, I
75	surcuire	T
3	surdéterminer	T
3	surdimensionner	T
3	surdorer	T
3	surdoser	T
8	surédifier	T
20	surélever	T
30	surenchérir	I
3	surentraîner	T
3	suréquiper	T
3	surestimer	T, P
7	surévaluer	T
3	surexciter	T
3	surexhausser	T
3	surexploiter	T
3	surexposer	T
13	surfacer	I, T
3	surfacturer	T
69	surfaire surtout à l'infinitif et au sing. du présent de l'ind., au p. p. et aux temps composés	T, D
3	surfer	I
3	surfiler	T
21	surgeler	T
3	surgeonner	I
30	surgir	I
13	surglacer	T
3	surgreffer	T
3	surimposer	T, P
3	surimpressionner	T
3	surimprimer	T
3	suriner	T
3	surinfecter	T, P
3	surinformer	T
15	surinterpréter	T
30	surinvestir	I, T
30	surir	I, T
25	surjeter	T
6	surjouer	T
8	surlier	T
10	surligner	T
6	surlouer	T
3	surmédiatiser	T
3	surmédicaliser	T
20	surmener	T, P
3	surmoduler	T
3	surmonter	T, P
3	surmouler	T
8	surmutiplier	T
14	surnager	I
3	surnaturaliser	T
3	surnommer	T
3	suroxyder	T
3	surpasser	T, P
26	surpayer	T
3	surpeupler	T
12	surpiquer	T
3	surplomber	I, T
85	surprendre	T, P
75	surproduire	T
19	surprotéger	T
30	surréagir	I
3	sursaturer	T
3	sursauter	I
20	sursemer	T
65	surseoir pas de féminin au p. p. : *sursis*	T, Ti
3	surstocker	T
9	surtailler	T
3	surtaxer	T
3	surtitrer	T
84	surtondre	T
3	survaloriser	T
9	surveiller	T, P
84	survendre	T
40	survenir *être*	I
38	survêtir	T
3	survirer	I
104	survivre	I, Ti, P
3	survoler	T
3	survolter	T
3	susciter	T
81	suscrire	T
3	suspecter	T, P
84	suspendre	T, P
3	sustenter	T, P
3	susurrer	I, T
3	suturer	T
12	swinguer	I
3	switcher	I, T
3	syllaber	I
8	syllabifier	I
3	syllogiser	I
3	symboliser	T
3	symétriser	I, T
3	sympathiser	I
3	synchroniser	T, P
3	syncoper	T, I
3	syncristalliser	I
3	syndicaliser	T, P
12	syndiquer	T, P
3	synthétiser	T
3	syntoniser	T

T : transitif direct **Ti :** transitif indirect **I :** intransitif **Esp :** verbe essentiellement pronominal
P : forme pronominale **imp. :** impersonnel **D :** défectif

LE RÉPERTOIRE

3 syphiliser .... T
3 systématiser .... T, P

T

3 tabasser .... T, P
3 tableauter I
3 tabler .... Ti, I
3 tabletter québ .... T
6 tabouer .... T
3 tabouiser .... T
3 tabuler .... I, T
3 tacher .... T, P
3 tâcher .... I, T, Ti
25 tacheter .... T
3 tac(k)ler .... I, T
3 taffer I
3 tagger .... T, I
12 taguer .... I, T
3 taillader .... T, P
9 tailler .... I, T, P
71 taire .... T, P
3 taler .... T
3 taller I
3 talocher .... T
3 talonner .... I, T
12 talquer .... T
3 taluter .... T
3 tambouriner .... I, T
3 tamiser .... I, T
3 tamponner .... T, P
13 tancer .... T
3 tangenter .... T
12 tanguer I
3 tan(n)iser .... T
3 tanner .... T
3 tantaliser .... T
14 tapager I
3 taper .... I, T, P
3 tapiner I
30 se tapir .... Esp
3 tapisser .... T
3 tapoter .... I, T
12 taquer .... T
3 taquiner .... T, P
3 tarabiscoter .... T
3 tarabuster .... T
3 tarauder .... T
3 tarder .... I, Ti
3 tarer .... T
12 se targuer .... Esp
3 tarifer .... T
30 tarir .... I, T, P
3 tartariser .... T, P
3 tartiner .... I, T, P
30 tartir I
3 tasser .... I, T, P
3 tataouiner québ I
3 tâter .... T, Ti, P
3 tatillonner I
3 tâtonner I
6 tatouer .... T
3 tauper .... T
22 taveler .... T, P
3 taxer .... T
3 tayloriser .... T
3 tchadiser .... T
3 tchatcher I
3 tcha(t)ter I
3 techniciser .... T
3 technocratiser .... T
9 teiller .... T
87 teindre .... T, P
3 teinter .... T
14 télécharger .... T
3 télécommander .... T
8 télécopier .... T
3 télédéclarer .... T
3 télédiffuser .... T
8 télégraphier .... I, T
3 téléguider .... T
15 télémétrer .... I, T
3 téléphoner .... I, T, Ti, P
3 téléporter .... T, P
3 télescoper .... T, P
3 télésonder .... T
95 télétransmettre .... T
3 téléverser .... T
3 téléviser .... T
3 télexer .... T
10 témoigner .... T, Ti
15 tempérer .... T, P
3 tempêter I
3 temporiser .... I, T
9 tenailler .... T
84 tendre .... T, Ti, P
40 tenir .... I, T, Ti, P
3 tenonner .... T
3 ténoriser I
3 tenter .... T
3 tenturer .... T
13 tercer .... T
15 térébrer .... T
3 tergiverser I
3 terminer .... T, P
30 ternir .... I, T, P
9 terrailler .... T
3 terrasser .... T
3 terreauter .... T
3 terrer .... I, T, P
8 terrifier .... T
3 terroriser .... T
3 terser .... T
25 teseter afr .... T
3 tester .... I, T
3 tétaniser .... T, P
15 téter .... T
3 têter afr .... T
3 texter .... I, T
3 textoter .... I, T
3 textualiser .... T
3 texturer .... T
3 texturiser .... T

T : transitif direct **Ti** : transitif indirect **I** : intransitif **Esp** : verbe essentiellement pronominal
P : forme pronominale **imp.** : impersonnel **D** : défectif

3 théâtraliser ..... T
3 thématiser ..... T
3 théoriser ..... I, T
3 thermostater ..... T
3 thésauriser ..... I, T
3 thymectomiser ..... T
3 thyroïdectomiser ..... T
12 tictaquer I
30 tiédir ..... I, T
13 tiercer ..... T
3 tigrer ..... T
9 tiller ..... T
3 tilter I
3 timbrer ..... T
3 tinter ..... I, T
3 tintinnabuler I
3 tip(p)er helv ..... T
12 tiquer I
9 tirailler ..... I, T
3 tire(-)bouchonner ..... I, T, P
3 tirefonner ..... T
3 tirelirer I
3 tirer ..... I, T, Ti, P
3 tisaner ..... T
3 tiser ..... T, I
3 tisonner ..... T
3 tisser ..... T
tistre ..... T, D
seulement au p. p. *(tissu, ue, us, ues)* et aux temps composés
3 titaniser ..... T
9 titiller ..... I, T
3 titrer ..... T
3 titriser ..... T
3 tituber I
3 titulariser ..... T
3 toaster ..... I, T
3 togoliser ..... T
3 toiler ..... T
3 toiletter ..... T, P
3 toiser ..... T, P
3 toisonner ..... T
3 toiturer ..... T
15 tolérer ..... T, P
3 tolstoïser I
3 tomber ..... I, T
être ou *avoir*
3 tomer ..... T
84 tondre ..... T
8 tonifier ..... T
7 tonitruer I
3 tonner I
3 tonsurer ..... T
3 tontiner ..... T
3 toper ..... I, T, Ti
3 topicaliser ..... T
12 toquer ..... I, P
3 torcher ..... T, P
3 torchonner ..... T, I
84 tordre ..... T, P
11 toréer ..... I, T
3 toronner ..... T
9 torpiller ..... T
8 torréfier ..... T
3 torsader ..... T
3 torser ..... T
9 tortiller ..... I, T, P
3 tortillonner ..... I, T, P
3 tortorer ..... T
3 torturer ..... T, P
3 tosser ..... T, I
3 toster ..... T, I
3 totaliser ..... T
3 totémiser ..... T
3 toucher ..... T, Ti, P
6 touer ..... T, P
9 touiller ..... T
9 toupiller ..... I, T
3 toupiner I
3 tourber I
3 tourbillonner I
3 tourer ..... T
3 tourillonner I
3 tourmenter ..... T, P
9 tournailler I
3 tournasser ..... I, T
3 tournebouler ..... T
3 tourner ..... I, T, P
être ou *avoir*
3 tournicoter I
9 tourniller ..... I, T
12 tourniquer ..... I, T
28 tournoyer I
9 toussailler I
3 tousser I
3 toussoter I
3 trabouler I
3 tracasser ..... T, P
13 tracer ..... I, T
3 trachéotomiser ..... T
3 tracter ..... T, I
75 traduire ..... T, P
3 traficoter I
12 trafiquer ..... I, T, Ti, P
30 trahir ..... T, P
9 traînailler ..... I, T, P
3 traînasser ..... I, T
3 traîner ..... I, T, P
70 traire ..... T, D, P
3 traiter ..... T, Ti, P
3 tramer ..... T, P
3 tranchefiler ..... T
3 trancher ..... I, T
3 tranquilliser ..... T, P
3 transbahuter ..... T
3 transborder ..... T
3 transcender ..... T, P
3 transcoder ..... T
81 transcrire ..... T
15 transférer ..... T
3 transfigurer ..... T, P
3 transfiler ..... T
3 transformer ..... T, P

LE RÉPERTOIRE

T : transitif direct **Ti :** transitif indirect **I :** intransitif **Esp :** verbe essentiellement pronominal
P : forme pronominale **imp. :** impersonnel **D :** défectif

3	transfuser	T
3	transgresser	T
3	transhumer	I, T
14	transiger	I
30	transir	I, T
3	transistoriser	T
3	transiter	I, T
3	transitiver	T
3	translater	T
15	translit(t)érer	T
95	transmettre	T, P
3	transmigrer	I
7	transmuer	T, P
3	transmuter	T, P
97	transparaître	I
13	transpercer	T
3	transpirer	I, T
3	transplanter	T, P
3	transporter	T, P
3	transposer	T
8	transsubstantier	T
3	transsuder	I, T
3	transvaser	T
15	transverbérer	T
3	transvider	T
12	traquer	T
3	traumatiser	T
9	travailler	I, T, Ti, P
3	travailloter	I
3	traverser	T
30	travestir	T, P
3	trébucher	I, T
3	tréfiler	T
84	tréfondre	I
14	treillager	T
3	treillisser	T
3	trekker	I
3	trémater	T
3	trembler	I
3	trembloter	I
5	se trémousser	Esp
3	tremper	I, T, P
3	trémuler	I, T
3	trépaner	T
3	trépasser *être* ou *avoir*	I
3	trépider	I
10	trépigner	I, T
45	tressaillir	I
3	tressauter	I
3	tresser	T
9	treuiller	T
3	trévirer	T
3	trianguler	T
3	tricher	I
3	tricoler [québ]	I
3	tricoter	I, T
8	trier	T, P
9	trifouiller	I, T
9	triller	I, T
3	trimarder	I, T
3	trimbal(l)er	T, P
3	trimer	I
3	tringler	T
12	trinquer	I
3	triompher	I, Ti
9	tripatouiller	T
3	triper	I
3	tripler	I, T
3	tripoter	I, T
12	triquer	T, I
17	triséquer	T
3	trisser	I, T
3	triturer	T
3	trôler	I, T
3	troller	I, T
3	tromper	T, P
25	trompeter	I, T
3	tronçonner	T
3	trôner	I
12	tronquer	T
3	tropicaliser	T
12	troquer	T
3	trotter	I, T, P
3	trottiner	I
3	troubler	T, P
6	trouer	T, P
9	trouiller [belg]	I
3	trousser	T, P
3	trouver	T, P
3	truander	I, T
3	trucider	T
3	truculer	I
3	trueller	T
3	truffer	T
12	truquer	I, T
3	trusquiner	T
3	truster	T
3	tuber	T
3	tuberculiner	T
3	tuberculiniser	T
3	tuberculiser	T, P
7	tuer	T, P
3	tuiler	T
8	tuméfier	T, P
3	turbiner	I, T
3	turlupiner	I, T
3	turlut(t)er [québ]	I, T
22	tûteler [belg]	T
3	tuter [belg]	I
3	tûter [belg]	I
3	tuteurer	T
3	tutorer	T
28	tutoyer	T, P
3	tututer	I, T
3	tuyauter	I, T
3	tweeter	T, I
3	twister	I
3	twitter	T, I
3	tympaniser	T
3	typer	T
8	typifier	T
8	typographier	T
3	tyranniser	T

T : transitif direct **Ti** : transitif indirect **I** : intransitif **Esp** : verbe essentiellement pronominal
P : forme pronominale **imp.** : impersonnel **D** : défectif

U

3 ubériser ... T
15 ulcérer ... T, P
3 ultrafiltrer ... T
3 ululer ... I
8 unifier ... T, P
3 uniformiser ... T, P
30 unir ... T, P
3 universaliser ... T, P
3 uploader ... T
3 urbaniser ... T, P
14 urger ... I, D
seulement à la 3e pers. du sing.
3 uriner ... I
3 user ... T, Ti, P
3 usiner ... T
3 usurper ... I, T
3 utiliser ... T, P

V

3 vacciner ... T
9 vaciller ... I
3 vacuoliser ... T
9 vadrouiller ... I
3 vagabonder ... I
30 vagir ... I, T
12 vaguer ... I, T
96 vaincre ... T, P
3 vaironner ... I
12 valdinguer ... I
25 valeter ... I
3 valider ... T
3 vallonner ... T, P
56 valoir ... I, T, P
3 valoriser ... T, P
3 valser ... I, T
3 vamper ... T
3 vampiriser ... T
3 vandaliser ... T
3 vanner ... T, I
3 vanter ... T, P
3 vaporiser ... T
3 vapoter ... I
12 vaquer ... I, Ti
3 varapper ... I
14 varger québ ... I, P
8 varier ... I, T
3 varloper ... T
3 varnousser québ ... I
3 vasectomiser ... T
3 vaseliner ... T
3 vaser ... imp.
il vase
9 vasouiller ... I
3 vassaliser ... T
3 vaticiner ... I, T
3 vautrer ... T, P
3 vectoriser ... T
3 vedettiser ... T
15 végéter ... I
3 véhiculer ... T, P
9 veiller ... I, T, Ti
3 veiner ... T
3 vélariser ... T, P
3 vêler ... I
3 velouter ... T, P
14 vendanger ... I, T
84 vendre ... T, P
20 vener ... T
15 vénérer ... T
14 venger ... T, P
40 venir ... I
être
40 s'en venir ... P
3 venter ... T, imp.
3 ventiler ... T
3 ventouser ... T, P
3 verbaliser ... I, T
14 verbiager ... I
30 verdir ... I, T
28 verdoyer ... I
14 verger ... I, T
13 verglacer ... imp.
il verglace
8 vérifier ... T, P
3 verjuter ... T
3 vermiculer ... T, I
14 vermifuger ... T
9 vermiller ... I
3 vermillonner ... I, T
5 se vermouler ... Esp
30 vernir ... T, P
3 vernisser ... T
3 véroler ... T
3 véroter ... I
9 verrouiller ... T, P
3 verser ... I, T, P
8 versifier ... I, T
3 vesser ... I
9 vétiller ... I
38 vêtir ... T, P
3 vexer ... T, P
3 viabiliser ... T
3 viander ... I, P
3 vibrer ... I, T
3 vibrionner ... I
8 vicier ... T, P
3 victimiser ... T, P
14 vidanger ... T
3 vider ... T, P
3 vidimer ... T
30 vieillir ... I, T, P
être ou *avoir*
3 vieller ... I
3 vietnamiser ... T
3 vigiler ... T
25 vigneter ... T
3 vilipender ... T
3 villégiaturer ... I
3 vinaigrer ... T
3 viner ... I
3 vingtupler ... T, I

T : transitif direct **Ti** : transitif indirect **I** : intransitif **Esp** : verbe essentiellement pronominal
P : forme pronominale **imp.** : impersonnel **D** : défectif

LE RÉPERTOIRE

N°	Verbe	Construction
8	vinifier	T
13	violacer	T, I, P
3	violenter	T
3	violer	T
3	violoner	I, T
9	virailler [québ]	I
3	virer	I, T, Ti
3	virevolter	I
3	virguler	T
3	viriliser	T
3	viroler	T
3	virtualiser	T
3	viser	T, Ti
3	visionner	T
3	visiter	T
3	visser	T, P
3	visualiser	T
3	vitaminer	T
3	vitrer	T
8	vitrifier	T
3	vitrioler	T
15	vitupérer	I, T, Ti
8	vivifier	T
3	vivisecter	T
3	vivoter	I
104	**vivre**	I, T, P
3	vobuler	T
3	vocaliser	I, T
15	vociférer	I, T
12	voguer	I
3	voiler	T, P
50	**voir**	T, P
3	voisiner	I
3	voiturer	T
3	volanter	T
3	volatiliser	T, P
3	volcaniser	T, P
3	voler	I, T, P
25	voleter	I
14	voliger	T
26	volleyer	I
3	volter	I
14	voltiger	I
3	voluter	T, I, P
30	vomir	I, T
3	voter	I, T
6	vouer	T, P
58	**vouloir**	T, Ti, P
58	s'en vouloir p. p. invariable	P
28	vous(s)oyer	T, P
3	voûter	T, P
28	vouvoyer	T, P
14	voyager	I
3	voyeller	T
3	voyelliser	T
9	vriller	I, T, P
30	vrombir	I
3	vulcaniser	T
3	vulgariser	T, P
3	vulnérabiliser	T
15	vulnérer	T

W

N°	Verbe	Construction
3	warranter	T
3	witzer [helv]	I

Y

N°	Verbe	Construction
3	yodiser	T
3	yodler	I
3	youtser [helv]	I
3	youtzer [helv]	I
3	youyouter [afr]	I
3	yoyot(t)er	I

Z

N°	Verbe	Construction
3	zader	T
9	zailler [afr]	I
3	zaïrianiser	T
3	zapper	I, T
15	zébrer	T
3	zester	T
26	zézayer	I
3	zieuter	T
10	zigner [québ]	I
3	zigonner [québ]	I
9	zigouiller	T
12	ziguer	I
12	zigzaguer	I
12	zinguer	T
3	zinzinuler	I
3	zipper	T
3	zoner	I, T, P
3	zonzonner	I
3	zoomer	I, Ti
3	zouker	I
3	zozoter	I
3	zûner [belg]	I
3	zwanzer [belg]	I